古典文獻研究輯刊

二四編

潘美月・杜潔祥 主編

第 6 冊

先唐雜傳地記輯校
——雜傳輯校甲編
（第一冊）

王琳主編　魏代富、王琳輯校

國家圖書館出版品預行編目資料

先唐雜傳地記輯校——雜傳輯校甲編（第一冊）／王琳主編
魏代富、王琳輯校 -- 初版 -- 新北市：花木蘭文化出版社，
2017〔民 106〕
目 34+188 面：19×26 公分
（古典文獻研究輯刊 二四編：第 6 冊）
ISBN 978-986-404-992-9（精裝）
1. 藝文志 2. 唐代
011.08   106001863

ISBN-978-986-404-992-9

9 789864 049929

古典文獻研究輯刊
二四編　第六冊   ISBN：978-986-404-992-9

先唐雜傳地記輯校——雜傳輯校甲編（第一冊）

編 校 者　王琳主編　　魏代富、王琳輯校
主　　編　潘美月　杜潔祥
總 編 輯　杜潔祥
副總編輯　楊嘉樂
編　　輯　許郁翎、王筑　美術編輯　陳逸婷
企劃出版　北京大學文化資源研究中心
出　　版　花木蘭文化出版社
社　　長　高小娟
聯絡地址　235 新北市中和區中安街七二號十三樓
　　　　　電話：02-2923-1455／傳真：02-2923-1452
網　　址　http://www.huamulan.tw 信箱 hml810518@gmail.com
印　　刷　普羅文化出版廣告事業
初　　版　2017 年 3 月
全書字數　514870 字
定　　價　二四編 32 冊（精裝）新台幣 62,000 元

先唐雜傳地記輯校

——雜傳輯校甲編

（第一冊）

王琳主編　　魏代富、王琳輯校

作者簡介

　　魏代富，山東日照人。西北師範大學文學院博士，山東大學儒學高等研究院博士後，山東師範大學文學院講師，山東省古典文學學會會員。主要從事先秦兩漢文學、文獻的整理與研究工作。曾先後參與國家社科基金重大項目「《全先秦漢魏晉南北朝文》編纂整理與研究」、國家社科基金重大委託項目「《子海》編纂與研究」等的編寫工作。在《甘肅社會科學》、《民族藝術》、《周易研究》、《鵝湖學誌》（台灣）等期刊上發表論文二十餘篇。

　　王琳，內蒙古包頭人。山東師範大學文學院教授，中國古代文學專業博士生導師。兼任山東省古典文學學會副會長。主要從事漢魏晉南北朝文學之教學與研究，兼及歷史地理和區域文化研究。出版《六朝辭賦史》《兩漢文學》《齊魯文人與六朝文風》等著作多種，發表《六朝地記：地理與文學的結合》《李陵〈答蘇武書〉的眞僞》《魏晉南北朝子書撰作風貌的階段差異》等論文多篇。主持承擔國家及山東省人文社科研究課題多項。有關論著獲中國出版集團優秀圖書獎及山東省社科優秀成果獎多項。

提　　要

　　中國中古時期史學昌盛，作品繁榮，類型豐富，史部著述漸趨獨立。雜傳類與地理類書籍是本時期史部著述中尤爲活躍而且富有時代意義的兩種類型，但它們在流傳過程中亡佚嚴重，《隋志》所著錄雜傳、地記，在兩《唐志》著錄中減少了大約一半，至《郡齋讀書志》《直齋書錄解題》《玉海》《宋史藝文志》《文獻通考經籍考》等南宋、元代諸書目所著錄則所剩寥寥無幾。傳世的部分佚文，散見於各類書籍，查尋閱讀殊爲不便。有鑒於此，我們主要從六朝至宋元間的史書注、地理志書、類書，以及詩文集注等各類書籍中搜覽，輯得漢魏六朝時期雜傳四百餘種，分爲甲、乙兩編；輯得地記近四百種，也分爲甲、乙兩編，予以校理，然後匯合爲一帙，以期作爲輯錄較豐富而實用的中古雜傳地記讀本，給廣大讀者提供閱讀瞭解或參與研究的方便。編排順序，先雜傳，後地記。雜傳部分細分郡書、家傳、類傳、別傳（傳）、自傳（序）等不同類型，各類型的作品，大致按照作者年代先後編排；地記部分僅依據作者年代先後排列，不再細分類型。作者生平事蹟未詳者，則據篇中記述內容涉及年代之下限編排；某些作品產生年代不詳，則置於各部分之末。

本書為國家社會科學基金課題
《魏晉南北朝私撰史籍與文學之關係及其影響研究》
之相關成果

目次

第二冊

第四冊

雜傳輯校　乙編
類傳之屬

第六冊

神仙道家之屬

第八冊

年代不確定者

第十冊
地記輯校　乙編

第十二冊

朝代不確定地記數種

前　言

　　中國中古時期史學昌盛，作品繁榮，類型豐富，史部著述漸趨獨立。雜傳類與地理類書籍是本時期史部著述中尤爲活躍而且富有時代意義的兩種類型。

一

　　中古時期朝野對史家、史書非常重視。較早發表有關言論並付諸實踐的人物，是漢魏之際著名學者荀悅，他所撰《申鑒·時事篇》，建議朝廷編修史書，突出強調了史書稱善揚惡的政治教化功能，空前詳細地指明史書的記述範圍；其編年體名著《漢紀》，便是重視史學價值觀念的成功實踐。與荀悅生活年代接近或稍晚的某些士人，心目中所敬仰的擅長著述的代表人物，往往定位爲史家，如仲長統《昌言》稱「述作之士」，所舉代表人物便是司馬遷和班固。劉劭《人物志·流業篇》概括十二種不同的人材類型，其中列有「文章」一類，他指出此類人物的素質是勝任撰寫文章、編修國史，也標榜司馬遷、班固爲代表云：「能屬文著述，是謂文章，司馬遷、班固是也……文章之才，國史之任也。」曹植也以史學爲重，其《與楊德祖書》自述寫作理想是：「採庶官之實錄，辯時俗之得失，定仁義之衷，成一家之言。」東吳文史作家薛瑩下獄，同僚華覈上書援救，突出強調的理由便是薛瑩具有非凡的記述（即撰寫史書）才能，《三國志》卷五十三《吳志·薛綜傳》附《薛瑩傳》載華覈上書云：「瑩涉學既博，文章尤妙，同僚之中，瑩爲冠首。今者見吏，雖

多經學，記述之才，如瑩者少。」東吳君臣頗注重史學修養的提高，《三國志》卷五十四《呂蒙傳》注引晉虞溥《江表傳》載，孫權給呂蒙列有「宜急讀」的書單，主要包括兵書《孫子》《六韜》和史書《左傳》《國語》《史記》《漢書》《東觀漢紀》。《世說新語·文學篇》載，東晉中期著名士人習鑿齒因史才超群而受到權臣桓溫的器重：「習鑿齒史才不常，宣武甚器之，未三十，便用爲荊州治中……於病中猶作《漢晉春秋》，品評卓逸。」華嶠是西晉著名史家，撰有《後漢書》，晉武帝《以華嶠爲散騎常侍詔》中稱：「議郎華嶠有論議著述之才，其以嶠爲散騎常侍，兼與中書共參著作事。」顯然看重的是其撰史才能。著作郎的重要職能爲撰寫史書。《晉書》卷八十二《王隱傳》載：「太興初，典章稍備，乃召隱及郭璞俱爲著作郎，令撰晉史。」同卷《干寶傳》載：「寶少勤學，博覽書記，以才器召爲著作郎……於是始領國史。」陳壽撰《益部耆舊傳》，晉武帝善之，召爲著作郎，壽後來寫成《三國志》。晉代官制規定，擔任著作郎者，須先寫一篇名臣傳記，以考核檢驗其撰史素質的高下。《晉書》卷二十四《職官志》云：「著作郎一人，謂之大著作郎，專掌史任，又置佐著作郎八人。著作郎始到職，必撰名臣傳一人。」此種規定必然會刺激或促進文人學者對於強化史學素質修養的重視。魏晉專掌撰述的官署，往往選拔兼擅文史的人才；有些人因文史才能突出，身爲朝官而兼領著作之任。劉知幾《史通·史官建置》追敘歷代史官建置及重要史家，述魏晉史家盛況云：「其有才堪撰述，學綜文史，雖居他官，或兼領著作。亦有雖爲秘書監，而仍領著作郎者。若中朝之華嶠、陳壽、陸機、束皙，江左之王隱、虞預、干寶、孫盛……斯並史官之尤美，著作之妙選也。」史學的興盛在一定程度上削弱了其他學術門類。就子、史關係而言，從《隋志》著錄書目可以看出，晉代子學尤其是東晉子學逐漸衰微，這種情況與時人更專注於史書的撰寫有所關聯，像袁宏、孫盛、習鑿齒等，本爲長於思辨議論、適合寫作子書的人才，但他們將精力投於史著上，實無暇顧及子書撰作。這表明當時史書在著述領域的地位高於子書。相對於重議論的子書，依據具體事實而書寫的史書之資鑒功能更強。《隋志》所著錄晉代各類史籍，顯然多於其他類型的著述，由此可見史學的興盛，在一定程度上擠壓了其他著述門類的空間。

　　近人金毓黻先生概括魏晉私撰史書之繁榮原因，從曾居主流地位的經學趨於衰微、統治者的好尚、學者自覺的修撰補綴意識、南北諸政權的競爭等角度，歸納爲「原於經學之衰」、「原於君相之好尚」、「原於學者之修墜」、「原

於諸國之相競」等四個方面的原因〔註1〕。此概括言之成理，但亦有所缺憾。我們以爲首先應強調的是那個動亂的時代，皇朝既難以實行集權統治，因而對士人思想言行尤其是著述活動無暇控制；其次還應強調立言不朽觀念的深入人心對史學著述的推動。前者學界已多有論述，茲略說後者。

同樣是追求立言不朽的學術活動，晉人對史書的重視顯然超過對子書的重視。著名文士陸機、陸雲兄弟熱衷著述，對史書尤其重視，稱其爲眞正的不朽之業，陸雲《與兄平原書》反復致意於此，其關鍵意思在於勉勵陸機完成《吳書》的撰寫。《與兄平原書》第二十五篇曰：「雲再拜：誨欲定《吳書》，雲昔嘗已商之兄，此眞不朽事。」第二十七篇曰：「雲再拜：《吳書》是大業，既可垂不朽，且非兄述，此一國事遂亦失。」《晉書》卷八十二《王隱傳》載，王隱父王銓「少好學，有著述之志，每私錄晉事及功臣行狀」。王隱博學多聞，受父遺業，立言不朽之觀念彌深，他曾建議友人祖納修撰《晉書》以求沒而不朽，特別強調了史書「明乎得失之跡」的功能與價值。祖納也重視史書編撰，但苦於才力不足，故答云：「非不悅子之道，力不足也。」同傳還記載了虞預私撰《晉書》，剽竊王隱有關記載之事：「太興初，典章稍備，乃召隱及郭璞俱爲著作郎，令撰《晉史》……時著作郎虞預私撰《晉書》，而生長東南，不知中朝事，數訪於隱，並借隱所著書竊寫之，而聞漸廣。」相似的剽竊別人史著的記載，還見於《南史》卷三十三《徐廣傳》，剽竊者甚至大言不慚地稱其動機在於借助史著，揚名於世。《徐廣傳》在敍述徐廣於東晉末義熙十二年撰成《晉紀》四十二卷並表上之後，附記云：「時有高平郗紹亦作《晉中興書》，數以示何法盛。法盛有意圖之，謂紹曰：『卿名位貴達，不復俟此延譽。我寒士，無聞於時，如袁宏、干寶之徒，賴有著述，留聲於後。宜以爲惠。』紹不與。至書成，在齋內廚中，法盛詣紹，紹不在，直入竊書。紹還失之，無復兼本，於是遂行何書。」由此可見時人對歷史著述的重視。「賴有著述留聲於後」爲傳統的立言不朽之觀念的延續，魏晉士人在此方面的觀念尤爲濃烈，其賴以留聲後世的主要載體便是歷史著述，何法盛標榜並予以效法的袁宏、干寶皆爲著名史學家。袁宏著述以《後漢紀》最爲傑出而影響深遠，無子書傳世；但就《後漢紀》所體現的高超的思辨能力來看，袁宏顯然具有撰寫子書的才能，如其書卷二十二《孝桓皇帝紀下》，他寫了一篇長論，論述歷代士風變遷之緣由及其優劣短長，思致縝密，近人劉咸炘稱其「歷舉戰國之

〔註1〕金毓黻撰：《中國史學史》，北京：商務印書館，2007年版，95～96頁。

遊說、漢初之任俠、西京之守文，東京之肆直，順述四風，詳其遷變，論其短長，自古史家皆重觀風，而未有顯著若是者，用觀子之法觀史，以兼包各盡爲主，尤見宗旨，非獨編年諸家之所無，抑亦馬班以後之僅見。」〔註2〕可見袁宏未撰子書，並非因爲缺乏相關的思辨能力，而是在一定程度上把撰寫子書的才能移植於撰寫史書方面，此即劉氏所謂「用觀子之法觀史」。

干寶既撰《晉紀》，又撰《干子》，可謂兼擅作家，但二者相較，其主要學術成就已顯然在史而非子。關於他在推動編年體史書方面的貢獻，劉知幾頗爲認可，《史通·序例》云：「唯令升先覺，遠述丘明，重立凡例，勒成《晉紀》。鄧、孫已下，遂躡其蹤。史例中興，於斯爲盛。」《史通·二體》云：「而晉世干寶著書，乃盛讚丘明而深抑子長。其義云：能以三十卷之約，括囊二百四十年之事，靡有遺也。尋其此說，可謂勁挺之詞乎？」而干寶的子書《干子》，除歷代書目有所著錄外，並無有關的具體評價文字流傳下來，可見他之學者身份主要是史家而非子家。又如與干寶同時期的著名學者孔衍，作爲孔子的二十三代孫，他有深厚的家學傳統，精通典章制度，東晉伊始，朝廷典章多由他制定，《晉書》本傳稱：「於時庶事草創，衍經學深博，又練識舊典，朝儀軌制多取正焉。由是元、明二帝並親愛之。」其治經兼及《春秋》三傳及《詩》、《書》，亦長於史學及子學。史學方面，他兼涉眾體，撰有《漢春秋》十卷，《後漢春秋》六卷，《漢魏春秋》九卷，《漢尚書》十卷，《後漢尚書》六卷，《魏尚書》十卷，《春秋時國語》（或作《春秋國語》）十卷，《春秋後語》十卷。劉知幾《史通·六家》頗爲關注孔衍諸史書在體制傳承方面的成就，稱道云：「自宗周既殞，《書》體遂廢，迄乎漢魏，無能繼者。至晉，廣陵相魯國孔衍以爲國史所以表言行、昭法式，至於人理常事，不足備列。乃刪漢魏諸史，取其美詞典言，足爲高抬貴手者，定以篇第，纂成一家。由是有《漢尚書》、《後漢尚書》、《漢魏尚書》，凡爲二十六卷。」又云：「至孔衍，又以《戰國策》所書，未爲盡善，乃引太史公所記，參其異同，刪彼二家，聚爲一錄，號爲《春秋後語》。……始衍撰《春秋時國語》，復撰《春秋後語》，勒成二書，各爲十卷。」孔衍的子書，撰有《兵林》六卷，《隋志》、兩《唐志》、《通志·藝文略》皆予以著錄；又《隋志》著錄孔衍《孔氏說林》二卷，兩《唐志》、《通志·藝文略》著錄爲《說林》五卷。同干寶相似，孔衍子書除

〔註 2〕黃曙輝編校：《劉咸炘學術論集》（史學編），桂林：廣西師範大學出版社，2007年版，第 549 頁。

見於歷代書目著錄外，並無有關評價文字流傳下來，其學術成就，無疑主要在於史學領域。

　　此種學術大勢，直接導致史部著述數量的激增，乃至遠遠超越經部著述與子部著述。這較明顯地體現於目錄著作上。《漢書・藝文志》有《六藝略》、《諸子略》，司馬遷《史記》等史書被附於《六藝略》之《春秋》類著述之後，原因是史書較少，不足以獨立置「略」，也在於漢代經學地位的崇高。魏晉南北朝時期，史學昌盛，史書編撰者眾多，有關成果空前繁榮，導致目錄學家不得不將史書獨立設置部類。據蕭梁阮孝緒《七錄序》記述，西晉時期，被司馬炎稱爲「明哲聰達，經識天序，有佐命之功，兼博洽之才」（《晉書》卷三十九《荀勖傳》）的荀勖，在繼承魏鄭默《中經》所著錄書籍的基礎上，進一步收錄新增書籍，編成《中經新簿》，改變《中經》之「七分法」而爲「四分法」；東晉李充，繼承荀勖的四分法，分書籍爲甲、乙、丙、丁四部，將《中經新簿》乙、丙二部之先後次序調換，由子、史易爲史、子。綜言之，由漢到晉，史書由經部附庸而獨立爲部，又由子先史後變爲史先子後，其地位呈現不斷高漲的態勢。究其原因，主要還在於人們對史書的重視和史書著述的空前興盛繁榮。阮孝緒《七錄序》述其設置《記傳錄》時的考慮，特別強調了漢代史書甚寡，而今史書數量倍於經書的事實，云：「今所撰《七錄》，斟酌王、劉。王以六藝之稱不足標榜經目，改爲經典，今則從之，故序《經典錄》爲《內篇》第一。劉、王並以眾史合於《春秋》。劉氏之世，史書甚寡，附見《春秋》，誠得其例。今眾家記傳倍於經典，猶從此志，實爲繁蕪。且《七略》詩賦不從《六藝》詩部，蓋由其書既多，所以別爲一略。今依擬斯例，分出眾史，序《記傳錄》爲《內篇》第二。」從阮氏《七錄》可以清晰地看出史書的極其繁榮。其中《經典錄》著錄《易》、《尚書》、《詩》、《禮》、《樂》、《春秋》、《論語》、《孝經》、小學等類書籍共五百九十一種，四千七百一十卷；《記傳錄》著錄國史、注曆、舊事、職官、儀典、法制、僞史、雜傳、鬼神、土地、譜狀、簿錄等類書籍共一千二十種，一萬四千八百八十八卷；《子兵錄》著錄儒、道、陰陽、法、名、墨、縱橫、雜、農、小說、兵等類書籍共二百九十種，三千八百九十四卷。經、史、子書目，以史書數量最爲繁盛，足以證明阮孝緒所謂「眾家記傳倍於經典」確屬事實。

　　著述門類的豐富多樣也是魏晉南北朝史書興盛的重要特色。今存較早爲史部圖書細分二級類目的是阮孝緒《七錄》，前面述及，他在《記傳錄》將史

書分爲十二類。後來《隋書‧經籍志》將史部書籍分爲十三類，名目與阮氏略有差異，依次爲正史、古史、雜史、霸史、起居注、舊事、職官、儀注、刑法、雜傳、地理、譜系、簿錄。豐富的史書門類，不但前所未見，也爲後世史學編撰及其目錄歸類奠定了基礎。

二

在當時豐富多樣的史書門類中，寫作情況尤爲活躍的是雜傳和地理〔註3〕兩類，《隋志》史部十三類書籍著錄中，雜傳和地記類涉及書目最多。雜傳以217部高居首位，地記139部爲第二位。此二類著述的興盛，作爲有趣的文化現象，早在南朝時期就已經引起人們的關注，如當時私家藏書甚富的陸澄、任昉等，以敏銳的眼光，把握時代文化的新動向，編有集成性的雜傳或地記叢書。陸澄，宋齊間學者，《南齊書》卷二十九《陸澄傳》稱其「撰地理書及雜傳，死後乃出。」之後是齊梁間學者任昉，《梁書》卷十四《任昉傳》稱其「撰《雜傳》二百四十七卷，《地記》二百五十二卷。」他們對其他史書門類則無此濃厚興致。時至現代，錢穆先生在 1963 年撰寫的一篇文章中指出，魏晉南北朝史學著作之內容，尤爲當時人們特感興趣的，首先是雜傳，其次是地理記。〔註4〕之後，任乃強先生也以史部著述中地理和雜傳這兩種類型爲關注對象，指出其在中古時期呈現日趨興盛而「與群經諸子爭市」的繁榮態勢，並在論述中突出了蜀地學者常璩《華陽國志》的獨特價值和重要意義：「我國自西元一世紀開始，漸起地方史志撰述之風，或傳耆舊，或記風俗，或志古蹟，古記歲時，或狀山水，或輯故事，逮如宮觀梵塔，夷貊殊俗，草木禽獸之類，或文或賦，各依州郡方隅，匯爲專書，傳鈔流布，與群經諸子爭市。此實我國文化一大進步也。……然一至四世紀間，地方史志雖已發達，率皆偏記一類，無全面描繪之巨文。其一書而皆備各類，上下古今，縱橫邊腹，

〔註3〕地理書或名地記、地志。《南齊書》卷二十九《陸澄傳》稱澄撰《地理書》，《梁書》卷十四《任昉傳》稱昉撰《地記》。劉知幾《史通‧雜述》臚列雜述十流，九曰地理書；《隋書‧經籍志》史部書分爲十三類，第十一類爲地理。《隋志》所著錄地理類書籍，有記、志、圖（如《江圖》）、簿（如《洛陽宮殿簿》）、圖經（如《冀州圖經》）、傳（如《遊行外國傳》）、錄（如《京師錄》）等不同的名目，但稱「記」者最多，其次則爲「志」，故我們認同任書之名，通稱此類著述爲「地記」。此「地記」乃廣義概念，包容《隋志》所錄各種類型的地理書。

〔註4〕錢穆撰：《略論魏晉南北朝學術文化與當時門第之關係》，收入錢氏《中國學術思想史論叢》卷三，合肥：安徽教育出版社，2004 年版，第 133 頁。

綜名物，揆道度，存治要，彰法戒，極人事之變化，窮天地之所有，匯爲一秩，使人覽而知方隅之全貌者，實自常璩此書創始。此其於地方史中開創造之局，亦如正史之有《史記》者一。」〔註5〕任氏所謂地方史志包括重在記述地理、風俗、物產及有關故事傳說的地記和重在記述人物的郡書，或二者兼載的著述。此類著述以西元三到六世紀中葉尤爲興盛，《隋書‧經籍志》所載書目絕大部分產生於此，其中將主要記述地理、物產、傳說的置於地理類，將記述區域人物的置於雜傳類。由此可見，作爲較新的著述門類，地方史志發展迅猛，確實呈現「與群經諸子爭市」的強勁勢頭。

史學名家劉知幾對唐前地理類、雜傳類著述也予以關注，他所著《史通‧雜述》將「能與正史參行，其所由來尚矣」的史流雜著歸納爲十種，並予以舉例說明，而所舉例子絕大部分爲近古（主要指魏晉南北朝）的作品：

> 爰及近古，斯道漸煩。史氏流別，殊途並騖。榷而爲論，其流有十焉：一曰偏紀，二曰小錄，三曰逸事，四曰瑣言，五曰郡書，六曰家史，七曰別傳，八曰雜記，九曰地理書，十曰都邑簿。

> 夫皇王受命，有始有卒，作者著述，詳略難均。有權記當時，不終一代，若陸賈《楚漢春秋》、樂資《山陽公載記》、王韶《晉隆安紀》、姚最《梁後略》。此之謂偏紀者也。

> 普天率土，人物弘多，求其行事，罕能周悉。則有獨舉所知，編爲短部。若戴逵《竹林名士》、王粲《漢末英雄》、蕭世誠《懷舊志》、盧子行《知己傳》。此之謂小錄者也。

> 國史之任，記事記言，視聽不該，必有遺逸。於是好奇之士，補其所亡。若和嶠《汲冢紀年》、葛洪《西京雜記》、顧協《瑣語》、謝綽《拾遺》。此之謂逸事者也。

> 街談巷議，時有可觀，小說卮言，猶賢於已。故好事君子，無所棄諸。若劉義慶《世說》、裴榮期《語林》、孔思尚《語錄》、陽玠松《談藪》。此之謂瑣言者也。

> 汝、潁奇士，江、漢英靈，人物所生，載光郡國。故鄉人學者，編而記之。若圈稱《陳留耆舊》、周斐《汝南先賢》、陳壽《益部耆舊》、虞預《會稽典錄》。此之謂郡書者也。

〔註5〕任乃強撰：《華陽國志校補圖注》前言，上海：上海古籍出版社，1987年版。

　　高門華胄，奕世載德，才子承家，思顯父母。由是紀其先烈，
貽厥後來，若揚雄《家諜》、殷敬《世傳》、《孫氏譜記》、《陸宗系歷》。
此之謂家史者也。

　　賢士貞女，類聚區分，雖百行殊途，而同歸於善。則有取其所
好，各為之錄，若劉向《列女》、梁鴻《逸民》、趙采《忠臣》、徐廣
《孝子》。此之謂別傳者也。

　　陰陽為炭，造化為工，流形賦象，於何不育。求其怪物，有廣
異聞。若祖台《志怪》、干寶《搜神》、劉義慶《幽明》、劉敬叔《異
苑》。此之謂雜記者也。

　　九州土宇，萬國山川，物產殊宜，風化異俗。如各志其本國，
足以明此一方。若盛弘之《荊州記》、常璩《華陽國志》、辛氏《三
秦》、羅含《湘中》。此之謂地理書者也。

　　帝王桑梓，列聖遺塵，經始之制，不恒厥所。苟能書其軌則，
可以龜鏡將來，若潘岳《關中》、陸機《洛陽》、《三輔黃圖》、《建康
宮殿》。此之謂都邑簿者也。〔註6〕

以上劉氏所列史流雜著十種，有六種在《隋書・經籍志》著錄中被分別歸於
雜傳或地理類的範圍，其中小錄、郡書、別傳、雜記四種《隋志》歸於雜傳
類，地理書、都邑簿二種《隋志》歸於地理類。之後的《舊唐書・經籍志》
也予以如此分類。雜傳和地理書在史部著述中的重要地位由此可見。我們今
天看來，《隋志》《舊唐志》對於雜傳的歸類顯然失於寬泛，不應該把志怪類
雜記歸於雜傳之中。所以，《新唐書・藝文志》分類就有所變化，把《史通・
雜述》歸於史流雜著之雜記類、《隋志》《舊唐志》歸於史部雜傳類的志怪作
品改隸於子部小說家類。這樣的改變較為合理，我們認同。但即便如此，劉
知幾所列十種類型的書籍，還有五種屬於史志目錄認定的雜傳和地理類著
述，仍然佔領著史流雜著的半壁江山，其地位不可謂不重要。

　　魏晉南北朝雜傳與地記這兩種著述類型之興盛的具體原因，可以說大同
而小異。先從雜傳說起。本時期雜傳創作如雲興霞蔚，盛況空前。推其原故，
約有數端。其一，本時期儒學不復獨尊，意識形態領域趨於多元化，人們的

〔註6〕唐劉知幾撰，清浦起龍釋：《史通通釋》，上海古籍出版社，1978年版，第273
　　　～275頁。

思想和價值觀念在很大程度上得到解放，個性意識增強，形形色色的人物在廣闊的人生舞臺上留下異行奇跡，文人紛紛因其志向，記其行事，以爲標榜；尤其是佛教及道教文化的繁榮以及隱逸風氣的盛行，在較大程度上推動了雜傳在寫作類型及內容上的拓展，雜傳中之別傳、類傳與此關係尤切。其二，本時期政局長期處於分裂狀態，皇權衰弱，趨於強大的名門巨族及地方勢力，競相宣揚族姓，顯示郡望，製造輿論，於是大批「矜其鄉賢，美其邦族」的區域性人物傳記或家族傳記應運而生〔註7〕。其三，魏晉人喜歡清談，清談的內容除玄理之外，另一項便是品題人物，此風氣對雜傳的繁榮也起到推動作用。其四，兩晉朝廷選用史官時，作爲考察被舉薦者之職業素質的環節，要求其撰寫名臣傳一篇〔註8〕，這對其時雜傳的興盛在一定程度上起到促進作用。其五，某些統治者及社會名流積極投身此類書籍的編撰，或成爲高產作家〔註9〕，在一定程度上對社會各界人士的參與產生垂範效應。

　　本時期地記之興盛，與雜傳的興盛有其共同性。其一，雜傳中之地方人物傳和家傳，寫作旨趣重在「矜其鄉賢，美其邦族」，地記往往也是如此，亦旨在讚美，圍繞的中心是所謂人賢物盛、人傑地靈，雜傳側重記述人賢、地記側重記述物盛地靈，其共同點在於都受到士人矜誇家鄉之地域意識高漲的推動。其二，地記的興盛也與社會思想的解放和活躍有密切關係，由於思想

〔註7〕《史通‧採撰》：「夫郡國之記，譜諜之書，務欲矜其州里，誇其氏族。……至如江東『五俊』，始自《會稽典錄》；郡國記也。潁川『八龍』，出於《荀氏家傳》；譜諜書也。」《史通‧煩省》：「降及東京，作者彌眾。至如名邦大都，地富才良，高門甲族，代多髦俊。邑老鄉賢，競爲別錄；家牒宗譜，各成私傳。於是筆削所採，聞見益多。」《史通‧雜述》：「汝潁奇士，江漢英靈，人物所生，載光郡國。故鄉人學者，編而記之……此之謂郡書者也。」「高門華冑，奕世載德，才子承家，思顯父母。由是紀其先烈，貽厥後來……此之謂家史者也。」「郡書者，矜其鄉賢，美其邦族。施於本國，頗得流行；置於他方，罕聞愛異。」

〔註8〕南朝梁沈約：《宋書》卷四十《百官志》：「晉制：著作佐郎始到職，必撰名臣傳一人。」北京：中華書局，1974版，第1246頁。

〔註9〕帝王宗室之喜好寫作雜傳者，如南朝宋劉義慶撰《徐州先賢傳》、《江左名士傳》，齊竟陵王蕭子良撰《止足傳》，蕭子顯撰《貴儉傳》，梁武帝撰《孝子傳》，梁簡文帝蕭綱撰《昭明太子傳》、《諸王傳》，梁元帝蕭繹撰《孝德傳》、《忠臣傳》、《丹陽尹傳》、《懷舊傳》、《仙異傳》、《孝友傳》，北魏元懌與幕僚李義徵撰《顯忠錄》。社會名流之雜傳高產作家，如皇甫謐撰《高士傳》、《逸士傳》、《列女傳》、《韋氏傳》、《玄晏春秋》等，葛洪撰《神仙傳》、《良吏傳》、《隱逸傳》、《集異傳》、《郭文傳》、《馬陰二君內傳》等。

解放和活躍，儒家經學獨尊的局面不復存在，相對地趨於衰微，人們的治學視野及寫作興趣日益廣泛，逐漸拓展，興地博物之學乘勢盛行，精通興地博物之學的人物，往往頗受重視與稱讚，許多州郡記或異物記應運而生。其三，佛教道教文化的繁榮和隱逸風氣的盛行，不僅導致僧傳道傳及隱逸傳的湧現，同時也推動了地記在寫作類型及內容上的拓展，於是在州郡記外，又開創出域外記、寺院記、山水記等新的地記類型。

本時期地記之興盛，也有其異於雜傳的一些因素。其一，地理上的因素。在那個極為動盪的歷史時期，人們頻繁遷徙流動，尤其是學術人才從國家的政治文化中心向比較偏遠的地域分流遷徙，形成南北東西地理大交流、文化大交流的局面，因而社會上存在對地理書的需求，此類著述主要用來記述某地疆域、山川、道里、古蹟、風俗、物產等方面的情況，正好適應人們的需求。在某地有任職經歷者，或有遷徙某地經歷者，往往撰寫有關地記，以廣見聞，流傳開來，在一定程度上起到了地理課本的作用。就記述內容所涉及的地域來看，魏晉南北朝地記中關於南方地區的著述在數量上顯然佔據優勢，這正是東晉以來中國漢民族政權政治經濟文化中心南移之局勢的反映。雜傳的興盛則與此幾無關係。其二，魏晉清談之人物品鑒風氣，以及晉代選用史官時要求撰寫名臣傳一篇的規定，對雜傳的興盛有所推動，地記的繁榮則基本與此沒什麼關係。其三，東晉南北朝時期，南北政權分立，地理空間相對隔絕，南北雙方基本處於時戰時和的狀態，但無論戰還是和，皆有一些相關的地記作品應運而生。戰時，文士以統帥之幕僚身份從征，或撰寫「征記」；和時，文士以朝廷使節身份參與聘使往來，或撰寫「聘使行記」，這些作品皆偏重沿途地理風物的記述，《隋志》《兩唐志》予以著錄，形成地理類書目中陣勢不容小覷的一個系列。雜傳的繁榮則與此無關。

綜言之，魏晉南北朝雜傳與地記的極其興盛，是那個特殊時代的產物。晉宋山水文學逐漸興盛，地記中之寫景內容是其重要的組成部分。相對而言，地記所描述的自然山水範圍往往更加廣泛，以當下行政區域概括，其涉及地域包括華東之魯蘇滬皖浙閩贛，西南之渝蜀滇黔，中南之豫鄂湘桂粵，西北之秦隴寧青新，華北之晉冀京津蒙，東北之遼寧，此外還涉及某些域外地區。在此方面，不僅當時其他文類望塵莫及，而且就連山水詩、山水賦也難以比擬。可以說，它們是我國幅員遼闊、多姿多彩之山水美的最早的大規

模展示。至於雜傳，除了「矜其鄉賢，美其邦族」的區域性人物傳記或家族傳記外，某些富有時代意義的人物類傳也漸成氣候，特別引人注目。如動盪亂世，英雄蜂起，英雄傳記應運而生；思想多元，宗教昌盛，弘道明教之宗教人物傳記層出不窮；道家學說廣被士林，崇尚隱逸蔚然成風，高士傳、隱逸傳因而趨於繁榮；孝爲先之觀念滲透朝野，孝子傳記於是空前活躍；尚文風氣彌漫，士人或以能文相標榜，「善屬文」「文采妙絕」之類評價觸處可見，文士傳記因此盛行，如此等等，不一而足。另外，我們還將當時單篇流傳的自傳這種傳記形式作爲雜傳的一類而予以關注。自傳或稱自序，這種傳記形式，興起於漢代。著名者如司馬遷《史記・太史公自序》、班固《漢書・敘傳》、王充《論衡・自序》，皆依附於作者大部頭的著述之中，其內容是介紹家世淵源、生平事蹟，撰作緣由等。魏晉南北朝此類自敘逐漸興盛，除史書自敘外，還有曹丕《典論・自敘》、葛洪《抱朴子・自敘》、蕭繹《金樓子・自序》等子書自敘。但最有時代特色的是那些不依附於大部頭著述而存在的單篇自敘。其中有虛構人名託以自寓的，如阮籍《大人先生傳》、陶淵明《五柳先生傳》，乃至袁粲《妙德先生傳》等。而數量較多的則是徑直以「自序」或本人姓名爲題的單篇傳記，如趙至《自敘》、江淹《自序傳》、劉峻《自序》等。流傳於今的，多數已殘缺，篇幅較短，但往往能反映作者撰作時的興趣、感情、個性，如《藝文類聚》卷五十五所引江淹《自序傳》有云：「（淹）爲建安吳興令，地在東南嶠外，閩越之舊境也，爰有碧水丹山，珍木靈草，皆淹平生所至愛，不覺行路之遠也。山中無事，專與道書爲偶，及悠然獨往，或日夕忘歸，放浪之際，頗著文章自娛。」雖寥寥數十字，但其昭示了南朝文人文學活動的重要資訊或者說是重要轉變，即題材上多關注山水景物，寫作觀念上疏離了傳統的政教說，而彰顯自娛說。值得重視。

三

作爲中古時期頗繁榮而引人矚目的傳記和地理文獻，地記、雜傳具有不可小視的地學價值或史學價值。《水經注》融合自然地理與人文地理爲一體，具有極高的地學成就。酈注之外的其他六朝地記，篇幅或大或小，由於作者身份經歷及寫作素質等方面的差異，所蘊含的價值不盡相同。如常璩《華陽國志》篇幅較大，作者身份基本屬於學者，故此書至今仍是爲研究西南地區歷史地理、民族文化的最重要著作。釋法顯《佛國記》以一萬多字的篇幅記

述遊歷三十多國的見聞，其中包蘊著豐富的歷史地理與思想文化資訊，所涉及西域古國早已滅亡，典冊罕存，故此書素被視爲研究這些古國之歷史變遷的稀世珍寶。《洛陽伽藍記》對北朝洛陽建置盛況的精確還原，顯然具有其他文獻無與倫比的重要價值。盛弘之《荆州記》，《隋志》著錄爲三卷，地學價值不容忽視，如書中記述荆州自東晉以來極其重要的戰略地位及西部軍事要塞的情況，具有杜佑《通典・州郡典》所謂「辨區域，徵因革，知要害，察風土」的實用功能。沈瑩《臨海水土異物志》，最早較詳細地記述了夷州（臺灣古名）的風土、物產、習俗等方面的情況，有珍貴的歷史地理價值。後人或偏重六朝地記之地理價值的發掘和利用，如沈約《宋書》、蕭子顯《南齊書》、姚思廉《梁書》中關於南海諸國的記述，其最重要的文獻來源便是三國孫吳康泰所撰《吳時外國傳》以及朱應所撰《扶南異物志》；《太平寰宇記》《輿地紀勝》等宋代地理總志，也頗多引用六朝地記。其他如《史記》三家注、《漢書》顏師古注、劉昭《續漢書・郡國志注》、劉峻《世說新語注》、李善《文選注》乃至胡三省《資治通鑒注》，以及《北堂書鈔》、《藝文類聚》、《初學記》、《太平御覽》等唐宋類書皆注重引用六朝地記。子部農家類的名著北魏賈思勰《齊民要術》也大量引用六朝地記。至於雜傳，在當時就往往被各種史書所參考吸收，陳壽《三國志》、袁宏《後漢紀》、常璩《華陽國志》、范曄《後漢書》等名著也不例外。袁宏《後漢紀序》明確指出，他撰寫《後漢紀》時，參考過諸郡耆舊先賢傳。或被大量徵引，六朝史家，徵引雜傳最多的是裴松之和劉孝標，《三國志》裴注、《世說新語》劉注所徵引包括雜傳的許多近現代著述，爲人們閱讀兩部名著提供了鮮活的第一手史料，在很大程度上彌補了原著的缺略，因此久負盛譽。

其文學價值也不容忽視。與正史列傳及其地理志相比，雜傳與地記屬於很個人化的寫作體裁，作者的態度不必像史家那樣嚴謹，追求質實、崇尚經世致用的觀念較爲淡薄，在對材料的選擇加工處理上亦很隨便自由，可以獵奇搜異，可以馳騁文采，可以潤色美化，可以想像虛構，可以張揚個性，講究形象性、生動性、趣味性，乃至採納爲正統史家所不屑的虛誕不經的故事，因而在中國文學發展的歷程中留下不可磨滅的印跡。程千帆先生曾比較史傳與雜傳二者之差異云：「史家自馬遷以次，多本《春秋》之旨以著書，故多微婉志晦之衷，懲惡勸善之筆。而史傳人物，遂每以此而成定型。雜傳則如《隋志》所云：『率爾而作，不在正史』，褒貶之例，不甚謹嚴。雖其中不免雜以

虛妄之說，恩怨之情，然傳主個性，反或近眞。」〔註10〕此說頗爲宏通，評說六朝地記與史書地理志及程式化了的方志之差異，也可作如是觀。

　　地記中較有文學性的內容是山水描寫與傳說故事的記述。有關作者在描寫自然景物方面追求生動傳神，記述人文景觀時則多關注並採納有關奇異傳聞。「競美所居」與「傳諸委巷」是其之所以富有文學性的兩個重要因素。前者造成了其中自然山水審美意識的高漲，以及描寫景物內容的增多和描寫景物水準的提高；後者則造成作品中對民間傳聞的大膽採擷，許多怪誕神奇的故事強化了此類著述的趣味性、文學性。其中的寫景內容在本時期山水文學發展史上具有重要地位。

　　首先是描寫生動傳神，眞切自然。如羅含《湘中記》描寫湘水之清澄明朗和遙望及近覽之衡山風光：「湘水至清，雖深五六丈，見底了了然，石子如摎蒲矣，五色鮮明，白沙如霜雪，赤岸如朝霞。綠竹生焉，上葉甚密，下疏寥，常如有風氣。」「衡山，遙望如陣雲，沿湘千里，九向九背……有懸泉，滴瀝岩間，聲泠泠如弦音，有鶴回翔其上，如舞。」又如盛弘之筆下的三峽，其《荊州記》云：「唯三峽七百里中，兩岸連山，略無闕處，重岩迭嶂，隱天蔽日，自非停午夜分，不見日月。至於夏水襄陵，沿溯阻絕，或王命急宣，有時云朝發白帝，暮至江陵，其間一千二百里，雖乘奔御風，不爲疾也。春冬之時，則素湍綠潭，回清到影，絕巘多生檉柏，懸泉瀑布，飛漱其間，清榮峻茂，良多雅趣。每晴初霜旦，林寒澗肅，常有高猿長嘯，屬引淒異，空岫傳響，哀轉久絕。故漁者歌曰：『巴東三峽巫峽長，猿鳴三聲淚沾裳。』」描寫長江流域自然景色，盛弘之以前最著名者莫過於東晉初期郭璞的《江賦》，但與盛弘之的景物描寫相比，郭賦給讀者的感覺是鋪采摛文有餘而生動傳神不足。《荊州記》這種善於捕捉季節性景物特徵，自覺地造成氣氛的變化，並連綴四季景物特徵爲一體的寫法，在寫景抒情的辭賦中也出現過，如東晉李顒的《悲四時賦》、宋末江淹的《待罪江南思北歸賦》等，但相比之下，都不如盛弘之這段文字生動傳神。因其描寫傳神，早在北魏時期即被酈道元《水經注》卷三十四《江水注》引用。

　　其次是諸地記作者在描寫上往往自覺地相互借鑒吸收，或達到後出轉精的效果。這種情況較明顯地表現在先後描寫相同地域的作者身上，如劉宋盛弘之《荊州記》描寫九疑山時借鑒吸收了東晉范汪《荊州記》的相關內容，

〔註10〕程千帆撰：《儉腹抄》，上海：上海文藝出版社，1998年版，第69頁。

寫長江三峽時借鑒吸收了東晉袁山松《宜都山川記》的相關內容，但盛弘之在描寫上更趨於嫻熟生動，優美傳神，特別是對長江三峽的描寫，贏得其他晉宋地記作者難以比肩的名聲。又如齊梁時期黃閔、伍安貧《武陵記》記述武陵郡自然景觀與人文景觀，雖借鑒吸收了盛弘之《荊州記》的有關內容，但在記述和描寫的豐富細緻方面則顯然有所進步。酈道元《水經注》的某些寫景內容是在前人記載的基礎上加工改寫而成，其生動傳神則往往有所超越。

再次是地記描述中普遍用審美的眼光、欣賞熱愛的態度對待自然山水。如《宜都山川記》的作者袁山松親歷三峽，以其山水秀異，心靈為之震撼，流連忘返而自稱為三峽的千古知己。段龜龍《涼州記》寫契吳山時引大夏君主赫連勃勃語云：「美哉！斯阜。臨廣澤而帶清海。吾行地多矣，自嶺已北，大河已南，未有若斯之壯麗矣。」作者筆下人物對自然美的一往情深於此可見。如此自覺的山水審美意識和表現熱情，與六朝其他文體中關於時人山水審美意識高漲之記載的整體態勢相呼應，無疑是我們考察彼時詩文寫景功能之所以強化的一個重要園地。

中古地記的興盛期在晉宋，晉宋地記對以後地理類著述之文學性的強化產生了深遠影響。酈道元好博覽奇書，在他的著作中不但大量採擷六朝地記，而且他本人的記述文字也繼承借鑒了六朝地記的語言風格和描寫技巧，故得以造就集其大成的宏偉風貌。之後，歷唐宋元明清，那些具有文學性的地理著述，在寫法上往往繼承六朝地記傳統，記述真切，生動傳神，清人彭邦疇所云「陸澄任昉外，遐思酈道元」〔註11〕可謂此種情況的精當概括。唐代以來的某些學者，因為用史書地理志之實用的標準去衡量並要求六朝地記，所以對多數六朝地記持明顯的批評態度。相反，若衝破崇實尚用的觀念，從文學價值的角度看待六朝地記，則會得出與唐代某些學者截然不同的判斷，前者輕視或否定的，往往變成了後者重視且肯定的。〔註12〕

四

中古雜傳與地記在流傳過程中亡佚嚴重，《隋志》所著錄雜傳217部，地記139部，兩《唐志》著錄減少了大約一半，至《郡齋讀書志》《直齋書錄解題》《玉海》《宋史藝文志》《文獻通考經籍考》等南宋、元代諸書目所著錄則

〔註11〕清徐松撰：《西域水道記》，北京：中華書局，2005年版，第15頁。
〔註12〕參見王琳：《六朝地記：地理與文學的結合》，《文史哲》2012年第1期。

寥寥無幾〔註 13〕。幸虧得六朝到北宋某些史書注、詩文集注，以及某些地理
總志或類書的大量徵引，才得以流傳下來部分內容，使人們得以一窺這兩種
中古時期最富時代特色之著述的風采。

　　清代以來輯佚之學興盛，唐前地記、雜傳佚文受到關注。相對而言，清
人在地記、雜傳的輯佚方面以地記輯佚成績較大，而雜傳除孝子傳及高士傳
類型和郡書即地區人物傳外，其他涉及頗少。王謨、陳運溶、黃奭、張澍、
王仁俊、嚴可均、葉昌熾、曾釗、魯迅等，是在地記輯佚方面有突出貢獻的
學者。他們或總攬全局，如王謨《漢唐地理書鈔》輯錄涉及六朝地記一百多
種；或志在某個區域，如陳運溶輯錄的為荊湘地記，張澍輯錄的為秦隴地記，
曾釗輯錄的為嶺南地記，魯迅輯錄的為會稽地記。其他如畢沅、勞格、繆荃
孫、洪頤煊、楊晨、孫怡讓、金武祥、陳蜚聲等也對某些六朝地記作品的佚
文做過輯錄工作。孫怡讓輯得劉宋鄭緝之《永嘉記》佚文共五十餘條，其《永
嘉郡記集本敘》謂鄭記為永嘉郡地記著述之始，並概括其書有「四善」，即關
於蠶桑業及方言的記載，資佐校讎的作用，考證山川源流及地理方位的價值
等，稱其「碎璧零璣，彌足珍貴」。〔註 14〕充分肯定了《永嘉記》的文獻價值。
陳運溶輯錄六朝荊湘地記近三十種，收入《麓山精舍叢書》，其《荊州記輯本
序》對劉宋盛弘《荊州記》評價頗高，他不滿杜佑對《荊州記》等六朝地記
的指責，指出杜氏《通典·州郡部》關於夷陵縣的記載中就引用了盛弘之《荊
州記》的內容，其「所謂不暇取者，直欺人語耳」。他還強調了盛氏《荊州記》
在文獻上與《水經注》的重要聯繫：「因以互校，其事實相類者，約八十餘事，
雖詳略不同，實則錄其書而隱其名。蓋善長著書，博采眾家，隨所甄錄，點
竄成文，亦不能盡著姓氏也。援古今之圖經，證水道之經過，薈萃宏富，蔚
為奇觀……今以《荊州記》證之，可知酈注精博，集六朝地記之大成。後有
為酈注作疏者，則是編之作，其亦彼書之薀萌也歟？」〔註 15〕其見識非常精
當。可以說，若沒有盛弘之《荊州記》等晉宋地記作為重要文獻來源，以及
描述手法上的垂範，便不會有集大成之酈注的產生。

〔註 13〕《郡齋》著錄雜傳 8 部，地記 5 部；《直齋》著錄雜傳 5 部，地記 8 部；《玉
　　　　海》著錄雜傳 7 部，地記 3 部；《宋志》著錄雜傳 13 部，地記 3 部；《通考》
　　　　著錄雜傳 9 部，地記 6 部。南宋、元代書目著錄較多的是《通志藝文略》，其
　　　　中著錄唐前雜傳與地記皆在百種以上，但這並不意味鄭樵見過其書，而只是
　　　　據《隋志》及兩《唐志》之著錄虛列其目而已。
〔註 14〕譚其驤主編：《清人文集地理類彙編》第二冊，浙江人民出版社，1996 年，307 頁。
〔註 15〕清王謨：《漢唐地理書鈔》，中華書局，1961 年，第 379 頁。

現代學者在清人的基礎上，仍在不斷地進行唐前地記、雜傳的輯校工作。茲按出版時間先後列舉有關成果如下：

1、《北魏佚書考》，朱祖延編著（中州古籍出版社，1985年），內含史部地理類作品輯佚：崔駰《十三州志》、《大魏諸州志》、《後魏輿地圖風土記》、李義徽《輿地圖》、崔鴻《西京記》、王遵業《三晉記》、劉芳《徐州人地錄》、李公緒《趙記》、盧元明《嵩高山記》、楊衒之《廟記》。

2、《荊楚歲時記校注》，宋金龍校注（山西人民出版社，1987年）。

3、《臨海水土異物志輯校》，張崇根輯校（農業出版社，1988年）。

4、《漢魏六朝嶺南植物「志錄」輯釋》，繆啓愉輯釋（農業出版社，1990年）。

5、《三輔黃圖校注》，何清谷校注（三秦出版社，1995年；2006年再版）。

6、《漢唐方志輯佚》，劉緯毅編著（北京圖書館出版社，1997年）。

7、《襄陽耆舊記校注》，舒焚、張林川校注（湖北人民出版社，1999）。

8、《荊楚歲時記譯注》，譚麟譯注（湖北人民出版社，1999年）。

9、《荊州記九種》，清陳運溶、王仁俊輯，石洪運點校（湖北人民出版社，1999年）。內含陳運溶輯盛弘之《荊州記》、范汪《荊州記》、庾仲雍《荊州記》、郭仲產《荊州記》、劉澄之《荊州記》、佚名《荊州記》六種，王仁俊輯盛弘之《荊州記》、庾仲雍《荊州記》、佚名《荊州記》三種。

10、《嶺南古代方志輯佚》，駱偉、駱廷編著（廣東人民出版社，2002年），所輯東漢至晉宋時期地志著述十五種：東漢楊孚《異物志》，三國吳萬震《南州異物志》，晉劉欣期《交州記》（附佚名《交州記》）、王範《交廣二州記》、黃恭《交廣記》、裴淵《廣州記》（附佚名《廣州記》）、佚名《交州雜事》、蓋泓《珠崖傳》、徐衷《南方草物狀》，南朝宋劉澄之《交州記》、沈懷遠《南越志》、王韶之《始興記》。

11、《鄴都佚志輯校注》，許作民輯校（中州古籍出版社，2003年）；後被史昌友編著《鄴城·鄴文化·曹操》（中州古籍出版社，2012年）所轉錄。

12、《三輔決錄·三輔故事·三輔舊事》，清張澍輯，陳曉捷注（三秦出版社，2006年）。

13、《三秦記輯注·關中記輯注》，劉慶柱輯注（三秦出版社，2006年）。

14、《關中佚志輯注》，陳曉捷輯注（三秦出版社，2006），輯錄王褒《雲陽宮記》、阮籍《秦記》、佚名《京兆舊事》、佚名《關中圖》、裴秀《雍

州記》、薛寘《西京記》，又及佚名《漢中記》、佚名《巴漢記》、劉澄之《梁州記》。

15、《蜀志類鈔》，王文才、王炎輯（巴蜀書社，2010），輯錄涉及揚雄《蜀王本紀》、譙周《三巴記》、陳壽《益部耆舊傳》、任預、李膺《益州記》等唐前雜傳地記。

16、《輿地志輯注》，顧恒一等輯注（上海古籍出版社，2011 年）。

以上成果，用功甚勤的爲劉緯毅《漢唐方志輯佚》，該書輯佚涉及唐前地記二百餘種，雖然存在訛誤錯漏等問題〔註 16〕，但仍不失爲目前唐前地記輯佚成果中涉及作品相對豐富的書籍。

此外，還有一些今人著作或論文涉及少量六朝地記，如李德輝《晉唐兩宋行記輯校》（遼海出版社，2009 年），輯錄從東晉釋道安至南北朝末期姚最等所撰行記 29 種；黃惠賢《魏晉南北朝隋唐史研究與資料》（湖北人民出版社，2010 年），所附「古籍整理三輯」，對習鑿齒《襄陽耆舊記》、陸翽《鄴中記》、郭仲產《南雍州記》及鮑至《南雍州記》予以輯補。某些論文，如馮君實《〈鄴中記〉輯補》〔註 17〕，牟發松《〈吳地記〉考》〔註 18〕，鮑遠航《庾仲雍〈湘州記〉考證與輯補》〔註 19〕、《南朝宋鄭緝之〈東陽記〉輯考》〔註 20〕，張可輝《〈景定建康志〉與〈丹陽記〉、〈輿地志〉的輯佚》〔註 21〕、《〈六朝事蹟編類〉與〈輿地志〉輯佚》〔註 22〕，孔祥軍《杜預〈春秋經傳集解〉所存晉太康元年地志輯考》〔註 23〕，朱仙林《〈陳留耆舊傳〉輯補》〔註 24〕等，在某些六朝地記的輯補考述方面取得可喜的成果。

關於雜傳的輯佚，現代學者致力於此的相對較少。筆者所見，現代學者較早關注中古雜傳的爲魯迅先生，其關注點在於家鄉會稽人物傳記，有《會稽郡故書雜集》，輯錄三國吳謝承《會稽先賢傳》、晉虞預《會稽典錄》

〔註 16〕　參見卞東波：《〈漢唐方志輯佚〉糾誤》，《中國史研究》，2003 年第 1 期。陳尚君：《評〈漢唐方志輯佚〉》，《中國地方志》，2006 年第 7 期。
〔註 17〕　《古籍整理研究學刊》，1985 年第 2 期。
〔註 18〕　《文史》，2008 年第 1 輯。
〔註 19〕　《湘潭大學學報》，2008 年第 1 期。
〔註 20〕　《浙江外國語學院學報》，2011 年第 3 期。
〔註 21〕　《南京曉莊學院學報》，2009 年第 4 期。
〔註 22〕　《南京理工大學學報》，2010 年第 5 期。
〔註 23〕　《古典文獻研究》，2010 年第 13 輯。
〔註 24〕　《古籍整理研究學刊》，2011 年第 1 期。

等，後收入《魯迅輯錄古籍叢編》。戴明揚先生在清人馬國翰、嚴可均的基礎上，輯補爲《嵇康〈聖賢高士傳贊〉輯本》，收入所撰《嵇康集校注》中。陳國符先生研究道藏，關注有關著述，對南朝陳代馬樞《道學傳》多有留意，編爲《〈道學傳〉輯佚》，收入所撰《道藏源流考》中。周勳初先生關注文士類雜傳，有《張騭〈文士傳〉輯本》，收入所撰《魏晉南北朝文學論叢》中。中青年學者多致力於此的應推熊明教授，已發表多篇有關雜傳的輯考文章。

綜觀前人成果，存在的不足，大概有以下幾個方面：1、涉及作品有待進一步增加。目前涉及作品最多的是劉緯毅《漢唐方志輯佚》，所輯漢魏六朝地記（含部分當隸屬雜傳的郡書）約二百四十種，據我們考察，其佚文有蛛絲馬跡可尋的起碼在四百種以上，所以還有約一百多種作品需要予以輯佚，這些作品雖然多數佚文寥寥，但仍有輯錄增補的價值；2、已涉及作品的輯佚內容欠全，漏輯情況不少。比如趙岐《三輔決錄》正文及摯虞注文，清人以降諸輯本，少則輯佚二、三十來條，中則輯佚七、八十多條；除去重出，最多的輯佚不超過一百二十條，而我們所輯則增至一百五十條。又如潘岳《關中記》，南朝時期的《眞誥》便引用多條，劉緯毅輯本、劉慶柱輯本皆未及留意，失收。如此等等，不一而足。3、已有的輯佚成果，尤其是清人輯本，或不注出處，讀者難明來源；或簡單抄錄，未有必要的董理考述；或校記過簡；或訛脫疏誤嚴重；或條目前後重出。

有鑒於此，我們規劃此課題，擬搞出一部輯佚較全、校記確當的中古地記雜傳讀本，以彌補前人成果之不足，爲更多的人們閱讀瞭解或參與研究這兩種頗富時代精神和風采的著述提供方便，爲繼承弘揚中華古代優秀文化遺產盡綿薄之力。

本書全稱爲《先唐雜傳地記輯校》。書中所收雜傳、地記作品，皆以書名或篇名立目。各書（篇）中所輯內容，據文意而擬列題目，避免混淆，力求清晰。

合編順序，先雜傳，後地記。雜傳部分細分郡書、家傳、類傳、別傳（傳）、自傳（序）等不同類型，各類型的作品，大致按照作者年代先後編排；地記部分不再細分類型，全依據作者年代先後排列。作者生平事蹟未詳者，則據書中或篇中之記述內容涉及年代之下限編排；某些作者的生活年代全然不可考，則置於各部分之末。

　　輯校所用文獻時間範圍，重點關注漢魏晉南北朝至宋元有關著述，酌情參考元後文獻。各篇作品所依據之文獻，在諸條目的編排中，選擇產生較早的或佚文留存較多的作爲輯校的底本。

　　校記與正文分列，正文用小四號字，接以標示所據文獻用五號字，校記用小五號字，以便醒目。

　　我們在輯校工作中，對清至近現代相關成果有所參考，多採取隨文說明的方式，茲一併向有關作者致以誠摯的謝意！我們雖然盡力了，但工作中難免這樣那樣的遺憾或錯誤，衷心期待專家學者及廣大讀者的批評指正。

雜傳輯校　甲編

《三輔決錄》　　漢趙岐撰

　　《三輔決錄》，趙岐撰。趙岐，字邠卿，東漢京兆長陵人。初名嘉，字台卿。建安六年卒，年九十餘。撰有《三輔決錄》七卷，《孟子章句》十四卷。事詳《後漢書‧趙岐傳》。三輔者，左馮翊、右扶風、京兆尹也；決，本義為決斷、判決，《禮記‧曲禮上》：「禮者，所以定親疏，決嫌疑。」此處「決」猶「定」，「決錄」即「定本」之義。《三輔決錄》作年未知，據《後漢書‧趙岐傳》：「岐多所述作，著《孟子章句》、《三輔決錄》傳於時。」可以推知此書作年不會太晚，故其生前已流傳於世。又《三輔決錄》序云：「近從建武以來，暨於斯今，其人既亡，行乃可書，玉石朱紫，由此定矣。」則所記事情，從光武帝劉秀建武元年始，迄於趙岐之時；所記人物則是已逝者，在世時人則不錄；就內容觀之，凡三輔地區一切人物，無論賢愚，其行為事跡有可書者，均錄之。

　　西晉時期，摯虞為之作注。摯虞字仲治，京兆長安人。生卒不詳。少師事皇甫謐，為郡主簿。歷太子舍人、秘書監、衛尉卿、光祿勳、太常卿，永嘉五年石勒破洛陽，人相食，虞以清貧餓死。撰有《族姓昭穆》十卷，《三輔決錄注》七卷，《文章流別志論》二卷，集十卷，皆散佚不全。詳見《晉書‧摯虞傳》。觀今所存，摯虞注文蓋分兩類，首先為名詞注解，其次乃補注人物事跡。《三輔決錄》之流傳，《隋書‧經籍志》云：「《三輔決錄》七卷，漢太僕趙岐撰，摯虞注。」《舊唐書‧經籍志》同，惟《新唐書‧藝文志》著錄為十卷，則唐宋之時，有七卷本、十卷本並行。亦或「十」乃「七」之形訛。《通志‧藝文略》著錄七卷本，且南宋諸書，亦時徵引佚文，則是書南宋之時尚存。《宋史‧藝文志》未著錄，則元時已亡。

　　《三輔決錄》亡佚之後，後世多有輯本。輯此書者，最早見陶宗儀《說郛》，凡輯十五條，不注出處。明人未見輯本。清代輯佚者，吾所知有七家，見存者五家，未見者兩家。先云未見者，其一是王紹蘭輯本，清平步青《霞外攟屑》卷四云：「王南陔中丞紹蘭著書二十七種，……《三輔決錄逸文考》一卷。」是書今未見。其二是王謨輯本，王謨輯《漢唐地理書鈔》，據其目錄有趙岐《三輔決錄》並摯虞注，然王氏原書，今僅一冊、二冊存完帙，三冊、四冊殘闕，《決錄》正在殘闕中也。

　　所見五家，首爲姚東升輯本，見《佚書拾存》，姚氏題名《三輔決錄注》，原序云：「原書卷次不得詳，正文、注文久爲混合。今於《後漢書》注、《文選》注、《元和姓纂》等集鈔摘成帙，雖不盡十分之一，且單文隻句，考核甚艱，與正史有合有不合，可備參稽。」序中所言三書之外，尙有《事類賦》、《太平御覽》、《廣韻》三書。姚輯共輯正文、注文五十七條，首列《後漢書·趙岐傳》注引趙岐事，餘則據諸書所引，隨書排列。該書輯佚條目不多，且爲簡單抄錄，未有董理考證，故有條目重出之弊。次曰茆泮林輯本，收入《十種古逸書》中，成書於道光七年（公元 1827 年）。其序云：「陶宗儀《說郛》輯有一卷，僅得求拜胡婢十五事而已。泮林於繙閱之餘，見群書徵引者，所在多有，隨遇輒錄，摯仲治注一併輯之。計《決錄》九十四事，注三十六事，較之陶書，幾增一之十焉。因依《漢書》略爲序次，錄成一篇，庶幾古傳記之書可籍是以存。」茆氏據內容以分類，首節引《後漢書》趙岐著《三輔決錄》事，《晉書》摯虞注《三輔決錄》事，並《隋書·經籍志》、《唐書·藝文志》、《玉海》著錄《三輔決錄》事；次列《三輔決錄》序文，次列趙岐事，次列人物傳記，次列名物並摯虞地名注，次有補遺三條。次曰黃奭輯本，收入《漢學堂叢書》中，未有序文，不知作年。是書未分卷，首列《三輔決錄》序，其人物、名物、地名注排列次序與茆氏輯本同，惟增益摯恂、王諶、畢雲事跡於其中；又有附錄，單列趙岐事跡。茆氏補遺三條，何比干事、便橋事摻入正文，鱟魚事置於最後。此與茆氏輯本相似，疑據茆輯增益而成。次曰張澍輯本，收入《二酉堂叢書》中。此輯本多見，鄭堯臣《龍溪精舍叢書》、宋聯奎《關中叢書》亦收錄。近代出版《三輔決錄》者，多以張輯爲本。張輯一百二十六條，乍看較茆輯爲多，實則去除張氏據《高士傳》隨意增補之內容，張輯反較茆輯爲少。且茆輯中部分內容，張輯並未收錄。除此之外，張氏以爲皇甫謐撰《高士傳》，乃於趙岐《三輔決錄》有所取材，因據《高士傳》補數條，此亦非輯佚者之當爲也。次曰王仁俊輯本，見《玉函山房輯佚書續編》。首列《三輔決錄注》，次爲《三輔決錄》，注文僅一條，正文十二條，晚出反粗，不足取也。

《三輔決錄》序

　　三輔者〔一〕，本雍州之地〔二〕，世世徙公卿吏二千石及高訾〔三〕，皆以陪諸陵〔四〕。五方之俗雜會〔五〕，非一國之風〔六〕，不但繫於《詩・秦》、《豳》也〔七〕。其爲士好高尚義，貴於名行。其俗失則趣埶進權〔八〕，唯利是視。余以不才〔九〕，生於西土，耳能聽而聞故老之言，目能視而見衣冠之疇，心能識而觀其賢愚。〔一○〕常以玄冬，〔一一〕夢黃髮之士，〔一二〕姓玄名明，字子眞，〔一三〕與余寱言〔一四〕，言必有中〔一五〕，善否之閒，〔一六〕無所依違，命操筆者書之〔一七〕。近從建武以來，暨於斯今，其人既亡，行乃可書，玉石朱紫，由此定矣，〔一八〕故謂之《決錄》矣〔一九〕。（《後漢書・趙岐傳》注。又見《太平御覽》卷三百九十九、《冊府元龜》卷五百六十。《玉海》卷五十八亦有此，用《後漢書》注，文略有異，今並出校。）

〔校記〕

〔一〕者，《玉海》無。

〔二〕之，《玉海》無。

〔三〕世世，《玉海》作「世之」，作「世世」上，疑次「世」字本用重文符號「＝」，因誤爲「之」。徙，《冊府元龜》誤作「從」，形訛也。「高訾」下，《玉海》有「者」字。

〔四〕皆，《玉海》無。

〔五〕之俗，《玉海》無。

〔六〕之，《冊府元龜》無。

〔七〕不，《玉海》作「非」，義同。「詩」下，《冊府元龜》有「之」字。

〔八〕趣，《冊府元龜》作「趨」，《玉海》作「趍」，「趣」、「趨」通假，「趍」爲「趨」之異體字。埶，《冊府元龜》、《玉海》並作「勢」，「埶」、「勢」古今字。

〔九〕以不才，《玉海》無。

〔一○〕「耳能聽」以下三句，《玉海》無。

〔一一〕常，《冊府元龜》、《玉海》並作「嘗」，二字通。《太平御覽》引始於此句，作「子以玄冬脩夜，思而未之得也，忽然而寢」。

〔一二〕夢黃髮之士，《太平御覽》作「夢此黃髮之叟」。

〔一三〕「姓玄」二句，《太平御覽》作「姓爲玄明，字曰子眞」。

〔一四〕與余寱言，《太平御覽》作「與痳言」，作「寱言」爲上，語本《詩經・衛風・終風》。

〔一五〕此句下，《太平御覽》有注文「夢中指言褒貶之事」八字，此句與下句間有「予授其人，子眞評之，析微通理」十二字。

〔一六〕否，《玉海》作「惡」。

〔一七〕「命」上，《太平御覽》有「因」字。

〔一八〕由，《冊府元龜》作「繇」，二字通。自「近從」至此句二十六字，《太平御覽》無。
又《玉海》引至此句止。

〔一九〕《太平御覽》無「故」、「矣」二字。《冊府元龜》無「矣」字，「決」作「史」，形
訛也。又《冊府元龜》此句下尚有「岐恐時人不盡其意，故隱其書，唯以示同郡
嚴象」十九字，乃摯虞注文，非正文也。見下「嚴象」條。

陳欽

傳左氏，遠在蒼梧。（《太平寰宇記》卷二十九。按：《寰宇記》原文：「陳欽字
子逸，漢武時治《左氏傳》。故《三輔決錄》云『傳左氏，遠在蒼梧』，即欽也。」）

竇建

建字長君。（《史記・外戚世家》索隱。）

鄭樸、嚴尊

子眞名樸，君平名尊。（《漢書・王貢兩龔鮑傳》注。又見《法言》司馬光注。
尊，《法言》注作「遵」。按：張澍輯本引《高士傳》補鄭樸事，殊爲不妥，今仍存其
舊。）

淮陽憲王

淮陽憲王〔一〕，宣帝愛子，器異其才〔二〕，欲以爲嗣〔三〕。王恃寵自驕，天
子乃用韋玄成爲中尉〔四〕，以輔導之。受詔，與蕭望之等論五經同異於石渠閣。
（《太平御覽》卷二百四十八。又見《職官分紀》卷三十二、《事文類聚》外集卷四。）

〔校記〕

〔一〕憲，《職官分紀》、《事文類聚》無。

〔二〕才，《職官分紀》、《事文類聚》作「子」。按：「子」與上複，作「才」爲上。

〔三〕爲，《職官分紀》、《事文類聚》無。

〔四〕天子，《職官分紀》、《事文類聚》無。

陳元

陳元，建武四年爲司空祭酒。（《職官分紀》卷五。）

接子昕

接子昕著書十篇。（《元和姓纂》卷十。又見《古今姓氏書辯證》卷十九，《名
賢氏族言行類稿》卷四。《名賢氏族言行類稿》無「昕」字。《五音集韻》卷十五云「《三
輔決錄》有接耶子」，當即「接子昕」之訛，不單列。）

劉龔

劉龔，劉向曾孫。(《後漢書・蘇竟楊厚列傳》注。按：《漢書・蘇竟傳》「劉歆兄子龔爲其謀主」李賢注：「前書及《三輔決錄》並云向曾孫，今言歆兄子，則不同也。」《三輔決錄》原文未審何如，今姑作此。)

弭彊

王莽時有弭彊，漢末新豐人〔一〕。(《通志》卷二十九。又見《名賢氏族言行類稿》卷三十四。按：此下尚有「弭仲叔，亦見《決錄》，望出新豐」十一字，即下弭生事。《元和姓纂》卷二有「王莽時彌強」五字，《名賢氏族言行類稿》卷四、《古今姓氏書辯證》卷三有「漢彌氏新豐人」六字，皆出此文也。「弭」、「彌」通。)

〔校記〕

〔一〕此句上，《名賢氏族言行類稿》贅出「新豐」二字。

范仲公

平陵范氏〔一〕，南陽舊語曰〔二〕：「前隊大夫有范仲公〔三〕，鹽豉蒜果共一筒〔四〕。」言其廉儉也〔五〕。(《太平御覽》卷九百九十七。又見《顏氏家訓・書證》、《事物紀原》卷九、《太平御覽》卷四百三十一、八百五十五、九百七十七、《能改齋漫錄》卷一、《齊東野語》卷九。又陶輯《三輔決錄》未有此條，而見於卷五十八上輯周斐《汝南先賢傳》中。)

〔校記〕

〔一〕此句，它書皆無。

〔二〕此句，《顏氏家訓》、《太平御覽》卷四百三十一、九百七十七、《能改齋漫錄》、《齊東野語》皆無。

〔三〕隊，《齊東野語》誤作「對」，音訛也。「有」字，《顏氏家訓》、《事物紀原》卷九、《太平御覽》八百五十五、九百七十七、《能改齋漫錄》、《齊東野語》卷九皆無。按：若本爲兩七字句，後人似無妄補「有」字之理；若是本有「有」字，後人見二句相韻，因刪「有」字以對句。故以理論之，此處有「有」字爲上。公，《太平御覽》卷四百三十一作「翁」。

〔四〕按：《顏氏家訓》引此句後云：「當作『魏顆』之『顆』。北土通呼物一由改爲一顆，蒜顆是俗閒常語爾。」則顏氏所見本作「果」，作「顆」者，後人改之也。筒，《顏氏家訓》、《能改齋漫錄》、《齊東野語》、《太平御覽》卷四百三十一、八百五十五、九百七十七作「箇」，二字通。

〔五〕廉，《太平御覽》卷四三一誤作「麤」，「麤」字俗書作「麁」，「廉」字或作「㢘」，因誤。

蔣詡

蔣詡，字元卿〔一〕，隱於杜陵〔二〕。舍中三逕〔三〕，惟羊仲、求仲從之遊〔四〕。二仲皆挫廉逃名〔五〕。（《文選・謝靈運〈田南樹園激流植援〉》注。又見《文選・陸厥〈奉答內兄希叔〉》注、陶淵明《歸去來並序》注、《初學記》卷十八、《太平御覽》卷四百〇九、《施注蘇詩》卷三十八、《事文類聚》後集卷二十四、《事類備要》別集卷五十四、《九家集注杜詩》卷三十二、《韻府群玉》卷十三。《全芳備祖》後集卷十六云出《三輔錄》，即《三輔決錄》也。事又見《楚國先賢傳》。）

〔校記〕

〔一〕此三字，《施注蘇詩》、《全芳備祖》、《事文類聚》、《事類備要》、《九家集注杜詩》、《韻府群玉》均無。

〔二〕此句，它書均無。

〔三〕此句，《全芳備祖》作「下開三徑」，《事文類聚》作「舍中竹，下開三徑」，《施注蘇詩》作「竹下開三徑」，《事類備要》作「蔣詡舍中竹，下開三逕」，《九家集注杜詩》作「舍中竹，下惟開三徑」，《韻府群玉》作「竹下｜｜三徑」，此在「二仲」條下，「｜｜」指的「二仲」，兩「｜」不當有。又《文選》卷二十六引至此止。

〔四〕惟，《文選・歸去來並序》注、《初學記》作「唯」，《全芳備祖》、《事文類聚》、《事類備要》作「有」，《施注蘇詩》、《韻府群玉》作「惟與」。求，《初學記》、《太平御覽》、《全芳備祖》、《事文類聚》、《事類備要》作「裘」。從之遊，《全芳備祖》、《事文類聚》、《事類備要》作「之徒與之遊」，《施注蘇詩》、《韻府群玉》作「從遊」，《九家集注杜詩》作「從與之遊」。《全芳備祖》、《施注蘇詩》、《事文類聚》、《事類備要》、《九家集注杜詩》引至此止。

〔五〕此句，《文選・歸去來並序》注作「皆挫廉逃名不出」，《初學記》作「二仲皆推廉逃名」，《太平御覽》作「二仲皆雅廉逃名之士」，《韻府群玉》作「二仲皆挫志逃名」。

王邑爲從弟奇求蔣翊女，盛服迎之，翊辭不取，但衣青布，曰：「受父命不敢違。」邑乃嘆曰：「所以與賢者婚，欲爲此也。」（《北堂書鈔》卷第一百二十九。按：《三國志・魏書・荀彧傳》裴注云：「昔蔣詡姻於王氏，無損清高之操。」則「蔣翊」即「蔣詡」之誤，今置此。）

京兆三休

孝廉杜陵金敞字元休，位至兗州刺史。上計掾長陵第五巡字文休，興先之子，興先名種，司空伯魚之孫，名士也。不詳。巡位所至，時辟太尉掾。上計掾杜陵韋端字甫休，位至涼州牧太尉。同郡齊名，時人號之京兆三休，並以光和元年察舉。（陶淵明《聖賢群輔錄》下。按：原小字作注文。）

卓茂

　　卓茂，字子康，元帝時，遊學長安，以儒行爲給事黃門郎。(《藝文類聚》卷四十八。又見《太平御覽》卷二百二十一。)

馬后

　　馬后志在克己輔王〔一〕，不以私家干朝廷，兄爲虎賁中郎將〔二〕，弟爲黃門郎，訖永平世不遷。(《藝文類聚》卷四十八。又見《太平御覽》卷二百二十一。)

〔校記〕

〔一〕王，《太平御覽》作「上」。

〔二〕此句，《太平御覽》無。

馬援

　　馬援《誡兄子書》：「龐伯高，敦篤周慎，口無擇言，吾愛之重之，願汝曹效之。」世祖見援書，即擢爲零陵太守，在郡四年，甚有治化。(《藝文類聚》卷五十。又見《太平御覽》卷二百五十九。按：此事又見《後漢書‧馬援傳》，文較此爲詳，可參。)

馬氏

　　茂陵馬氏，代襲茅土。(《文選‧爲宋公求加贈劉前軍表》注。)

王元

　　平陵之王，惠孟鏘鏘。激昂囂述，困於東平也〔一〕。(《後漢書‧隗囂傳》注。)

〔校記〕

〔一〕「王」、「鏘」陽部，「平」庚部，陽庚合韻，此所引蓋時諺，則「也」字恐非《決錄》文。

史苞

　　苞，字叔文，茂陵人也。(《後漢書‧竇融列傳》注。)

樂恢

　　樂恢父爲縣吏〔一〕，有罪，令欲殺之。恢年十一，常伏門外凍地，晝夜號泣，令感而赦之。(《太平御覽》卷四百八十六。)

〔校記〕

〔一〕樂恢，原作「鮑恢」，《後漢書・樂恢傳》、《太平御覽》卷三百八十四引《續漢書》
　　並作「樂恢」，今徑改之。

郭伋

　　茂陵郭伋爲潁川〔一〕，化如時雨。（《文選・齊故安陸昭王碑文》注。又見《橘
山四六》卷十一。）

〔校記〕

〔一〕茂陵，《橘山四六》無。又此句下當有脫文，《後漢書・郭伋傳》載其爲潁川太守，
　　或脫「太守」二字。

辛繕

　　辛繕，字公文，少治《春秋》、《詩》、《易》，隱居弘農華陰，弟子受業
者六百餘人，所居旁有白鹿，甚馴，不畏人。（《藝文類聚》卷九十五。按：《北
堂書鈔》卷五十五有「辛繕降大鳥」一事，實出《三輔決錄注》，見下，此不錄。）

孫晨

　　孫晨〔一〕，字元公〔二〕，家貧不仕生，居城中，〔三〕織箕爲業〔四〕，明《詩》、
《書》，爲郡功曹〔五〕，冬月無被，有藁一束〔六〕，暮臥其中〔七〕，旦收之〔八〕。
（《藝文類聚》卷三十五。又見《通典》卷三十三、《蒙求集注》卷下、《太平御覽》
卷二十七、卷四百八十五、卷九百九十七。）

〔校記〕

〔一〕晨，《太平御覽》卷二十七作「辰」。按：「晨」、「辰」通，然《蒙求》原文曰「孫
　　晨藁席，原憲桑樞」，又下條《書鈔》引，又《太平御覽》卷二百六十四引《京兆
　　舊事》，並作「晨」，合《類聚》觀之，則疑本作「孫晨」。

〔二〕元，《太平御覽》卷二十七、卷四百八十五作「允」。按：下條《書鈔》引，亦作
　　「元」，「允」蓋「元」之形訛。

〔三〕「家貧」兩句，《蒙求集注》節作「家貧」，《太平御覽》卷二十七、卷四百八十五並
　　作「家貧不仕，居杜城中」。按：今人或斷作「生居城中」，義不通。疑《御覽》是。
　　蓋「杜」訛作「生」，後人因移「居」字前，讀「仕」爲「事」，言不事生產；然下
　　云「織箕爲業」，則不當如此云。

〔四〕箕，《蒙求集注》作「席」。

〔五〕郡，《蒙求集注》作「京兆」。又自「首句」至此，《通典》節作「孫晨爲功曹」，自
　　「家貧」以下五句，《太平御覽》卷九百九十七無。

〔六〕藁，《太平御覽》卷九百九十七作「蒿」，「藁」、「蒿」通。此句，《太平御覽》卷四
　　百八十五作「有一束芻」。又「多月」至此，《通典》作「十月有藁一束」。

〔七〕此句，《太平御覽》卷四百八十五無「其」字，《蒙求集注》、《太平御覽》卷九百九
　　十七無「其中」二字。《通典》引至此止。

〔八〕此句，《蒙求集注》作「朝收」，《太平御覽》卷四百八十五作「且燒之」。按：作「燒」
　　誤，「燒」、「收」聲母同，因誤。

公孫晨，字元公，鉅鹿太守寶之子。家貧，職箕，爲郡公曹。車騎將軍
馬防聞名，餽錢四百萬。晨不敢拒，受而鑿閣內，埋之。（《北堂書鈔》卷三十
八。按：此一名孫晨，一名公孫晨，史籍無考。《漢書》有孫寶，未載其爲鉅鹿太守；
且其卒在漢平帝即位初，馬防爲車騎將軍在建初二年，相距八十餘年，必非一人。）

井丹

井丹字大春〔一〕，善談難，故京師爲之語曰〔二〕：「五經紛綸井大春。」（《北
堂書鈔》卷第九十六。又見《北堂書鈔》卷一百。）

　〔校記〕
　〔一〕此句，《北堂書鈔》卷一百作「大春名丹，雍人，少通五經」。
　〔二〕此句，《北堂書鈔》卷一百作「故京師語曰」。

井丹舉室疫病，梁松自將醫藥治丹。（《太平御覽》卷七百四十二。）

玉氏

杜陵有玉氏，音肅。（《史記·孝武本紀》索隱。按：張澍輯本此條作：「杜陵
有玉氏，音肅。玉況，字文伯，光武以爲司徒。」云出《姓氏辯證》。審《古今姓氏
書辯證》，未見此條。《索隱》原文曰：「《三輔決錄》云：『杜陵有玉氏，音肅。』《說
文》以爲從玉，音畜牧之畜，今讀公玉，與《決錄》音同。然二姓單複有異，單姓者
音肅，後漢司徒玉況，是其後也。」惟引此句，餘皆非《決錄》文。又《後漢書·光
武帝紀》「太守玉況爲大司徒」注：「況，字文伯，京兆人。玉音肅。」「玉況」以下，
未知張氏所見本有，抑或後人據《後漢書》注所增益也。今仍存其舊。）

三達

大鴻臚韋孟達，上黨太守公孫伯達，河陽長魏仲達，並扶風平陵人，同
時齊名，世號三達。（陶淵明《聖賢群輔錄》上。按：《海錄碎事》卷九下引《三輔
決錄》：「韋孟達，公孫伯達，魏仲達，扶風平陵人，同時齊名，號三達。」《小學紺
珠》卷六引作：「韋彪孟達，公孫伯達，魏仲達，並平陵人，同時齊名。」皆不如《聖

賢群輔錄》爲詳。然《聖賢群輔錄》引事，多變更原文，以足體例，《三輔決錄》原文未必如此。今綜其文，以成此。下引《聖賢群輔錄》仿此。又《聖賢群輔錄》之下尚有「孟達名彪，丞相賢五世孫，明帝時人」，乃陶氏自贅，不引。）

晉文經

晉文經。（《元和姓纂》卷九。按：晉文經，東漢時人，事跡惟見《後漢書·符融傳。》）

周季貞

周季貞，班固姊之子也，善屬文。喪婦，作《問神》，其姨曹大家難之。（《太平御覽》卷五百二十一。）

張宇

張宇，穆之第二子也。以父功當封，自言兩目失明，天子信之，乃封弟恭。其小弟好戲無度，放散家財，宇悉以所得千萬與之。天子聞而嘉之，又知其讓封，徵拜議郎。（《太平御覽》卷五百一十六。）

梁鴻

梁鴻東出關，過京師，作《五噫之歌》曰：「陟彼北邙兮，噫！顧瞻帝京兮，噫！宮闕崔嵬兮〔一〕，噫！民之劬勞兮，噫！遼遼未央兮，噫！」肅宗聞而悲之，求鴻不得。〔二〕（《太平御覽》卷五百七十二。又見《北堂書鈔》卷一百六、《樂府詩集》卷八十五、《事類賦》卷十一。按：張澍輯本據《高士傳》補梁鴻事，殊不妥，附之可也。）

〔校記〕

〔一〕闕，《北堂書鈔》作「室」，與《後漢紀·孝章皇帝紀》、《後漢書·逸民傳》同。嵬，《樂府詩集》作「巍」，二字通。

〔二〕「肅宗」以下十字，《北堂書鈔》無。

賈逵

賈逵建初元年，受詔列《春秋公羊》、《穀梁》不如《左氏》四十事奏之，名《左氏長義》。帝大善，賜布五百疋。（《太平御覽》卷六百一十。按：此又見《北堂書鈔》卷十九，文節作「賈逵奏《左氏義》，賜布五百疋」。又《御覽》此條下有「又《魏略》曰：逵好《左傳》，及爲牧守，常課之，月一遍」一段，《魏略》乃曹魏魚豢撰，趙岐不得見之，此乃別引，非《三輔決錄》引《魏略》也。）

游殷

　　游殷爲胡軫所害，同郡吉伯房、郭公休與殷同歲相善，爲緦麻三月。(《太平御覽》卷四百九。)

曹成

　　齊相子穀，頗隨時俗。(《後漢書·列女傳》注。按：子穀，曹成之字也。見下《三輔決錄注》「曹成」條。又此八字四四成句，又相韻，蓋爲時諺。)

蘇章

　　蘇章爲冀州刺史，行部，有故人爲清河太守，案得其奸贓，乃請太守，設酒，接以溫顏。〔一〕太守喜曰：「人各有一天〔二〕，我獨有二天。」章曰：「今夕蘇孺文與故人歡飲〔三〕，私恩也；明日冀州刺史白奏事〔四〕，公法也。」遂舉正其罪〔五〕。(《藝文類聚》卷五十。又見《白氏六帖》卷十三。按：《後漢書·蘇章傳》云：「順帝時遷冀州刺史，故人爲清河太守，章行部案其奸臧。乃請太守，爲設酒肴，陳平生之好，甚歡。太守喜曰：『人皆有一天，我獨有二天。』章曰：『今夕蘇孺文與故人飲者，私恩也；明日冀州刺史案事者，公法也。』遂舉正其罪。州境知章無私，望風畏肅。」又《北堂書鈔》卷七十二引《三輔決錄注》曰：「蘇章字孺文，爲冀州刺史，每自舉正其罪，州界清肅。」合《後漢書》觀之，此條與《書鈔》引似在一處。以此論之，此條抑且爲注文歟？)

　　〔校記〕
　　〔一〕「乃請」二句，《白氏六帖》作「乃請太守歡飲」。
　　〔二〕各，《白氏六帖》作「皆」。按：作「皆」字義上，《後漢書·蘇章傳》亦作「皆」。
　　〔三〕歡，《白氏六帖》無。
　　〔四〕白奏事，《白氏六帖》作「按清河太守」。
　　〔五〕「罪」下，《白氏六帖》有「也」字。

　　蘇章爲冀州刺史，召安平崔瑗爲別駕。(《太平御覽》卷二百六十三。)

王諶

　　王諶，字子嗣，博學有才辯。洛陽种景伯、武原吳季高未知名，諶數稱二人於朱伯厚，有宰輔之器。退語二人曰：「卿必爲公。」而景伯至司徒，季高至司空，世以是服諶之知人也。(《太平御覽》卷四百四十四。)

馬融

馬融爲南郡太守。三府以融在郡貪濁，授王記掾岐肅錢四十萬，融子強又受吏白向錢六十萬、布三百疋，以肅爲孝廉、向爲主簿。又坐失大將軍梁冀，竟髡徙朔方，自刺不死，得赦還，拜議郎。（《太平御覽》卷六百四十一。）

陳重

陳重與其友雷義俱拜尚書郎，義以左黜，重見義去官，亦以病免。（《通典》卷二十二注。又見《太平御覽》卷二百一十五、《海錄碎事》卷十二。）

弭生

弭生字仲叔〔一〕，其父賤，故張伯英與李幼才書曰：「弭仲叔高德美名，命世之才也〔二〕，非弭氏小族所當有〔三〕，新豐瘠土所當出也。」（《藝文類聚》卷二十二。又見《太平御覽》卷四百四十六。《姓解》卷二引《三輔決錄》：「魯大夫彌牟之後，有彌叔。」與此略不同。）

〔校記〕

〔一〕按：上「弭彊」條，《名賢氏族言行類稿》下接以「弭仲升，見《決錄》也」，《姓氏急救篇》卷上云「《三輔決錄》有弭生，字仲升」，皆作「仲升」。《廣韻》卷一云《三輔決錄》有新豐彌升」，並出此。疑作「叔」字是，叔，俗書作「尗」，與「升」相近。後人又以「生」、「升」音同而誤。又《姓解》卷二有「弭伴」，《萬姓統譜》卷七十四有「弭倖」，並云出《三輔決錄》，「伴」、「倖」恐皆「叔」字之訛，非別有他人也。

〔二〕也，《太平御覽》無。

〔三〕當，《太平御覽》無，「所當有」、「所當出」對文，《御覽》蓋脫。

賈彪

賈彪兄弟三人並有高名，彪最優，故天下稱曰：「賈氏三虎，偉節最怒。」（《太平御覽》卷四百九十六。）

魯寬

桓帝以平陵魯寬爲太子門大夫。（《太平御覽》卷二百四十七。又見《職官分紀》卷二十八。）

韋約

韋約，字季明，司徒劉愷甚敬重之，謂曰：「君以輕去就，故大位不躋，今歲垂盡，選御史實欲煩君。」約曰：〔一〕「犬馬齒盡，既無膂力，又無考課；

所以躊躇戀慕者，以明公禮遇隆崇，未能自割。」〔二〕因稱素有風疾，眩冒不堪久侍，遂徒跣趨出，公追不及。（《太平御覽》卷二百二十七。又見《記纂淵海》卷一百六十五。）

〔校記〕

〔一〕《記纂淵海》自此句引起，作「漢韋約曰」。

〔二〕《記纂淵海》引至此止。

孟他

伯郎，涼州人，名不令休。（《三國志·魏書·明帝紀》注。孟他，字伯郎，參《三輔決錄注》「孟他」條。又《施注蘇詩》卷十四引「孟佗字伯郎」五字，今誌此，「他」、「佗」同。）

鄭達

鄭達字文信，累辟不就，大將何進表爲從事中郎。（《北堂書鈔》卷第六十八。又見《職官分紀》卷三十四。）

項仲山

安陵清者項仲山〔一〕，飲馬渭水〔二〕，每投三錢而去〔三〕。（《初學記》卷二十七。又見《初學記》卷六、《藝文類聚》卷九十三、《古今姓氏書辯證》卷二十一、《太平御覽》卷六十二、卷四百二十六、卷八百九十七、《事類賦》卷二十一、《海錄碎事》卷十二、《翰苑新書》前集卷六十八、《錦繡萬花谷》後集卷二十。）

〔校記〕

〔一〕此句，《初學記》卷六作「安陵清者有項仲仙」，《藝文類聚》、《太平御覽》卷八百九十七作「安陵有項仲山」，《古今姓氏書辯證》、《事類賦》作「安陵項仲山」，《太平御覽》卷六十二作「項中山」，《海錄碎事》、《翰苑新書》、《錦繡萬花谷》作「安陵清者有項仲山」。按：《初學記》卷六之「仙」乃「山」之訛。

〔二〕「飲」上，《藝文類聚》、《古今姓氏書辯證》有「每」字。

〔三〕此句，《初學記》卷六、《海錄碎事》、《錦繡萬花谷》作「每投三錢」，《藝文類聚》、《古今姓氏書辯證》作「常投三錢」，《太平御覽》卷六十二、卷四百二十六作「日與三錢以償之」，《太平御覽》卷八百九十七、《事類賦》作「先投三錢」，《翰苑新書》作「每投錢」。又此句之下，《錦繡萬花谷》尚有「郝子廉亦然」五字。《風俗通·愆禮》云：「太原郝子廉，饑不得食，寒不得衣，一介不取諸人。曾過姊飯，留十五錢默置席下去。每行飲水，常投一錢井中。」即郝子廉之事，與項仲山相類。諸書皆未云此事出《三輔決錄》者，未審是《錦繡萬花谷》注者自敘之語，抑或《三輔決錄》本有此句。

郭詳

郭詳爲太尉長史〔一〕，起大宅，在高陵城西，世稱曰長史宅。（《藝文類聚》卷六十四。又見《太平御覽》卷一百八十、《記纂淵海》卷八十四。）

〔校記〕

〔一〕詳，《太平御覽》作「祥」，《記纂淵海》作「洋」。

丘訢

丘訢傲俗，自謂無伍。（《太平御覽》卷五百〇八。）

吉閎

吉閎幼有美名，九歲明《尚書》。舅何邈死，家貧子幼，閎自造墳塋，殯葬之。（《太平御覽》卷五百二十一。）

竇玄

平陵竇叔高以經術稱。（《文選·王儉〈褚淵碑文並序〉》注。按：此《文選》注與下《三輔決錄注》「竇玄」條連置一處，見下疏。）

王豹

王豹出自單門。（《文選·任昉〈王文憲集序〉》注。）

摯茂

摯茂，字子華，以茂才爲郡去。治財致大富，悉散以分宗人。先從貧始，以壽終。（《太平御覽》卷四百七十七。按：「以茂才爲郡去」不通，《淵鑒類函》引作「以茂才爲郡法曹」，義較上，或當據正之。）

龐勃

高陵龐智伯名勃〔一〕，爲郡小吏。東平衡農字劓卿爲書生〔二〕，窮乏，客鍛於勃家〔三〕。勃知其賢〔四〕，禮待顧眷〔五〕。常去〔六〕，送十里，過舅家，復貸錢贈之。〔七〕農受曰〔八〕：「爲馮翊，乃相報。」別七八年〔九〕，果爲馮翊〔一〇〕。勃爲門下書佐〔一一〕，忘之矣。農召問，乃寤〔一二〕，舉孝廉，爲尚書郎、左右丞、魏郡太守、河內太守。〔一三〕（《太平御覽》卷四百七十九。又見《藝文類聚》卷三十三、《太平御覽》卷四百四十四。）

〔校記〕

〔一〕此句，《藝文類聚》作「高陵龐勃」，《太平御覽》卷四百四十四作「龐知伯名勃」。

〔二〕字剽卿，《藝文類聚》、《太平御覽》卷四百四十四無。按：此三字不當在句中，疑本
　　　爲注文。

〔三〕「客」上，《太平御覽》卷四百四十四有「乃」字。

〔四〕勃，《太平御覽》卷四百四十四作「知伯」。

〔五〕此句，《藝文類聚》作「禮待，酬直過常」，《太平御覽》作「尤加禮待，雇直過償」。
　　　按：審其義，以《御覽》爲上，言龐智伯僱衡農爲鍛造事，所付值過其辛勞也。其
　　　下「常去」，《御覽》作「及去」，此乃衡農終去之時，則作「及去」爲上。疑本文當
　　　作「尤加禮待，雇直過償。及去」，「雇直」誤作「顧眷」，「償」誤作「常」，又脫「過」、
　　　「及」二字，因以「常」字屬下耳。

〔六〕常，《太平御覽》卷四百四十四作「及」。

〔七〕「常去」以下四句，《藝文類聚》無。「復貸錢贈之」以下，《太平御覽》卷四百四十
　　　四尚有：「農不肯受。勃曰：『不受，令勃不告。』」當據補之。

〔八〕「農」下，《太平御覽》有「乃」字。受，《藝文類聚》無。

〔九〕此句，《太平御覽》卷四百四十四作「後」，屬下讀。

〔一○〕「馮翊」下，《太平御覽》卷四百四十四有「太守」二字。

〔一一〕《太平御覽》卷四百四十四引「勃」下有「子」字，並引至此句止。按：此言報龐
　　　　勃，非報勃子，「子」字當衍。又《御覽》卷四四四所引語義不完，當有脫誤，
　　　　非本引至此句止也。

〔一二〕寤，《藝文類聚》作「悟」，二字通。

〔一三〕「舉孝廉」以下，《藝文類聚》括作「遂舉勃」。

韋伯考

　　社陵韋氏，字伯考，鬻書力養親，既登常伯，貂璫煌煌，伯考召福也。（《北
堂書鈔》卷一百二十七。按：此句張澍輯本作：「杜陵韋伯考，鬻書力養親，既登常
伯，貂璫煌煌，承事尤謹。」云出《北堂書鈔》及《太平御覽》，今審《御覽》無此
文。《淵鑒類函》卷三百七十一引與張澍輯同，「社」當是「杜」之訛。又審《類函》
此文，「親」、「謹」爲韻，或本時諺，則「既登常伯」下似脫四字。）

畢雲

　　畢雲爲主簿，剛直樂善，火燒衣楊園。詔推之，雲自考劾，遂死。（《北堂
書鈔》卷第七十三。）

韋三義

　　韋權字孔衡，弟瓚字孔玉，瓚弟矩字孔規，太尉掾韋子才之三子，皆修
仁義，兄第孝友。逢盜賊，一人病不能去，兄第相慕，兵至俱死，時人稱之，

號韋三義。(陶淵明《聖賢群輔錄》下。按：《小學紺珠》卷七引此作：「韋子才三子，兄弟孝友，逢盜俱死，時人號韋氏三義。」或乃節引。)

希海

希海字子江。(《廣韻》卷一。又見《姓解》卷三、《姓氏急就篇》卷上、《通志》卷二十九、《五音集韻》卷一。)

渦尚

扶風太守渦尚。(《名賢氏族言行類稿》卷四。又見《廣韻》卷二、《姓解》卷一、《姓氏急就篇》卷下、《五音集韻》卷四。)

侵恭

扶風太守侵恭因官居焉。(《古今姓氏書辯證》卷三。《名賢氏族言行類稿》引作「扶風太守侵恭，因氏焉」，《廣韻》卷二、《姓解》卷一、《姓氏急就篇》卷上、《五音集韻》卷六、《古今韻會舉要》卷十俱僅錄「侵恭」二字。)

眭弘

眭弘，字孟，魯國蕃人也。(《漢書‧眭弘傳》注。按：此九字乃《漢書‧眭弘傳》正文，顏師古注曰：「眭音息隨反。今河朔尚有此姓，音字皆然。而韋昭、應劭並云音桂，非也。今有炅姓，乃音桂耳。漢之《決錄》又不作『眭』字，寧可混糅將爲一族？」據顏注，此「眭」蓋本作別字，又未必亦同此文，今盡置此，以便省覽。又宋祁注：「決錄，浙本作『炔欽』。」)

馮豹

馮豹，字德文〔一〕，母爲父所出〔二〕，後母遇之甚酷。豹事之愈謹，時人爲之語曰：「道德彬彬馮德文。」(《太平御覽》卷四百○三。又見《太平御覽》卷四百九十六。)

〔校記〕

〔一〕德文，《太平御覽》卷四百九十六作「仲文」，下「德文」亦作「仲文」。按：《東觀漢紀》卷十四、《後漢書‧馮衍傳》並作「仲文」，當是。作「德」者，蓋涉「道德彬彬」之「德」而誤。

〔二〕此句，《太平御覽》卷四百九十六無。

徐防

徐防爲尚書郎，職典樞機，周密畏愼。(《通典》卷二十二注。按：原注首引《三輔決錄》之上陳重與雷義事，後接「又徐防」云云，當亦是《決錄》文，今姑錄之。)

喬順

仲產知道，遁化神仙。七十不娶，畢命幽山。(《雲笈七籤》卷八十七。按：原文曰：「喬順，字仲產，扶風茂陵人也。少好黃老，隱山修道，年七十不肯娶妻，絕交接之道，心不染可欲之地。一旦歸家，自言死日，其時果死，世人以爲知命。既葬之後，有見順於燉煌者，前世傳之，皆以爲昇仙。故《訣錄》曰：『……。』」此文涉神仙之道，與《決錄》他文不類，未審果《決錄》文否。又「喬順」當作「矯愼」，見下「矯愼」條，「仲產」當作「仲彦」。)

王敦

長流人，字仲異。(《古今同姓名錄》卷上。按：原文「五王敦」條云：「一長流人，字仲異。」據《決錄》體例，原文蓋作：「王敦，字仲異，長流人。」此因體例而變其文也。今仍存其舊。)

張氏

扶風張氏之先，爲郡功曹。晨起當朝，有鳩從承塵上飛下几前〔一〕。功曹曰：「鳩何來？爲禍，飛上承塵；爲福，飛入我懷。」開懷待之，鳩乃飛入懷中〔二〕，探得銅鈎帶。之官，至數郡太守、九卿〔三〕。有蜀客至長安，私賂張氏婢，婢賣鈎與蜀客。客家喪禍〔四〕，懼而還張氏〔五〕。張氏得鈎，復爲二千石。後失鈎〔六〕，張氏遂喪〔七〕。(《蒙求集注》卷上。又見《事類備要》外集卷六一。按：此與下《三輔決錄注》「何比干」條當在一處。《事類賦》卷九引《幽冥錄》亦載此事，可參。)

〔校記〕

〔一〕承，《事類備要》作「盛」，下「承」字同，音訛也。

〔二〕鳩乃，《事類備要》無。

〔三〕數郡，《事類備要》無。

〔四〕家，《事類備要》脫。

〔五〕張氏，《事類備要》無。

〔六〕「後」下，《事類備要》有「因」字。

〔七〕喪，《事類備要》作「衰」。按：作「衰」字義上。

酒池

漢武帝自以功大〔一〕，更廣秦之酒池肉樹〔二〕，以賜羌□〔三〕，而酒可浮舟。（《酒譜》。又見四庫本《說郛》、明沈沈《酒概》卷四。趙岐錄東漢人物，不當有漢武帝事。此條錄事，當著眼名物，因置此。）

〔校記〕

〔一〕「以」下，《酒概》有「爲」字。

〔二〕樹，《酒概》作「林」。

〔三〕缺字，《說郛》作「人」、《酒概》作「胡」。

昆明池

昆明池中有神池，通白鹿原〔一〕。人釣魚，綸絕而去。〔二〕夢於漢武帝，求去鉤。帝明日戲欲池，見大魚銜索，帝曰：「豈夢所見耶？」取而放之。〔三〕後三日〔四〕，池邊得明珠一雙〔五〕，帝曰：「豈魚之報耶？〔六〕」（《太平御覽》卷八百〇三。又見《九家集注杜詩》卷三十四、《事類賦》卷九。按：《後漢書·班彪列傳》注、《文選·西都賦》注、《藝文類聚》卷七十九、《太平寰宇記》卷二十五、《太平廣記》卷一百一十八、《太平御覽》卷六十七、卷三百九十九、《長安志》卷四引此文，並言出《辛氏三秦記》，未審果出《三輔決錄》，抑或是《三秦記》之誤。）

〔校記〕

〔一〕鹿，《事類賦》誤作「虎」。

〔二〕以上數句，《九家集注杜詩》作「昆明池有魚，絕綸而去」。

〔三〕「帝明日」以下至此，《九家集注杜詩》作「帝明見大魚銜索，帝取放之」。「帝曰」以下至此，《事類賦》作「帝取放之」。

〔四〕後，《九家集注杜詩》誤作「日」。

〔五〕雙，《九家集注杜詩》作「隻」。

〔六〕此句，《九家集注杜詩》、《事類賦》作「魚之報也」。

辟雍

辟雍水四周於外，象四海也。（《太平御覽》卷五百三十四。又見《記纂淵海》。按：《後漢書·班固傳》注、《文選·東都賦》注引《三輔黃圖》有此文，《海錄碎事》卷十九亦云出《三輔黃圖》，頗疑《三輔決錄》乃《三輔黃圖》之誤也。）

便橋

長安城西門曰便橋，橋北與門對，因號便橋。王莽更名曰信平門誠正亭。（《三輔黃圖》卷一。按：「王莽」句，張澍輯本未引。）

長安城

長安城，面三門，四面十二門，皆通達九逵，以相經緯，衢路平正，可並列車軌，十二門三塗洞闢〔一〕，隱以金椎，周以林木，左右出入，爲往來之徑；行者升降，有上下之別。（《三輔黃圖》卷一。又見《玉海》卷一百六十九、卷一百七十三。按：《玉海》卷一百六十九引《三輔決錄》之上文字與《三輔黃圖》同，或即轉引自《三輔黃圖》，未必即《決錄》原文也。又此文下原復有班固《西都賦》、張衡《西京賦》兩文，張澍輯本共錄入，此恐是《三輔黃圖》別引，非出自《三輔決錄》也，今不錄。）

〔校記〕

〔一〕此句，《玉海》卷一百七十三作「十二三塗同闢」。

未央宮

未央宮有延年殿、合歡殿、四車殿。（《三輔黃圖》卷二。又見《事文類聚》別集卷十三。按：《事類備要》別集引《三輔決錄》之前文字與《三輔黃圖》同，乃轉引。）

宮室

后從帝行幸於甘泉宮，居長定宮。孝成許皇后廢，處昭臺宮，歲餘，徙長定宮。（《三輔黃圖》卷二。又見《玉海》卷一百五十六。按：《玉海》引《三輔決錄》前文字與《三輔黃圖》同，當乃轉引。）

段氏

段氏，李老君之自出〔一〕，段干木之子隱如入關〔二〕，去「干」爲段氏〔三〕。（《元和姓纂》卷九。又見《古今姓氏書辯證》卷三十二、《事類備要》續集卷二十三、《翰苑新書》後集下卷五、《路史後紀》卷七、《韻府群玉》卷十五。《韻府群玉》卷十五作「段干木子隱如去干爲段」。）

〔校記〕

〔一〕君，《事類備要》、《翰苑新書》下無。以上兩句《路史後紀》節作「段出老子」。

〔二〕此句，《翰苑新書》作「段干木之後，干木之子隱如入關」。

〔三〕此句，《古今姓氏書辯證》、《事類備要》、《翰苑新書》、《路史後紀》並作「去干字」。

三輔決錄注

何比干

　　汝南何比干，通律法。〔一〕元朔中，公孫洪辟爲廷尉右平，〔二〕獄無冤民，號曰何公〔三〕。征和初，去官在家，天大陰雨，晝寢，夢有客車騎，覺而一老嫗年八十餘，頭盡白，求寄避雨。雨方甚，而嫗衣履不濡。比干異之，延入座。須臾雨止，嫗辭去，出送至門，跪謂比干曰：「君先出自后稷，堯至晉有陰德，及公之身，當繼公一人。今天賜策〔四〕，以廣公子孫。佩印綬者，當隨簡。」長九寸，凡百九十板，以授比干曰：「子孫佩印綬者，當隨此算。」嫗東行，忽不見。比干年五十八，有六男，後三歲，復生三男。徙平陵，八男去，一子留。常祭嫗如東行，及終，遺令東首。自比干已下，與張氏俱授靈瑞，累世爲名族。三輔舊語曰「何氏策，張氏鈞」也。（《太平廣記》卷二九一。又見《北堂書鈔》卷三十六、卷五十五、《職官分紀》卷二十、《事類備要》後集卷三十四、《翰苑新書》前集卷二十二。《太平御覽》卷二百三十一云出《三輔決錄注》，又《太平御覽》卷二百三十一引《漢書》云：「宣帝詔曰：『今遣廷吏與郡鞫獄，任輕祿薄，其爲置正平員四人，其務平之。』涿郡太守鄭昌上言曰：『聖王立法明刑者，非以爲理救衰亂之起也。今明主躬垂明聽，不置廷平，獄將自正，若開後嗣，不若刪定律令。律令一定，愚人知所避就，姦吏無弄。今不正其本而置廷平，以理其末，代衰德息，則廷平將搖權而爲亂首也。』宣帝始置左、右平，而《三輔決錄注》云『何比干漢武時爲廷尉右平』，謬矣！亦以之爲注文，今姑置此。）

〔校記〕

〔一〕以上兩句，《北堂書鈔》卷三十六作「茂陵何比干，通律法」，卷五十五作「何蔽字比干」，《太平御覽》、《職官分紀》、《翰苑新書》作「茂陵何比干」。按：作「茂陵何比干」是。《北堂書鈔》作「何蔽字比干」者，「蔽」乃「敞」之誤（《太平御覽》卷二百三十一引《東觀漢紀》即作「敞」），《東觀漢紀·何敞》云：「何修生成，爲漢膠東相。成生果，爲大中大夫。果生比干，爲丹陽都尉，遷廷尉正。張湯爲廷尉，以殘酷見任，增飾法律，比干常爭之，存者千數。比干生壽，蜀郡太守。壽生顯，京輔都尉。顯生鄏，光祿大夫。鄏生寵，濟南都尉。寵生敞，爲汝南太守。」何敞乃何比干五世孫，蓋因此而誤。《太平廣記》作「汝南」者，蓋亦涉何敞爲汝南太守而誤也。

〔二〕以上兩句，《北堂書鈔》卷三十六作「公孫洪舉比干爲廷尉右平」，《北堂書鈔》卷五十五、《太平御覽》作「漢武時丞相公孫弘舉爲廷尉右平」，《職官分紀》作「漢武帝時丞相公孫弘舉爲廷尉平」，《事類備要》作「漢公孫洪舉何比干爲廷尉右平」，《翰苑新書》作「漢武帝時丞相公孫弘舉爲廷尉右平」。

〔三〕此句，《北堂書鈔》卷三十六無。

〔四〕此處「策」並下處「何氏策」之「策」並當作「算」，下云「當隨此算」，下條亦云「何氏算」，故云。

張氏得鈎，何氏得籌。故《三輔舊語》曰：「何氏籌，張氏鈎。何氏肥，張氏瘦。」言何氏有肥人輒貴，瘦人輒賤；張氏瘦者輒貴，肥者輒賤，故二族以鈎籌知吉凶，以肥瘦知貴賤。（《太平御覽》卷三百七十八。按：陶輯作《三輔決錄》，時《三輔決錄》已亡，陶氏不得見之。審其文，與《御覽》不差一字，恐亦轉自《御覽》也。）

劉龔

唯有孟公論可觀者。班叔皮與京兆丞郭季通書曰：「劉孟公臧器於身，用心篤固，實瑚璉之器、宗廟之寶也。」（《後漢書·蘇竟楊厚列傳上》注。又《文選·任昉〈王文憲集序〉》注引《三輔決錄》：「長安劉氏，唯有孟公，談者取則。」與此當是一條，蓋皆注文也，今置於此，不單列。又「班叔皮」以下未必定爲《三輔決錄》文也，古人注書，或單引一人之文，今作說明。）

張仲蔚

張仲蔚，扶風人也〔一〕，少與同郡魏景卿〔二〕，隱身不仕〔三〕。明天官，博學〔四〕，好爲詩賦〔五〕。所居蓬蒿沒人也〔六〕。（《文選·左思〈詠史〉》注。又見《文選·江淹〈詣建平王上書〉》注、《藝文類聚》卷八十二、《太平御覽》卷九百九十七、《類要》卷二十七、《錦繡萬花谷》前集卷二十四、《事類賦》卷二十四、《事類備要》別集卷五十六、《九家集注杜詩》卷二十一、《韻府群玉》卷五。《全芳備祖》後集卷十三亦引此，誤作《三紃錄》。按：以上諸書，《文選》兩引，並云出「趙岐《三輔決錄》注」，《九家集注杜詩》云出《三輔決錄注》，其餘諸書云出《三輔決錄》，今姑置此。）

〔校記〕

〔一〕此句，《藝文類聚》、《太平御覽》、《全芳備祖》、《事類備要》皆作「平陵人也」，《類要》、《錦繡萬花谷》、《事類賦》作「平陵人」，《九家集注杜詩》、《韻府群玉》無此句。

〔二〕少，《藝文類聚》、《太平御覽》、《類要》、《全芳備祖》、《事類備要》無。此句，《錦繡萬花谷》、《事類賦》、《九家集注杜詩》、《韻府群玉》無。

〔三〕此句，《藝文類聚》、《太平御覽》、《事類備要》作「俱隱身不仕」，《全芳備祖》作「俱隱不仕」，《錦繡萬花谷》、《韻府群玉》無。

〔四〕學，《類要》作「物」。

〔五〕爲，《太平御覽》、《類要》作「屬」。又以上三句，《文選‧詣建平王上書》注、《藝文類聚》、《錦繡萬花谷》、《全芳備祖》、《事類賦》、《事類備要》、《九家集注杜詩》、《韻府群玉》均無。

〔六〕「蒿」下，《全芳備祖》、《事類備要》有「至於」二字。沒，《錦繡萬花谷》作「偪」。也，它書引均無。

杜恕

杜恕，字務伯〔一〕，年二十四，舉拜黃門侍郎〔二〕。每直省閤〔三〕，威儀矜嚴。（《北堂書鈔》卷五十八。又見《藝文類聚》卷四十八、《太平御覽》卷二百二十一。按：諸書並言出《三輔決錄》。《三國志‧杜恕傳》：「恕字務伯，太和中爲散騎黃門侍郎。」其時趙岐早卒，此當爲注文，因置此。）

〔校記〕

〔一〕務，《太平御覽》誤作「矜」。

〔二〕舉，《藝文類聚》、《太平御覽》無。

〔三〕閤，《藝文類聚》、《太平御覽》作「閣」，「閣」爲「閤」之異體字。

耿援

援字伯緒，官至河東太守。（《後漢書‧耿弇列傳》注。）

郭伋

伋字細侯，光武拜潁川太守。（《文選‧齊故安陸昭王碑文》注。按：原文作：「《三輔決錄》曰：『茂陵郭伋爲潁川，化如時雨。』摯虞曰：『……。』」知其爲注《三輔決錄》「郭伋」文。）

第五頡

頡字子陵，爲郡功曹，州從事，公府辟舉高第，爲侍御史，南頓令，桂陽、南陽、廬江三郡太守，諫議大夫。洛陽無主人，鄉里無田宅，客止靈臺中，或十日不炊。司隸校尉南陽左雄、太史令張衡、尚書廬江朱建、孟興皆與頡故舊各致禮餉，頡終不受。（《後漢書‧第五鍾離宋寒列傳》注。又見《北堂書鈔》卷七十、《藝文類聚》卷三十五、《太平御覽》卷二百二十三、卷四百八十五、《職官分紀》卷六，諸書皆節錄此文，差異較大，今並附於下，以供參省。又此惟《後漢書》注云出《三輔決錄注》，餘書並言出《三輔決錄》，今姑置此。）

附：《北堂書鈔》卷七十：第五頡字子陵，清正，爲郡功曹。

　　《藝文類聚》卷三十五：弟五頡，字子陵，倫小子，洛陽無主人，鄉里無田宅，寄止靈臺中，或十日不炊。

　　《太平御覽》卷二百二十三、《職官分紀》卷六：第五頡，字子陵，爲諫議大夫。洛陽無主人，鄉里無田宅，寄止靈臺中，或十日不炊。

　　《太平御覽》卷四百八十五：第五頡，字子陵，倫小子。以清正爲郡功曹，至州從事。公府辟舉高第：侍御史、南頓令，皆稱病免。洛陽無主人，鄉里無田宅，寄止靈臺中，或十日不炊。

辛繕

　　辛繕，字公文〔一〕，治《春秋》讖緯，隱居華陰，光武徵不至〔二〕。有大鳥高五尺，雞頭燕頷〔三〕，蛇頸魚尾，五色備舉而多青，棲繕槐樹，旬時不去。弘農太守以聞，詔問百寮〔四〕，咸以爲鳳。太史令蔡衡對曰：「凡象鳳者有五，多赤色者鳳，多青色者鸞〔五〕，多黃色者鵷鶵〔六〕，多紫色者鸑鷟〔七〕，多白色者鵠〔八〕。今此鳥多青〔九〕，乃鸞，非鳳也。」上善其言，三公聞之，咸遜位辟〔一〇〕，繕不起〔一一〕。（《藝文類聚》卷九十。又見《太平御覽》卷九百一十六、《事類備要》別集卷六十二、《事文類聚》後集卷四十二。按：《北堂書鈔》卷五十五引《三輔決錄》：「辛繕降大鳥，太史蔡衡曰：『五色多青者，鸞也。』」《太平御覽》卷九百一十五引《三輔決錄注》：「太史令蔡衡云：『毛色多紫者爲鸑鷟。』」並節引此文，不單列。）

　　〔校記〕

　　〔一〕此句，《事類備要》、《事文類聚》無。

　　〔二〕「不至」下，《太平御覽》有「者」字。按：「者」當爲「時」字之誤，屬下讀。「時」字或書作「旹」，古書常訛作「者」字。

　　〔三〕頭，《太平御覽》作「首」。

　　〔四〕寮，《事類備要》作「僚」，二字通。

　　〔五〕此句，《太平御覽》無「色」字，且與下句「多黃色者鵷鶵」互置。

　　〔六〕鶵，《事類備要》、《事文類聚》無。

　　〔七〕色，《太平御覽》無。鸑，《事類備要》、《事文類聚》無。

　　〔八〕色，《太平御覽》無。

　　〔九〕「青」下，《太平御覽》有「者」字。

　　〔一〇〕「辟」讀作「避」，《太平御覽》、《事類備要》、《事文類聚》並作「避」。又諸書「避」下並有「繕」字。

　　〔一一〕此句，《事類備要》、《事文類聚》無。

竇攸

竇攸舉孝廉，爲郎。〔一〕世祖大會靈臺，得鼠如豹文〔二〕，熒熒光澤〔三〕，世祖異之〔四〕，以問群臣〔五〕，莫能知者〔六〕。攸對曰〔七〕：「鼮鼠也〔八〕。」詔問何以知之〔九〕，攸對曰〔一〇〕：「見《爾雅》〔一一〕。」詔案秘書〔一二〕，如攸言〔一三〕，賜帛百匹〔一四〕。（《文選·爲蕭揚州薦士表》注。又見《緯略》卷八、《玉海》卷一百六十二。《緯略》卷八云出《三輔決錄》，非也。今姑置此。）

〔校記〕

〔一〕以上二句，《緯略》無。

〔二〕「鼠如豹文」四字，《緯略》脫。

〔三〕此句，《玉海》無。

〔四〕此句，《緯略》作「帝異之」，《玉海》無。

〔五〕以，《緯略》、《玉海》無。

〔六〕此句，《緯略》作「莫知對」，《玉海》作「莫知者」。

〔七〕「攸」上，《緯略》有「竇」字。

〔八〕鼮，《緯略》作「鼨」。按：《爾雅》「豹文鼮鼠」郭璞注：「鼠文彩如豹者，漢武帝時得此鼠。孝廉郎終軍知之，賜絹百匹。」《水經注·穀水注》：「又逕靈臺北，望雲物也。漢光武所築，高六丈，方二十步。世祖嘗宴於此臺，得鼮鼠於臺上。」皆此事。則作「鼮」是，作「鼨」者，《爾雅》「鼨鼠」在「鼮鼠」上，或書者因《爾雅》而致誤。

〔九〕問，《緯略》無。此句，《玉海》無。

〔一〇〕攸，《緯略》無。此句，《玉海》無。

〔一一〕見，《緯略》作「名出」。雅，《玉海》誤作「稚」。

〔一二〕此句，《緯略》作「詔秘書審計」。

〔一三〕攸，《緯略》作「其」。

〔一四〕此句，《緯略》作「上喜賜帛」。又《緯略》此下尚有「諸侯子弟從之受《爾雅》」九字。按：此九字似當補，《藝文類聚》卷九十五引《竇氏家傳》、《太平御覽》卷二百一十五引謝承《後漢書》並有此類語。

何敞

何敞爲汝南太守〔一〕，章帝南巡〔二〕，過郡，有刻鏤屏風〔三〕，爲帝設之〔四〕，命侍中黃香銘之曰〔五〕：「古典務農，刻鏤傷民〔六〕。忠則竭節，義在修身。」敞懼，禮賢命士，使修德也。〔七〕（《北堂書鈔》卷一百三十二。又見《藝文類聚》卷六十九、《白氏六貼》卷四、《太平御覽》卷五百九十、卷七百一、《玉海》卷九十一。按：以上諸書並言出自《三輔決錄》，《太平御覽》卷九十一引此文，云出自《三輔決錄注》，今姑置此。）

〔校記〕

〔一〕「敞」下，《太平御覽》卷九十一、卷五百九十有「字文高」三字。

〔二〕章，《太平御覽》卷五百九十脫，卷七百一誤作「和」。南，《白氏六貼》脫。

〔三〕有，《白氏六貼》、《玉海》作「設」。「有」上，《太平御覽》卷五百九十有「郡」字。刻，《藝文類聚》作「雕」。

〔四〕此句，《白氏六貼》、《太平御覽》卷五百九十、《玉海》無。設之，《太平御覽》卷九十一作「張設」。

〔五〕「命」上，《白氏六貼》、《太平御覽》卷五百九十、卷七百一、《玉海》有「帝」字，《太平御覽》卷九十一有「詔」字。按：此處當補「帝」字，獻屏風者，何敞也；命黃香者，章帝也，若無「帝」，則句式轉化不暢。

〔六〕刻，《藝文類聚》、《太平御覽》卷九十一、卷七百一作「雕」，《白氏六貼》、《太平御覽》卷五百九十、《玉海》作「彫」，「雕」、「彫」通。

〔七〕「敞懼」三句，《藝文類聚》、《白氏六貼》、《太平御覽》卷七百一、《玉海》無。《太平御覽》卷九十一有之，末句「使修德也」作「改修德化」。又《太平御覽》卷五百九十此三句作「事見《黃香集》」，恐非《三輔決錄》文，蓋亦引至「義在修身」而止也。

馮豹

馮豹爲尚書郎，每奏事未報，常伏省闥下〔一〕，或自昏至明，天子默使人持被覆之。（《初學記》卷十一。《翰苑新書》前集卷十四云出自摯虞《三輔決錄》；《事類備要》後集卷二十六出自摯虞《三輔史錄》，「史」乃「決」之誤。摯虞《三輔決錄》即《三輔決錄注》，因以二書參校。又《北堂書鈔》卷六十引《三輔決錄》云：「馮豹爲尚書郎，勤力不懈，每奏未報，嘗俯伏省閣下，或從昏至明。天子聞，默使小黃門持被之，曰：『勿驚也。』」與諸書引差異較大，而與《東觀漢紀》卷十九文相近。文中「闥」字，《東觀漢紀》卷十九、《後漢書》卷二十八、《北堂書鈔》卷三十六、卷六十引華嶠《漢書》並作「閣」，則摯虞所據，別有其本。以此論之，《書鈔》所引，疑非《三輔決錄注》之誤，亦且非《三輔決錄注》之文也。陶輯與此文全同，而云出自《三輔決錄》，誤也。）

〔校記〕

〔一〕闥，《翰苑新書》、《事類備要》無。

丁邯

故事：尚書郎以令史久缺補之，世祖始改用孝廉爲郎，以孝廉丁邯補焉。邯稱病不就。詔問：「實病？羞爲郎乎？」對曰：「臣實不病，恥以孝廉爲令史職耳！」世祖怒曰：「虎賁滅頭〔一〕，杖之數十。」詔問：「欲爲郎不？」邯

曰：「能殺臣者陛下，不能爲郎者臣。」中詔遣出，竟不爲郎。邯字叔春，京兆陽陵人也。有高節，正直不撓，後拜汾陰令，治有名迹，遷漢中太守。妻弟爲公孫述將，收妻送南鄭獄，免冠徒跣自陳。詔曰：「漢中太守妻乃繫南鄭獄，誰當搔其背垢者？懸牛頭，賣馬脯，盜跖行，孔子語。以邯服罪，且邯一妻，冠履勿謝。」治有異，卒於官。（《後漢書・百官志三》注。又見《北堂書鈔》卷四十五、卷六十、《太平御覽》卷六百五十、《職官分紀》卷八、《玉海》卷一百一十四、卷一百二十三。按：《後漢書》注、《北堂書鈔》卷四十五、《玉海》卷一百一十四並言出《三輔決錄注》，《玉海》卷一百二十三作「濯錄注」，「濯」乃「決」之音訛也。《北堂書鈔》卷六十、《太平御覽》卷六百五十、《職官分紀》卷八云出《三輔決錄》，當非是。今姑置此。又諸書均引前丁邯不就郎事，末事則未引之，又多取「邯字叔春」一節置篇首；《玉海》卷一百二十三則乃節引，今不詳校，皆附於下，以便省覽。）

〔校記〕

〔一〕「滅頭」難通，《北堂書鈔》作「減頭」，《職官分紀》又作「扷頭」。疑此字當作「搣」，《說文》：「搣，批也。」「批，手擊也。」蓋命虎賁擊打頭部也。又《廣韻》：「搣，捽也。」則是言以手抓頭，以行杖擊。以後義爲上。

附：《北堂書鈔》卷四十五：丁邯，字叔春，選邯爲郎，託疾不就。詔問：「實病否？」邯對曰：「實不病，恥以孝廉爲令史職耳。」世祖怒曰：「虎賁滅頭，杖之數十。」詔問：「欲爲郎不？」曰：「能殺臣者陛下，不能爲郎者臣也。」詔出之。

《北堂書鈔》卷六十：丁邯舉孝廉爲郎。故事：郎以令史久缺補之，世祖始改用孝廉。邯稱病不就，詔問：「病愈，爲郎否？」對曰：「臣實不病，恥以孝廉爲令史職耳。」世祖怒曰：「虎賁滅頭，杖之數十。」詔問：「欲爲郎不？」邯曰：「能殺臣者陛下，不能爲郎者臣。」中詔遣出，竟不拜郎。

《太平御覽》卷六百五十：丁邯，字叔春，正直不撓，舉孝廉爲郎，以令史次補也。世祖改用孝廉，選邯補爲郎，邯稱疾不就。詔問：「實病？羞爲郎乎？」對曰：「臣實不病，以孝廉爲令史職爾？」世祖怒，使虎賁杖之數千。詔問：「欲爲郎不？」邯曰：「能殺臣者陛下，不能爲郎者臣也。」詔出，不爲郎。

《職官分紀》卷八：丁邯有高節，正直不撓，舉孝廉爲郎。故事：郎以令史久次補之，世祖改用孝廉。邯稱病不就，詔問：「病差，爲郎不？」對曰：

「臣不病，恥以孝廉爲令史職爾？」世祖怒，令虎賁旄頭杖之數十。詔問：「欲爲郎不？」邯曰：「能殺臣者陛下，不能爲郎者臣。」詔遣出，竟不拜。

《玉海》卷一百一十四：故事：尙書郎以令史久缺補之，世祖始改用孝廉爲郎，以丁邯補焉，邯稱病不就。詔問：「實病？羞爲郎乎？」對曰：「臣實不病，恥以孝廉爲令史耳。」世祖怒，杖之數十。詔問：「欲爲郎否？」對曰：「能殺臣者陛下，不能爲郎者臣。」詔遣出，竟不爲郎。

《玉海》卷一百二十三：故事：尙書郎以令史久缺補之，世祖始改用孝廉爲郎，丁邯稱病不就。

王調

調字叔和，爲河南尹。永和二年，坐買洛陽令同郡任棱竹田及上罷城東漕渠免官。（《後漢書・朱樂何列傳》注。）

曹成

曹成，壽之子也。司徒掾察孝廉，爲長垣長。母爲太后師，徵拜中散大夫。（《後漢書・列女傳》注。按：此文原作：「《三輔決錄》曰：『齊相子穀，頗隨時俗。』注云……。」與上正文「曹成」條本在一處，今作說明，以備參考。又此段之後，尙有「子穀，即成之字也」七字，乃李賢自云，非《三輔決錄注》之文也。）

樂己

己字伯文，爲郎非其好也，去官。（《後漢書・朱樂何列傳》注。按：樂己爲樂恢子，此條蓋摯虞注樂恢事，參上「樂恢」條。）

耿寶

寶字君達。（《後漢書・耿弇列傳》注。）

趙牧

牧字仲師，長安人。少知名，以公正稱。修《春秋》，事樂恢。恢以直諫死，牧爲陳冤得申。高第，爲侍御史、會稽太守，皆有稱績。及誣奏恭，安帝疑其侵，乃遣御史毋丘歆覆案其事實，下牧廷尉，會赦不誅，終於家。（《後漢書・孝明八王列傳》注。）

曹眾

眾與鄉里蘇孺文、竇伯向、馬季長並遊宦，唯眾不遇，以壽終於家。（《後漢書·文苑列傳上》注。）

摯恂

恂字季直，好學善屬文，隱於南山之陰。（《後漢書·馬融列傳上》注。又見《施注蘇詩》卷二，惟引「摯恂字季直」五字。）

蘇章

蘇章字孺文，爲冀州刺史，每自舉正其罪，州界清肅。（《北堂書鈔》卷七十二。按：此條似與上「蘇章」條本連文，見上説。）

士孫奮

平陵士孫奮，字景卿。少爲郡五官掾，起宅得錢〔一〕，貲至一億七千萬，富聞京師，而性儉恡。客舍，雇錢甚少，主人曰：「君士大夫惜錢如此，欲作孫景卿耶！」不知實是景卿。從子端，梁冀掾，〔二〕奮送絹五疋，食以乾魚，冀問奮「何以相送」，端以實對。冀素聞奮富且恡，乃以一鏤安革遺奮〔三〕，從貸錢五千萬。奮智冀貪暴，畏之，以三千萬與冀。大怒，乃告郡，詐認奮母爲守官藏婢，云盜白珠十斛，紫金千萬，收考奮兄弟，死獄中，財貨盡沒。（《太平御覽》卷四百七十二。按：此云出《三輔決錄》，《後漢書》卷三十四注惟有首得錢事，云出《三輔決錄注》，今姑置此。又見《初學記》卷二十二〔兩引〕、《太平御覽》卷三百五十八、卷四百三十一、卷八百一十七、《海錄碎事》卷五、《事類備要》續集卷四十五、《事文類聚》別集卷二十五、《錦繡萬花谷》後集卷三十，諸書皆節引其事，今並附於下。）

〔校記〕

〔一〕宅，《後漢書》注作「家」。按：作「起家」是，「起家」猶今言創業也，古之恒語。作「宅」者，形訛也。

〔二〕「從子」二句，《太平御覽》卷八百一十七作「從子瑞，辟梁冀掾」，是，當據正。下「端以實對」之「端」亦當作「瑞」。

〔三〕鏤安革，《初學記》、《錦繡萬花谷》、《太平御覽》卷三百五十八、《海錄碎事》並作「鏤衢鞍」，是也。徐陵《驄馬驅》：「白馬號龍駒，雕鞍名鏤衢。」吳均《贈任黃門》：「白玉鏤衢鞍，黃金馬腦勒。」鏤衢，鞍名也。此作「鏤安革」者，蓋脫「衢」字；鞍，或書作「鞌」，因誤爲「安革」也。

附：《後漢書》卷三十四注：士孫奮字景卿，少爲郡五官掾，起家得錢，貲至一億七千萬，富聞京師。

《初學記》卷二十二、《錦繡萬花谷》後集卷三十：梁冀以一鏤衢鞍遺公孫奮。

《初學記》卷二十二、《太平御覽》卷三百五十八：平陵公孫奮富聞京師。梁冀知奮儉悋，以鏤衢鞍遺奮，從貸五千萬。

《太平御覽》卷四百三十一、《事類備要》續集卷四十五、《事文類聚》別集卷二十五：平陵士孫奮富聞京師，性儉悋。嘗宿客舍，雇錢直甚少。主人曰：「君惜錢如此，欲作士孫景卿耶！」

《太平御覽》卷八百一十七：平陵士孫奮貲至一億七十萬，富聞京師。而性儉悋，從子瑞辟梁冀掾，奮送絹五疋，食以乾魚。

《海錄碎事》卷五：平陵孫奮富聞京師。梁冀遺一鏤衢鞍，從貸五十萬。

士孫瑞

瑞字君榮，扶風人，世爲學門。瑞少傳家業，博達無所不通，仕歷顯位。卓既誅，遷大司農，爲國三老。每三公缺，瑞常在選中。太尉周忠、皇甫嵩、司徒淳于嘉、趙溫、司空楊彪、張喜等爲公，皆辭拜讓瑞。天子都許，追論瑞功，封子萌澹津亭侯。萌字文始，亦有才學，與王粲善。臨當就國，粲作詩以贈萌，萌有答，在粲集中。（《三國志·魏書·董二袁劉傳》注。按：《後漢書·董卓列傳》引《三輔決錄》曰：「瑞字君榮，扶風人，博達無不通。天子都許，追論瑞功，封子萌津亭侯。萌字文始，有才學，與王粲善，粲作詩贈萌。」與此文略似，皆涉瑞子萌事，趙岐不得著此事，蓋當爲《三輔決錄注》文而節引之也。今誌於此，正文不再著錄。又《後漢書》注引，「津亭侯」前當有「澹」字。）

士孫萌

士孫孺子名萌，字文始，少有才學，年十五，能屬文。初，董卓之誅也，父瑞，知王允必敗，京師不可居，乃命萌將家屬至荊州依劉表。去無幾，果爲李傕等所殺。及天子都許昌，追論誅董卓之功，封萌爲澹津亭侯。與山陽王粲善，萌當就國，粲等各作詩以贈萌，於今詩猶存也。（《文選·王粲〈贈士孫文始〉》注。按：李善注原作「《三輔決錄》趙岐注」，審《文選》它處引此書者，或「《三輔決錄》」，或「趙岐《三輔決錄》」，或「趙岐《三輔決錄》注」，或「摯虞《三輔決錄注》」。言《三輔決錄》、趙岐《三輔決錄》者，知其爲《三輔決錄》文；言「摯

虞《三輔決錄注》」者，知其爲《三輔決錄注》文；言「趙岐《三輔決錄》注」、「《三輔決錄》趙岐注」，亦爲《三輔決錄》注之文，非趙岐自注也。）

法真

眞字高卿〔一〕，少明五經，兼通讖緯，學無常師，名有高才。常幅巾見扶風守，守曰：「哀公雖不肖猶臣仲尼，柳下惠不去父母之邦，欲相屈爲功曹，何如？」眞曰：「以明府見待有禮，故四時朝覲，若欲吏使之，眞將在北山之北、南山之南矣。」扶風守遂不敢以爲吏。初，眞年未弱冠，父在南郡，步往候父，已欲去，父留之待正旦，使觀朝吏會。會者數百人，眞於窗中窺其與父語。畢，問眞：「孰賢？」眞曰：「曹掾胡廣有公卿之量。」其後廣果歷九卿三公之位，世以服眞之知人。前後徵辟，皆不就，友人郭正等美之，號曰玄德先生。年八十九，中平五年卒。正父衍〔二〕，字季謀，司徒掾、廷尉左監。（《三國志·蜀書·龐統法正傳》注。按：張澍輯本復引《高士傳》置於下，云：「《蜀志》注所引《決錄》與《高士傳》同，傳較詳，今補之。」）

〔校記〕

〔一〕高，《後漢書·劉焉傳》注引《蜀書》作「喬」。

〔二〕「正父」難解，《後漢書·劉焉傳》注云衍爲眞之子，所據亦《蜀書》。「父」與「子」形音不近，頗疑衍爲眞之父，原文作「其父衍」，「其」形訛爲「正」，李賢注《後漢書》，因臆度之也。

趙襲

趙襲，燉煌太守，〔一〕先是杜伯度、崔子玉以工草書稱於前世〔二〕，襲與羅暉〔三〕，亦以能草〔四〕，頗自矜誇〔五〕，故張伯英書與襲同郡太僕朱賜書曰〔六〕：「上比崔、杜不足，下方羅、趙有餘。」（《藝文類聚》卷七十四。又見《太平御覽》卷七百四十九、《錦繡萬花谷》卷三十一、《施注蘇詩》卷三、《續演繁露》卷四、《職官分紀》卷四十一、《事文類聚》別集卷十三、《事類備要》前集卷四十五、《韻府群玉》卷十一。按：《後漢書》卷六十四注亦有此條，與諸書所引差距較大，今附於下。《後漢書》注云出《決錄注》，此當是注文，今姑置此。）

〔校記〕

〔一〕上兩句，《太平御覽》、《職官分紀》作「趙襲字元嗣，爲燉煌太守」，義較足。

〔二〕《施注蘇詩》、《韻府群玉》引自「杜伯度」始，無「先是」以上八字。杜伯度，《職官分紀》作「杜虔」，唐張懷瓘《書斷》卷中云：「後漢杜度，字伯度。」則「虔」當是「度」字之訛；又頗疑「伯」字脫，非本用其名也。工草書，《太平御覽》無「書」

字，《職官分紀》作「能書」。前世，《職官分紀》無「前」字，《事文類聚》作「前時」。以工草書稱於前世，《韻府群玉》但作「工草書」。

〔三〕「襲」上，《施注蘇詩》有「趙」字。

〔四〕以，《太平御覽》無。

〔五〕誇，《錦繡萬花谷》、《施注蘇詩》、《事文類聚》、《事類備要》作「夸」，二字同。「襲與」以下至此句，《續演繁露》作「趙襲羅暉能草」，無「襲與」以上數句；《韻府群玉》作「趙襲、羅暉拙書」。

〔六〕故，《續演繁露》、《韻府群玉》無。書，《太平御覽》、《續演繁露》、《職官分紀》無。又此句，《施注蘇詩》作「張伯英與友人書曰」，《韻府群玉》作「張伯英自稱云」。

　　附：《後漢書》卷六十四注：襲字元嗣。先是杜伯度、崔子玉以工草書稱於前代，襲與羅暉拙書，見蚩於張伯英。英頗自矜高，與朱賜書云：「上比崔、杜不足，下方羅、趙有餘。」

宋酆

　　酆字伯遇。（《後漢書‧皇后紀下》注。）

孟他

　　伯郎姓孟，名他，扶風人〔一〕。靈帝時，中常侍張讓專朝政〔二〕，讓監奴典護家事〔三〕。他仕不遂，乃盡以家財賂監奴，與共結親，積年家業爲之破盡。〔四〕眾奴皆慚〔五〕，問他所欲，他曰：「欲得卿曹拜耳〔六〕。」奴被恩久，皆許諾。〔七〕時賓客求見讓者，門下車常數百乘〔八〕，或累日不得通〔九〕。他最後到〔一〇〕，眾奴伺其至〔一一〕，皆迎車而拜〔一二〕，徑將他車獨入〔一三〕。眾人悉驚〔一四〕，謂他與讓善，爭以珍物遺他。他得之〔一五〕，盡以賂讓，讓大喜。他又以蒲桃酒一斛遺讓〔一六〕，即拜涼州刺史。（《三國志‧魏書‧明帝紀》注。按：《三國志》注云：「《三輔決錄》曰：『伯郎，涼州人，名不令休。』其注曰：……。」與上正文「孟他」條本在一處，今作說明，以備參考。又此下尚有「他生達，少入蜀，其處蜀事蹟在《劉封傳》」十五字，似裝自敘之語，今不附錄。又《太平御覽》卷五百二十四引《三輔決錄》，與此文相類：其卷八百四十三引《三輔決錄》云：「張讓專權，孟佗以蒲陶酒一斗遺之，拜佗爲涼州刺史。」卷九百七十二引《續漢書》：「扶風孟他以蒲萄酒一斛遺張讓，即以爲涼州刺史。」下有小注：「《三輔決錄》又載。」與《後漢書‧祭祀志中》注引《三輔決錄注》「佗字伯郎，以蒲陶酒一斗遺讓，讓即拜佗爲涼州刺史」相似。則《御覽》引，似當爲注文，非正文。然其下《藝文類聚》、《太

平御覽》所引，又與此明爲一事。所謂注者，補其闕事也，若趙岐本錄此，摯虞不得畫蛇添足也。觀其文義，此乃注「名不令休」之文，明非正文，今姑置此。《太平御覽》卷五百四十二文較近，因以出校。《藝文類聚》卷三十五、《太平御覽》卷五百乃節引，差異較大，今附於後。）

〔校記〕

〔一〕以上三句，《太平御覽》作「孟他字伯郎」。

〔二〕政，《太平御覽》無。

〔三〕典護家事，《太平御覽》作「典任家計」。按：《後漢書·張讓傳》作「典任家事」。

〔四〕「他仕」以下四句，《太平御覽》作「他殫家財賂監奴，共結親厚。積年」。

〔五〕皆，《太平御覽》作「心」。

〔六〕此句，《太平御覽》「卿」作「汝」，無「耳」字。

〔七〕以上兩句，《太平御覽》作「奴等皆許諾」。

〔八〕《太平御覽》無「下」字。

〔九〕通，《太平御覽》作「過」。按：作「通」是，謂不得通問，作「過」者，形訛也。

〔一〇〕到，《太平御覽》作「往」。

〔一一〕伺，《太平御覽》作「以」。按：作「伺」義上。頗疑「伺」訛作「侣（即似）」，後人因改爲「以」耳。

〔一二〕迎車而拜，《太平御覽》作「迎而拜之」。

〔一三〕此句，《太平御覽》作「將他車騎入」。

〔一四〕悉，《太平御覽》作「大」。

〔一五〕之，《太平御覽》無。

〔一六〕此句，《太平御覽》作「後以葡萄酒遺讓」，「蒲桃」、「葡萄」同。

附：《藝文類聚》卷三十五：平陵孟佗，盡以家財賂張讓監奴，眾奴異之。時賓客求見讓者常數百乘，累日不得通焉。佗後至，諸奴拜迎，徑將佗車獨往入。眾謂佗與讓善，爭以珍物賂佗，佗得以賂讓。

《太平御覽》卷五百：平陵孟他，盡以家財賂張讓監奴，奴憨，問所欲。他曰：「欲得卿曹拜。」時賓客求見讓者，車常數百乘，累日不得通。他後至，諸奴拜迎，徑將他車獨入。眾謂他與讓善，爭以物賂他，他得以賂讓。

田鳳

田鳳〔一〕，字季宗〔二〕，爲尚書郎，容儀端正〔三〕。入奏事〔四〕，靈帝目送之〔五〕，因題柱曰〔六〕：「堂堂乎張，京兆田郎〔七〕。」（《初學記》卷十一。又見《顏氏家訓·勉學》、《太平御覽》卷一百八十七、卷二百一十五、《職官分紀》卷八、《事類備要》後集卷二十六、《翰苑新書》前集卷十四、《事文類聚》新集卷十

六。《瀛奎律髓》卷二引此，云出《三輔錄》，即《三輔決錄》也。又以上諸書，除《初學記》云出《三輔決錄注》外，餘並言出《三輔決錄》，今姑置此。）

〔校記〕

〔一〕「田鳳」前，《太平御覽》卷一百八十七有「長陵」二字。

〔二〕此三字，《職官分紀》、《瀛奎律髓》無。

〔三〕容儀，《太平御覽》卷一百八十七作「儀貌」，《職官分紀》作「儀容」。此句，《瀛奎律髓》無。

〔四〕奏，《事類備要》後集誤作「秦」，形訛也。又自「田鳳」至此句，《顏氏家訓》未引。

〔五〕靈，《瀛奎律髓》無。

〔六〕「柱」上，《太平御覽》卷一百八十七有「殿」字。又「靈帝目送之，因題柱曰」，《顏氏家訓》節作「靈帝殿柱題曰」。

〔七〕「郎」下，《瀛奎律髓》有「者也」二字。

嚴象

象字文則，京兆人，少聰博有膽智。以督軍御史中丞詣揚州討袁術，會術病卒，因以爲揚州刺史。〔一〕建安五年〔二〕，爲孫策廬江太守李術所殺〔三〕，時年三十八。象同郡趙岐作《三輔決錄》，恐時人不盡其意，故隱其書，唯以示象。（《三國志‧魏書‧荀彧荀攸賈詡傳》注。按：注原云出《三輔決錄》，然觀其末句，則必非趙岐所自著明矣。《後漢書‧鄭孔荀列傳》注節引此文，亦誤云出《三輔決錄》。今置此以別之。）

〔校記〕

〔一〕《後漢書》注自「以督軍」至「因以」十九字無。

〔二〕建安五年，《後漢書》注作「後」。

〔三〕《後漢書》注引至此。

馬日磾

日磾字翁叔〔一〕，馬融之族子。少傳融業，以才學進。與楊彪、盧植、蔡邕等典校中書〔二〕，歷位九卿，遂登臺輔。（《三國志‧魏書‧董二袁劉傳》注。又見《後漢書‧鄭孔荀列傳》注、《袁紹劉表列傳》注。《後漢書‧蔡邕列傳下》注云出自《三輔決錄》，當脫「注」字，因並以出校。）

〔校記〕

〔一〕「日磾」上，《後漢書‧鄭孔荀列傳》注上有「馬」字。《袁紹劉表列傳》注惟引此五字。

〔二〕此句，《後漢書‧袁紹劉表列傳》注無。

周奐

奐字文明，茂陵人。（《後漢書·孝獻帝紀》注。）

游殷

既爲兒童，爲郡功曹游殷察異之，引既過家，既敬諾。殷先歸，敕家具設賓饌。及既至，殷妻笑曰：「君其悖乎！張德容童昏小兒，何異客哉！」殷曰：「卿勿怪，乃方伯之器也。」殷遂與既論霸王之略。饗訖，以子楚託之；既謙不受，殷固託之。既以殷邦之宿望，難違其旨，乃許之。殷先與司隷校尉胡軫有隙，軫誣搆殺殷。殷死月餘，軫得疾患，自說但言：「伏罪，伏罪，游功曹將鬼來。」於是遂死。於時關中稱曰：「生有知人之明，死有貴神之靈。」子楚，字仲允，爲蒲阪令。太祖定關中時，漢興郡缺。太祖以問既，既稱楚才兼文武，遂以爲漢興太守，後轉隴西。（《三國志·魏書·劉司馬梁張溫賈傳》注。按：此言《三輔決錄注》云云，言是注文。《藝文類聚》卷五十三、《白氏六貼》卷八、《太平御覽》卷三百八十五、卷四百〇五、卷四百四十四、卷四百九十六、卷六百三十二、《緯略》卷四、《事類備要》後集卷八均節引此文，並言出自《三輔決錄》。然此中涉游殷之子游楚事，非趙岐所能見，當非正文。然其間亦有趙岐生前事，又不能妄定其非。今姑置此。諸書引差距較大，今並錄於下，不詳出校，以備參考。）

附：《藝文類聚》卷五十三：遊子殷爲郡功曹，有童子張既爲書佐，殷察異之，具設賓饌，以子楚託之。後魏王以既爲雍州，時漢興郡闕，王以問既，既稱楚文武兼才，遂以爲漢興太守。

《白氏六貼》卷八：張既德容，世寒素。兒童時，功曹游殷察之，邀既適家，設賓饌。其妻笑之。殷曰：「方伯器也。」與論王霸之略，遂以子楚託之。後既薦楚爲漢興太守。〔首句「既」下當脫「字」字。〕

《太平御覽》卷三百八十五：張既，字德容，爲兒童，郡功曹游殷察異之。殷先歸，敕家設賓饌。及既至，殷妻笑曰：「張德容童昏小兒，何異於客哉！」殷曰：「方伯之器也。」殷遂與既論霸王之略。饗訖，以子楚託之。

《太平御覽》卷四百〇五：頻陽游殷字季齊。初，爲郡功曹，有童子張既者，時未知名，爲郡書佐。殷察異之，敕既過家，具設賓饌。及既至，妻笑曰：「君甚教乎！張德容童昏小兒，何異客哉！」殷曰：「卿勿怪，乃方伯之器也。」殷遂與論霸王之事。饗訖，以子楚託之。〔首句「頻陽」當作「潁陽」；「敕既過家」之「敕」當在次句「具」字上。〕

　　《太平御覽》卷四百四十四：游殷，字幼齊，與司隸校尉胡軫有隙，輕誣構殺之。初，殷爲郡功曹，有童子張既者，時未知名，爲郡書佐，殷察異之。既過家，具設賓饌，及既至，殷妻笑曰：「君甚勃乎？張德容童昏小兒，何異？」殷曰：「卿勿怪，乃方伯之器也。」殷遂與既論霸王之事。饗訖，以楚子託之。軫害殷，月餘得病，目脫，但言伏罪，游幼齊將鬼來，於是遂死。諺曰：「生有知人之明，死有鬼靈之驗。」〔「輕誣」當作「軫誣」；「何異」下蓋脫「客哉」二字；「軫害殷」當在「軫誣構殺之」之下，否則文義不接。〕

　　《太平御覽》卷四百九十六：游殷，字幼齊，爲胡軫所害。月餘，軫得病，但言伏伏。游幼齊將鬼來，於是遽死。關中諺曰：「生有知人之明，死有貴神之靈。」

　　《太平御覽》卷六百三十二：潁陽游殷爲郡功曹，有童子張既爲書佐，殷察畏之，具設賓饌，以子楚託之。後魏王以問，既稱楚文武兼學，王遂以爲漢興郡。〔「察畏之」當作「察異之」。〕

　　《緯略》卷四：生有知人之明，死有貴神之靈。

　　《事類備要》後集卷八：張既，字德容，世寒素。兒童時，馮翊功曹游殷察之，邀既還家，設賓饌請之。妻笑曰：「童昏小兒。」殷曰：「方伯器也。」與論王伯之略。遂以子楚託之，後既薦楚吳興太守。〔「吳興」當作「漢興」。〕

游楚

　　游楚表乞宿衛〔一〕，拜駙馬都尉，楚不學問〔二〕，性好遊遨、音樂及畜歌者〔三〕，琵琶箏笛，每行來〔四〕，將以自隨。（《藝文類聚》卷四十四。又見《太平御覽》卷五百八十三。按：諸書並言出《三輔決錄》，《三國志》卷十五裴注引《魏略》有此條，據載，游楚拜駙馬都尉乃太和中之事，其時趙岐已卒，不得聞之。此恐注文，非正文也。今錄於此。）

〔校記〕

〔一〕「表」上，《太平御覽》有「上」字。

〔二〕不，《太平御覽》作「無」。

〔三〕性，《太平御覽》。及，《太平御覽》作「乃」，與《三國志》注引《魏略》同。者，《太平御覽》脫。

〔四〕來，《太平御覽》無。

韋康

康字元將，亦京兆人。孔融與康父端書曰：「前日元將來，淵才亮茂，雅度弘毅，偉世之器也。昨日仲將又來，懿性貞實，文敏篤誠，保家之主也。不意雙珠近出老蚌，甚珍貴之。」端從涼州牧徵爲太僕，康代爲涼州刺史，時人榮之。後爲馬超所圍。堅守歷時救軍不至，遂爲超所殺。仲將名誕。（《三國志‧魏書‧荀彧荀攸賈詡傳》卷十注。按：此分兩事，一孔融與韋康父書事，一代父爲涼州刺史事，諸書多分而載之。載前事者，見《白氏六貼》卷二、《施注蘇詩》卷二十七、《海錄碎事》卷七下、《九家集注杜詩》卷二十四，《太平御覽》卷五百一十九亦載之，云出《三輔要錄》，當即《三輔決錄》也。載後事者，見《藝文類聚》卷五十、《白氏六貼》卷六、《太平御覽》卷二百五十五。諸書所引節錄甚重，改易明顯，今均附錄於下。兩事全載者，見《蒙求集注》卷下，惟前後之事互易，並附錄於下。又《三國志》原注出《三輔決錄》，以上諸書亦並言出《決錄》，然此條在嚴象事下，趙岐示書於嚴象事，固非趙岐自注，此事亦當同。《藝文類聚》引此條在蘇章事下，蘇章事亦似注文。且韋康爲馬超所殺，事在建安十八年，時趙岐已卒，不得見之，則此爲注文明矣。今姑置此。又此原文下尚有「見《劉邵傳》」四字，當爲裴氏自注語，今不錄。）

附：《白氏六帖》卷二、《九家集注杜詩》卷二十四：孔融見韋元將，與其父書曰：「不意雙珠生於老蚌。」

《海錄碎事》卷七下：孔融見韋康、韋誕，與其父端書曰：「不意雙珠近出老蚌。」康字元將，誕字仲將。

《施注蘇詩》卷二十七：孔融見韋元將，與其父書曰：「不意明珠生於老蚌。」

《太平御覽》卷五百一十九引《三輔要錄》：韋康字元將，京兆人。孔融與康父端書曰：「前見元將來，淵才亮茂，雅度弘毅，偉世之器也。昨日又見仲將來，懿性貞實，文敏志篤，誠保家之主也。不意雙珠出於老蚌。」

《藝文類聚》卷五十：韋康代父爲涼州刺史，父出，止傳舍，康入官，時人榮之。

《白氏六帖》卷六：康字元將，代父端爲荊州刺史，父出，止傳舍，康入官，時人榮之。〔原作《三輔錄》，脫「決」字。〕

《太平御覽》卷二百五十五：韋康代父爲涼州刺史，父出，止傳舍，康入官宇，時人榮之。

　　《蒙求集注》卷下：韋康，字元將，京兆人。父端，從涼州牧徵爲太僕，康代爲涼州刺史，時人榮之。孔融嘗與端書曰：「前日元將來，淵才亮弘，雅度量毅，偉世之器也。昨日仲將又來，懿性貞實，文愍篤誠，保家之主也。不應雙珠近出老蚌。」仲將名誕，有文才，善屬辭章，官至光祿大夫。

　　韋元將，年十五，身長八尺五寸，爲郡主簿。楊彪稱曰：〔一〕「韋主簿年雖少，有老成之風，昂昂千里之駒。」〔二〕（《太平御覽》卷二百六十五。又見《白氏六貼》卷二十一、《海錄碎事》卷十二、《錦繡萬花谷》卷十四、《事文類聚》外集卷十三、卷十五、《事類備要》後集卷八十、《翰苑新書》前集卷五十九。《事物紀原》引「韋康成爲郡主簿」七字。按：《事類備要》引作《三輔實錄》，即《三輔決錄》也。又以上諸書並言出《三輔決錄》，《北堂書鈔》卷七十三引此文作《三輔決錄注》，此蓋與上條同爲摯虞補注也。今姑置此。）

　〔校記〕

〔一〕自「韋元將」以下至此，《白氏六貼》、《海錄碎事》、《事文類聚》外集卷十三、《事類備要》作「韋康成，字元將，年十五，身長八尺。爲郡主簿郡尹楊彪奇之曰」，《錦繡萬花谷》、《事文類聚》外集卷十五、《事類備要》、《翰苑新書》作「韋元將爲郡主簿楊處稱曰」，《北堂書鈔》作「韋秉少爲郡主簿楊戲奇之曰」。「秉」爲「康」之形訛，「處」、「戲」均爲「彪」之形訛。

〔二〕以上三句，《北堂書鈔》作「韋主簿雖少，有老成之風」，《白氏六貼》作「韋主簿昂昂千里騎」，《海錄碎事》作「韋主簿昂昂千里駒」，《錦繡萬花谷》、《事類備要》作「韋主簿有長成之風，昂昂千里之駒」，《事文類聚》外集卷十三、《事類備要》作「韋主簿昂昂千里駒乎」，《事文類聚》外集卷十五、《翰苑新書》作「韋主簿有長城之風，昂昂千里之駒」。「騎」乃「駒」之形訛，「長成」、「長城」皆「老成」之形訛。

韋誕

　　韋誕，字仲將。除武都太守，以書不得之郡，轉侍中，典作《魏志》，號《散騎書》，一名《大魏志》，凡五十篇。洛陽、鄴、許三都宮觀始就，命誕銘題，以爲永制。以御筆墨皆不任用，因奏曰：〔一〕「夫工欲善其事〔二〕，必先利其器。〔三〕用張芝筆、左伯紙及臣墨〔四〕，兼此三具，又得臣手〔五〕，然後可以逞徑丈之勢〔六〕，方寸千言〔七〕。」（《太平御覽》卷七百四十七。又見《北堂書鈔》卷一百四「筆」條、「紙」條、《藝文類聚》卷五十八、《事文類聚》別集卷十二。按：此條諸書並言出《三輔決錄》，張懷瓘《書斷》亦載此事，較此爲詳。韋誕此事，《書斷》作曹明帝青龍年間事，其時趙岐早亡，不得聞之。此當是《三輔決錄》注文，因置此。）

〔校記〕

〔一〕自「韋誕」以下，《北堂書鈔》「筆」條、「紙」條、《藝文類聚》節作「韋誕奏」，《事文類聚》作「魏韋誕，字仲將，諸書並善。鄴都宮觀始就，詔令仲將題署，御筆墨皆不任用，因奏」。又「因奏曰」下，《北堂書鈔》「筆」條尚有「蔡邕自矜能兼斯、高之法，非紈素，不妄下筆」句，《藝文類聚》作「蔡邕自矜能兼斯籀之法，非紈素，不妄下筆」。按：張懷瓘《書斷》亦有此句，當據補。《書斷》作「斯、喜之法」，喜指曹喜，衛恒《四體書勢》云：「漢建初中，曹喜善篆，少異於斯，而亦稱善。」《魏志·江式傳》：「曹喜號曰工篆，小異斯法，而甚精巧。」李斯以小篆聞，非以籀文聞，故作「斯籀」者非。《魏志·江式傳》下又云：「左中郎將陳留蔡邕採李斯、曹喜之法，為古今雜形。」則蔡邕所承乃李斯、曹喜，非趙高也。

〔二〕《北堂書鈔》「筆」條、「紙」條、《事文類聚》無「夫」字，《藝文類聚》無「工」字。

〔三〕「夫工」兩句，《事文類聚》無。

〔四〕「用」上，《事文類聚》有「若」字。此句下，《藝文類聚》尚有「皆古法」三字。

〔五〕得，《北堂書鈔》「筆」條誤作「碍」。

〔六〕逞，《北堂書鈔》「紙」條、《藝文類聚》作「盡」。

〔七〕千，《北堂書鈔》「紙」條誤作「守」，《藝文類聚》誤作「之」，皆形訛也。此句，陶輯作「於方寸之中」，蓋先是「千言」誤作「之中」，因又補「於」字以足其義。

馬氏兄弟

五門子孫：凡民之伍門，今在河南西四十里，澗、穀、洛三水之交。傳聞馬氏兄弟五人共居此地，作五門客舍，因以為名。主養豬賣豚，故民為之語曰：「苑中三公，館下二卿〔一〕。五門嚾嚾〔二〕，但聞豚聲。」（《太平御覽》卷四百九十六。又見《水經注》卷十六、《太平御覽》卷六十一、卷八百二十八、卷九百〇三、《事文類聚》後集卷四十、《事類備要》別集卷八十三、《韻府群玉》卷二上。以上諸書，《水經注》言出《三輔決錄注》，《太平御覽》卷六十一用《水經注》文，亦言出注，餘則並言出《三輔決錄》，今姑置此。諸書所引差距較大，今並附於下。）

〔校記〕

〔一〕館下，《太平御覽》卷八百二十八、卷九百〇三、《事文類聚》均作「鉅下」，《事類備要》、《韻府群玉》卷二上作「門下」。按：《後漢書·馬嚴傳》：「援卒後，嚴乃與敦俱歸安陵，居鉅下。三輔稱其義行，號曰鉅下二卿。」引《決錄注》：「鉅，地名也。」則作「鉅」是，作「館」者，形訛也；作「門」者，當是後人妄改。

〔二〕嚾，《太平御覽》卷八百二十八作「藿」，《太平御覽》卷九百〇三、《事文類聚》、《事類備要》作「嘒」，《韻府群玉》作「噍」。按：此似當以「嘒」為上，蓋豬聲也。「嚾」、「噍」形訛，「藿」則音形之訛也。

附：《水經注》卷十六、《太平御覽》卷六十一：馬氏兄弟五人，共居澗、穀二水之交，作五門客，因舍以為名。今在河南西四十里。

《太平御覽》卷八百二十八：五門子孫，凡民之五門，今在河南西四十里。馬氏兄弟五人，共居此地，作五門客舍，因以爲名。主養豬賣豬，故民爲之語曰：「苑中三公，鉅下二卿，五門藋藋，但聞豚聲。」

《太平御覽》卷九百○三：五門子孫，凡民之伍。馬氏兄弟五人，共居此地，作客舍，養豬賣豚，故民謂之曰：「苑中三公，鉅下二卿，五門嘖嘖，但聞豚聲。」

《事文類聚》後集卷四十：馬氏兄弟五人，共作客舍，養豬賣豚，故民謂之曰：「苑中三公，鉅下二卿。五門嘖嘖，但聞做聲。」

《事類備要》別集卷八十三：馬氏兄弟五人，共作客舍，養豬賣豬，故民謂之曰：「苑中三公，門下二卿。五門嘖嘖，但聞豬聲。」

《韻府群玉》卷二上：馬氏兄弟五人，共養豬賣，人曰：「苑中三公，門下二卿。五門嘰嘰，但間豬聲。」

金旋

金旋，字元機，京兆人，歷位黃門郎、漢陽太守，徵拜議郎，遷中郎將，領武陵太守，爲備所攻劫死。（《三國志·蜀書·先主傳二》注。）

金褘

時有京兆金褘，字德褘，自以世爲漢臣〔一〕，自日磾討莽何羅，忠誠顯著，名節累葉。覬漢祚將移，謂可季興，乃喟然發憤，遂與耿紀、韋晃、吉本、本子邈、邈弟穆等結謀。紀字季行，少有美名，爲丞相掾，王甚敬異之，遷侍中，守少府。邈字文然，穆字思然，以褘慷慨有日磾之風，又與王必善，因以間之，若殺必，欲挾天子以攻魏，南援劉備。〔二〕時關羽彊盛，而王在鄴，留必典兵督許中事。文然等率雜人及家僮千餘人夜燒門攻必，褘遣人爲內應，射必中肩。必不知攻者爲誰，以素與褘善，走投褘，夜喚德褘，褘家不知是必，謂爲文然等，錯應曰：「王長史已死乎？卿曹事立矣！」必乃更他路奔。一曰：必欲投褘，其帳下督謂必曰：「今日事竟知誰門而投入乎？」扶必奔南城。會天明，必猶在，文然等眾散，故敗。後十餘日，必竟以創死。（《三國志·魏書·武帝紀》注。又見《後漢書·孝獻帝紀》注。）

〔校記〕

〔一〕世，《後漢書》注作「代」，避唐太宗諱也。

〔二〕自「自日磾」以下至此，《後漢書》注節作「乃發憤與耿紀、韋晃欲挾天子以攻魏，南援劉備。事敗，夷三族」，並至此而止。

　　金禕爲郡上計，留在許都，時魏武使長史伍必將兵衛天子於許都。〔一〕禕與必善，必見禕有胡婢善射〔二〕，必常請之從役也〔三〕。(《初學記》卷十九。又見《藝文類聚》卷三十六、《錦繡萬花谷》後集卷十六、《事類備要》前集卷三十六。按：諸書引此事並云出《三輔決錄》，據《後漢書》、《三國志》，金禕起兵在建安二十三年（公元 218 年），事敗，夷三族。金禕卒年晚於趙岐，則此亦當爲摯虞注文；且文中有「魏武」二字，此固非趙岐所能知也。)

　　〔校記〕

　　〔一〕《藝文類聚》「伍必」作「王必」，無「都」字。按：作「王必」是，疑「王」字誤作「五」，後人因改爲「伍」耳。「王必」事見《三國志》，又下《三輔決錄注》「金禕」條亦載「王必」事。

　　〔二〕「見」上，《藝文類聚》無「必」字。

　　〔三〕此句，《藝文類聚》作「必常從請之」；役，《錦繡萬花谷》、《事類備要》並作「後」。按：作「役」義長，前言王必將兵衛許，是從之以爲兵事，故謂之「役」。作「後」者，蓋形訛。

射援

　　援字文雄，扶風人也。其先本姓謝，與北地諸謝同族。始祖謝服爲將軍出征，天下以謝服非令名，改爲射，子孫氏焉。兄堅，字文固，少有美名，辟公府爲黃門侍郎。獻帝之初，三輔饑亂，堅去官，與弟援南入蜀依劉璋，璋以堅爲長史。劉備代璋，以堅爲廣漢、蜀郡太守。援亦少有名行，太尉皇甫嵩賢其才而以女妻之，丞相諸葛亮以援爲祭酒，遷從事中郎，卒官。(《三國志·蜀書·先主傳二》注。又見《姓氏急就篇》卷上，言出《三輔決錄》，此涉趙岐之後事，明爲《三輔決錄注》之文，今置於此。又《姓氏急就篇》節引謝改射事，今附於下。)

　　附：《姓氏急就篇》卷上：漢末大鴻臚射咸，本姓謝名服，天子以爲將軍出征，姓謝名服不祥，改爲射。

竇猗

　　竇后父名猗，居清河觀津，遭秦之亂，〔一〕隱身漁釣〔二〕，墜淵而卒〔三〕。后登尊號〔四〕，遣使者填父所墜淵〔五〕，而築起大墳於觀津南〔六〕，清河民號曰「竇氏青山」〔七〕。(《北堂書鈔》卷九十四。又見《史記·外戚世家》索隱、《後漢書·天文志》注、《太平御覽》卷三百九十六、卷五百八十八。按：《北堂書鈔》、《太平御覽》均言出自《三輔決錄》，《史記》索隱、《後漢書》並言出自《三輔決錄注》，今姑置此。)

〔校記〕

〔一〕以上三句，《史記》索隱作「竇太后父少遭秦亂」，《後漢書》注作「孝文竇皇后父」，《太平御覽》卷三百九十六作「文帝竇后，名猗（按：「名」上脫「父」字），清河觀津人也。父遭秦之亂」，卷五百八十八作「竇后父名猗，遭秦亂」。

〔二〕漁釣，《太平御覽》卷五百八十八作「鉤魚」。

〔三〕墜淵而卒，《史記》索隱作「墜泉而死」，「淵」、「泉」古通，「卒」、「死」義同。

〔四〕此句，《史記》索隱「景帝立太后」，《後漢書》注作「景帝立，后爲太后」，《太平御覽》卷三百九十六作「景帝即位，后登尊號」。

〔五〕「墳」上，《後漢書》注、《太平御覽》卷三百九十六有「更」字。墳父所墜淵，《太平御覽》卷五百八十八作「於父墜所」。

〔六〕此句，《史記》索隱作「起大墳於觀津城南」，《後漢書》注作「而葬起大墳於縣城南」，《太平御覽》卷三百九十六作「而築起大墳觀津城南」，《太平御覽》卷五百八十八作「築起大墳」。

〔七〕此句，《史記》索隱作「人閭號爲竇氏青山」，《後漢書》注作「民號曰竇氏青山」，《太平御覽》卷三百九十六作「青山是也」，《太平御覽》卷五百八十八無。

竇玄

　　叔高名玄〔一〕，以明經爲郡上計吏〔二〕，朝會數百人，〔三〕叔高儀狀絕眾〔四〕。天子異其貌〔五〕，以公主妻之〔六〕。出朝〔七〕，同輩嘲笑焉〔八〕。叔高時以自有妻〔九〕，不敢以聞，方欲迎妻與決〔一〇〕，未發，而詔叔高就第成婚。（《文選·褚淵碑文並序》卷五十八注。按：原注云：「平陵竇叔高以經術稱。摯虞曰……。」《玉海》卷一百八十五亦云注文，《北堂書鈔》、《太平御覽》並言出《三輔決錄》，此當是注文，今置此。）

〔校記〕

〔一〕「叔高」前，《北堂書鈔》、《太平御覽》均有「竇」字，《玉海》誤作「賣」，蓋《文選》注前引《三輔決錄》已有「竇叔高」字，引省「竇」字也。《玉海》無「名玄」二字。

〔二〕「以明經」三字，《北堂書鈔》、《太平御覽》無。

〔三〕《玉海》引至此止，下以「云云」二字略之。

〔四〕叔高，《北堂書鈔》作「玄」，《太平御覽》無。

〔五〕其貌，《太平御覽》作「之」。

〔六〕「以」上，《北堂書鈔》、《太平御覽》並有「詔」字。又《北堂書鈔》引至此止。

〔七〕朝，《太平御覽》無。

〔八〕嘲，《太平御覽》作「調」。

〔九〕以，《太平御覽》作「已」。

〔一〇〕妻，《太平御覽》作「婦」。

〔一一〕「詔」下，《太平御覽》有「召」字。

趙岐

岐娶馬敦女宗姜爲妻，敦兄子融嘗至岐家，多從賓與從妹宴飲作樂，日夕乃出。過問趙處士所在。岐亦屬節，不以妹聟之故屈志於融也。與其友書曰：「馬季長雖有名當世，而不持士節，三輔高士未曾以衣裾撇其門也。」岐曾讀《周官》二義不通，一往造之，賤融如此也。（《後漢書·趙岐傳》注。）

岐長兄磐，州都官從事，早亡。次兄無忌，字世卿，部河東從事，爲玹所殺。（《後漢書·趙岐傳》注。）

是時綱維不攝，閹豎專權，岐擬前代連珠之書四十章上之，留中不出。（《後漢書·趙岐傳》注。又《玉海》卷六十二引《趙岐傳》，此注並引之，文同，不出校。《玉海》卷五十四云：「《三輔決錄注》：『趙岐擬前代連珠之書四十章上之。』」恐亦用《後漢書》注文。）

岐還至陳倉，復遇亂兵，裸身得免，在草中十二日不食也。（《後漢書》卷六十四注。）

岐爲長，抑強討奸，大興學校也。（《後漢書·趙岐傳》注。按：原云出《三輔決錄》，當是注文，今姑置此。）

趙歧避難於四方，江、海、岱、霍無所不到，自匿姓名，布衣巾絮，賣餅北海市。安丘孫嵩，年二十餘，游市見趙歸，微察，知非常人，駐車呼與共載曰：「我北海孫賓碩，終不相負。」歧聞嵩，即以實告，遂與俱歸。嵩先入，白母曰：「今日出，得死友在外。」歧即匿嵩家，積年乃出。後說劉表。時北海孫嵩流離在劉表末座，不爲表所識，歧遙識之，向表說嵩。表甚奇重之，因共表嵩爲青州刺史。（《太平御覽》卷四百七十九。又見《北堂書鈔》卷一百四十四、《藝文類聚》卷七十二。《類聚》、《御覽》並云出《三輔決錄》，惟《書鈔》云出《三輔決錄注》，此爲注文明矣，今姑置此。又《書鈔》、《類聚》所引差距較大，今附於下，不復出校。）

附：《北堂書鈔》卷一百四十四：趙歧於市內販胡餅，孫賓石疑非常人，問曰：「自有餅耶。」

《藝文類聚》卷七十二：趙歧避難至北海，於市中販胡餅，孫嵩乘犢車入市，見歧，疑非常人，問曰：「自有餅耶。」曰：「販之。」嵩曰：「買幾錢？賣幾錢？」歧曰：「買三十，賣亦三十。」嵩曰：「視處士之狀，非賣餅者。」乃開車後，載還家。

　　趙嘉年三十餘〔一〕，有重疾〔二〕，七年不樂。〔三〕乃爲令敕兒曰〔四〕：「丈夫生一世，處無箕山二公之操〔五〕，仕無伊摯、呂尚之勳。天不我與〔六〕，復何言哉〔七〕！聊立一圓石〔八〕，樹吾墓前，刻之曰：『漢有逸民，姓趙名嘉。有志無時，命也奈何〔九〕。』」後病癒〔一〇〕。（《太平御覽》卷五百五十八。又見《藝文類聚》卷七十五、《太平御覽》卷七百三十九、《類要》卷二十六、卷三十四。諸書並言出《三輔決錄》，當是注文，今置於此。）

　　〔校記〕

　　〔一〕嘉，《類要》卷三十四誤作「加」。

　　〔二〕有重，《類要》卷二十六誤倒。疾，《類要》卷三十四作「戾」，蓋「疾」之形訛。

　　〔三〕以上三句，《藝文類聚》、《太平御覽》卷七百三十九作「趙岐初名嘉，年三十餘，有重疾，臥蓐七年，自慮奄忽」。

　　〔四〕乃，《類要》卷二十六作「初」。爲，《類要》卷三十四脫。此句，《藝文類聚》、《太平御覽》卷七百三十九作「乃爲遺令敕兄子」。按：《後漢書·趙岐傳》作「乃爲遺令敕兄子」，則此處所引，「兒」爲「兄」之訛，又脫「子」字。

　　〔五〕「操」上，《類要》卷二十六衍「所」字，「之操」與「之勳」對文，「所」字不當有。

　　〔六〕不，《類要》卷三十四誤作「下」，形訛也。我，《類要》卷二十六空格，脫之。

　　〔七〕復，《類要》卷三十四誤作「弗」，音訛也。又「丈夫」以下至此，《藝文類聚》、《太平御覽》卷七百三十九無。

　　〔八〕聊，《類要》卷三十四無。又此句，《藝文類聚》、《太平御覽》卷七百三十九作「可立一員石於吾墓前」。

　　〔九〕命，《類要》卷二十六誤作「余」，形訛也。

　　〔一〇〕癒，《類要》卷二十六作「恷」，「恷」爲「癒」之俗體字；卷三十四作「差」，「差」讀作「瘥」。又此句，《藝文類聚》作「其後疾瘳」，《太平御覽》卷七百三十九無。

鉅

　　鉅，地名也。（《後漢書·馬援列傳》注。此注「鉅下二卿」之文，見上「馬氏兄弟」條。又《四庫本》作：「鉅下，地名也。」）

扶風

　　扶風，化也。（《後漢書·郡國志一》注。又見《長安志》卷一。按：《後漢書》注云出《三輔決錄》，此當爲注文，注「扶風」二字，今姑置此。）

京兆

　　京，大也。天子曰兆民。（《後漢書·郡國志一》注。又見《長安志》卷二。此注「京兆」之文。）

馮翊

馮，馮也；翊，明也。(《後漢書‧郡國志一》注。又見《資治通鑑釋文》卷六、十三、十四、十六、十七〔兩引〕、《長安志》卷一。此注「馮翊」之文。《古今韻會舉要》卷二十九引作：「《三輔決錄注》張宴曰：馮，輔也；翊，佐也。」與此文差距較大。)

酆鎬

鎬在酆水東，酆在鎬水西，相去二十五里。(《後漢書‧郡國志一》注。按：宋程大昌《雍錄》卷一引徐廣《三輔決錄》：「鄗在豐東二十五里，故既可步往，又可朝發而即至也。」徐廣蓋是摯虞之訛，末兩句似當據增之。)

金氏

金氏，本下邽人也。(《太平寰宇記》卷二十九。按：張澍輯本作：「金氏曰磾，本下邽人也。」然此本解姓氏來源，不必具體至某人，錄原文可也。)

存疑

諸書多有徒引摯虞言者，雜見《史記》注、《漢書》注、《北堂書鈔》、《太平御覽》、《玉海》諸書，未必即《三輔決錄注》之文，今俱不錄。

矯慎

矯慎，字仲彥，扶風茂陵人也。少慕松、喬導引之術，隱遯山谷，與南郡太守馬融、并州刺史蘇章鄉里並時，然二人純遠不及慎也。汝南吳蒼甚重之，因遺書以觀其志曰：「蓋聞黃老之言，乘虛入冥，藏身遠遯，亦有理國，養人施於爲政。至如登山絕迹，神不著其證，人不覩其驗。吾欲先生從其可者，於意何如？昔伊尹不懷道以待堯舜之君。方今明明，四海開關，巢許無爲箕山，夷齊悔入首陽。足下審能騎龍弄鳳，翔嬉雲間者，亦非狐兔燕雀所敢謀也。」慎不答，年七十餘，竟不肯娶。後忽歸家，自言死日，及期，果卒。後人有見慎於燉煌者，故前世異之，或云神仙焉。慎同郡馬瑤隱於汧山，以兔罝爲事，所居俗化，百姓美之，號馬牧先生焉。(張澍輯。按：張澍注云：「皇甫謐著《高士傳》所言高隱其文，與《決錄》相同，是士安依趙氏爲傳也。今据補。」又上「喬順」條與此事略同，然諸書既未明言出《三輔決錄》，不可因此而妄補也。今姑置此。)

摯峻

摯峻，字伯陵，京兆長安人也。少治清節，與太史令司馬遷交好。峻獨退身修德，隱於汧山，遷既親貴，乃以書勸峻進曰：「遷聞君子所貴乎道者三，太上立德，其次立言，其次立功。伏惟伯陵材能絕人，高尚其志，以善厥身，冰清玉潔，不以細行，荷累其名，固已貴矣。然未盡太上之所由也。願先生少致意焉。」峻報書曰：「峻聞古之君子，料能而行，度德而處，故悔恡去於身，利不可以虛受，名不可以苟得。漢興以來，帝王之道，於斯始顯。能者見利，不肖者自屛，亦其時也。《周易》：『大君有命，小人勿用。』徒欲偃仰從容，以遊餘齒耳。」峻之守節不移如此。遷居太史官，爲李陵遊說，下腐刑，果以悔恡被辱。峻遂高尚不仕，卒於汧。汧人立祠，世奉祀之不絕。（張澍輯。按：張澍注云：「此皇甫士安《高士傳》，《決錄》宜有其人，今据補。」乃揣測之語，不足取信也。）

望之

安丘望之者，京兆長陵人也。少治《老子經》，恬靜不求進宦，號曰安丘丈人。成帝聞欲見之，望之辭不肯見。上以其道德深重，常宗師焉。望之不以見敬爲高，愈日損退，爲巫醫於民間，著《老子章句》，故老氏有安丘之學。扶風耿況、王汲等皆師事之，從受老子，終身不仕，道家宗焉。（張澍輯。按：張澍注云：「此皇甫士安《高士傳》，《決錄》宜有其人，今据補。」乃揣測之語，不足取信也。）

高恢

高恢字伯達，京兆人也。少治《老子經》，恬虛不營世務，與梁鴻善，隱於華陰山中。及鴻東遊，思恢，作詩曰：「鳥嚶嚶兮友之期，念高子兮僕懷思，想念恢兮爰集茲。」二人遂不復相見。恢亦高抗匿燿，終身不仕焉。（張澍輯。按：張澍注云：「《高士傳》多本《決錄》，今据補。」乃揣測之語，不足取信也。）

韓康

韓康，字伯休，京兆霸陵人也。常遊名山，採藥賣於長安市中，口不二價者三十餘年。時有女子買藥於康，怒康守價，乃曰：「公是韓伯休邪？乃不二價乎？」康歎曰：「我欲避名。今區區女子皆知有我，何用藥爲？」遂遯入

霸陵山中，博士公車連徵不至。(張澍輯。按：張澍注云：「皇甫謐《高士傳》多依《決錄》，今《決錄》闕略，據補之。伯休，一作伯牧。」乃揣測之語，不足取信也。)

姜岐

姜岐，字子平，漢陽上邽人也。少失父，獨以母兄居，治《書》、《易》、《春秋》，恬居守道，名重西州。延熹中，沛國橋玄爲漢陽太守，召岐欲以爲功曹。岐稱病不就，玄怒，敕督郵尹益收岐，若不起者，趣嫁其母而後殺。岐益爭之，玄怒，益搤之。益得杖，且諫曰：「岐少修孝義，棲遲衡廬，鄉里歸仁，名宣州里，實無罪狀，益敢以死守之。」玄怒乃止。岐於是高名逾廣，其母死，喪禮畢盡，讓平水田與兄岑，遂隱居，以畜蜂豕爲事。教授者，滿於天下；營業者，三百餘人。辟州從事，不詣。民從而居之者數千家。後舉賢良，公府辟以爲茂才，爲蒲坂令，皆不就，以壽終於家。(張澍輯。按：張澍注云：「此《高士傳》，今據補。」乃揣測之語，不可妄補也。)

韋彪

韋彪爲巴郡太守，父老，歸供養。父嗜餅，從至市，立車下，自進之。(張澍輯。張澍注云：「《太平御覽》引作《三輔舊事》，其文是《三輔決錄》，今補入。又按：《東觀漢記》：『蕭彪，字伯文，京兆杜陵人。累官巴陵太守，父老，乞供養父。有賓客，輒立屏風後，應受使命。父嗜餅，每自買進之。』據此，是蕭彪，《御覽》引作韋彪，訛。」此見《太平御覽》卷七百〇一，今以四庫本、中華書局影宋本觀之，並云出《京兆舊事》，且本作蕭彪，未審張氏所據何本。)

金日磾

金日磾，字翁叔，封秺侯，有忠勤之節，七葉侍中。(張澍輯。按：張澍注云：「徐堅《初學記》引作《三輔舊事》，非，今補入《決錄》。」張氏原注出《太平御覽》，今審《初學記》卷十二、《太平御覽》卷二百一十九並云出《三輔故事》。)

第五巡

第五種，子巡，字文休。辟太尉掾，與杜陵金敞、韋端齊名，時人號之京兆三休。(張澍輯。按：張氏原注出《太平御覽》，今考《御覽》，未見此文。此條，可參上「京兆三休」條。)

杜斌

杜預從兄斌亦有才望，爲黃門郎。（張澍輯。按：張澍注云出《藝文類聚》引《決錄》注，又云：「此是《決錄注》，《陝西省志》引作《決錄》，非。」今考《類聚》，未見此文，《陝西省志》卷五十五《人物志》有之。《三國志·魏書·杜畿傳》引《晉諸公贊》：「預從兄斌，字世將，亦有才望，爲黃門郎，爲趙王倫所枉殺。」即此事。然早期書未見有云出《三輔決錄》者，今姑置此。）

江充

衛太子嶽鼻，太子來省疾，至甘泉宮。江充告太子勿入，陛下有詔，惡太子嶽鼻，當以紙塞其鼻。充語武帝曰：「太子似不欲聞陛下膿臭，故蔽鼻。」武帝怒太子，太子走還。（《詞林海錯》卷十六。按：原注出《三輔決錄》。《太平御覽》卷三百六十七、卷七百四十二並云出《三輔故事》。）

朱勃

扶風朱勃，年十二，時號才童。（《佩文韻府》卷一之一。按：此句最早見宋釋道誠《釋氏要覽》卷下，文曰：「昔扶風朱勃，年十二，能讀書，人號才童。」《東觀漢紀》卷十六有朱勃傳，載其事云：「朱勃字叔陽，扶風平陵人，年十二，能誦詩書。嘗候馬援兄況，勃衣方領，能矩步，辭言嫻雅。援裁知書，見之自失。兄知其意，乃自酌酒慰援曰：『朱勃小器速成，智盡此耳。卒當從汝，稟學勿畏。』」乃略貶朱勃，又不同。明時，《三輔決錄》已佚，《釋氏要覽》又未云出《三輔決錄》，未審凌迪知自何引之，今姑置此。）

王粲

漢末絕無玉佩，侍中王粲識舊佩，始復作之。今玉佩受法於粲也。（《李義山詩集》卷四注。按：原注出摯虞《決錄要注》，《北堂書鈔》卷一二八、《玉海》卷八六並云出摯虞《決疑要注》。）

應璩

應璩與毋丘仲恭書云：「客館不留賓，官無停事。」（《淵鑒類函》卷一百二十八。按：《北堂書鈔》卷三十六引何比干事下即引此條，此是別起一文，應璩《與毋丘仲恭書》即引文出處，非《三輔決錄》也。）

何遜

遜在揚州見官梅亂，發賦四言詩，人得傳寫。(《能改齋漫錄》卷六。又見《杜工部草堂詩箋》卷二十五、《苕溪漁隱叢話》後集卷二十一。按：諸書並云出《三輔決錄》。何遜乃梁人，其時摯虞且早亡，此故非《三輔決錄》並注之文，未審何以致誤。)

長安城

長安城申有藁街，陳湯斬郅支單于懸頭於此。(《施注蘇詩》補遺卷下。按：此原注出《三輔錄》。《太平寰宇記》引《三輔故事》：「《三輔舊事》云：長安城中八街九陌，漢丞相劉屈妻梟首華陰街，京兆尹張敞走馬章臺街，陳湯斬郅支王首懸藁街。」凡諸書引言《三輔錄》者，《白氏六貼》卷六引韋康事，《全芳備祖》後集卷十六引蔣詡事，《路史後紀》四引謝服事，並即《三輔決錄》也。然此條未見他書，難定其實，今姑置此。)

犬邱城

漢平陵縣犬邱城，一名槐里城，亦名廢邱。(《太平寰宇記》卷二十五。按：此云出《三輔錄》，張澍輯本輯入，今姑置此。)

昆明池

武帝作昆明池，學水戰法。帝崩，昭帝小，不能征討，於池中養魚，以給諸陵祠，餘給長安市，市魚乃賤。(《藝文類聚》卷九十六。按：四庫本原注出《三輔決錄故事》，宋紹興本作《三輔故事》。《太平御覽》卷六十七、卷九百三十五、《長安志》卷四、《事類賦》卷二十九並云出《三輔故事》，蓋「決錄」二字乃後人所增也。)

鰫魚

鰫魚肥，炙甚美。諺云：「寧去累世宅，不棄鰫魚額。」(《廣博物志》卷四十九。又見《焦氏類林》卷七。按：此條張澍輯本用之，云出《太平御覽》。今考《御覽》卷四百九十六、卷九百三十八兩引此文，並云出《臨海異物志》。考致誤之由，《御覽》卷四百九十六引《三輔決錄》「馮豹」、「馬氏五門」、「賈彪」、「游殷」下，即引《臨海異物志》，頗疑《御覽》或有版本脫此五字者，因致誤也。)

尚書臺

尚書臺召人用虎爪書，告下用偃波書，皆不可卒學，以防詐偽。(《書史會要》卷一。又見《衍極》卷二。按：原注出摯虞《決錄注》，《初學記》卷二十一、《玉海》卷四十五並云出摯虞《決疑要注》。)

上林

關中八水，皆出入上林。(《佩文韻府》卷一百三之一。按：原注出《三輔決錄》，此見《三輔黃圖》卷六。)

宮殿

武帝時後宮八區，有昭陽、飛翔、增成、合歡、蘭林、披香、鳳皇、鴛鴦等殿，後又有增修安處、常寧、茝若、椒風、發越、蕙草等殿。(張澍輯。按：張氏原注出《玉海》引《決錄》。今考《玉海》卷一百五十六，實云出《三輔黃圖》。事見《三輔黃圖》卷三。)

雒陽

雒陽，古之周南，今之雒陽。(張澍輯。按：張氏注出《郡國志》引《決錄》，《郡國志》指《後漢書·郡國志》，原注但云「摯虞」曰，《史記·太史公自序》集解引同。摯虞別有《決疑要注》，未必定出《三輔決錄》也。)

《海內士品》　魏曹丕撰

《海內士品》，《隋書·經籍志》云一卷，不題撰人。《舊唐書·經籍志》作二卷，云魏文帝撰。《新唐書·藝文志》作三卷，魏文帝撰。魏文帝曹丕，字子桓，沛國譙縣（今安徽亳州）人。魏武帝曹操之子，漢中平四年生，少有逸才，年八歲，能屬文。建安十六年為五官中郎將、副丞相，二十二年立為魏太子。炎康元年，受禪稱帝，改元黃初。三年，將兵伐吳。五年，行幸南陵，七年病卒，時年四十。事詳《三國志·魏書·文帝紀》。是書惟見徐稺一條，《新唐書》錄之，《太平御覽》引之，則北宋猶存。《玉海》云：「《唐志》傳記類，魏文帝三卷，舊《志》二卷。」品其語氣，王應麟似未見此書，或南宋時已亡。姚振宗云：「本《志》子部名家《士操》一卷，魏文帝撰。案：魏武諱操，文帝不當以操名書，似即此《士品》之誤，祇是一書也。」《士操》今無佚文見存，檢曹丕、曹植文章，皆無「操」字，姚說或是。

徐稺

徐孺子嘗事江夏黃公，黃公薨〔一〕，往會其葬〔二〕。家貧無以自資〔三〕，以磨鏡具自隨〔四〕。每至所在〔五〕，賃磨取資〔六〕，然後能達〔七〕。（《北堂書鈔》卷一百三十六。又見《藝文類聚》卷七十、《太平御覽》卷七百一十七。按：《藝文類聚》原誤作《海內玉品》。又《太平御覽》卷四百○三引《海內先賢行狀》：「徐孺子徵聘，未嘗出門，赴喪不遠萬里。常事江夏黃公，薨，往會其葬。家貧無以自供，賣磨鏡具自隨。每至所在，賃磨取資，然後得前。既至，設祭，哭畢而返。陳仲舉為豫章太守，召之則到，饋之則受，但不服事，以成其節。」事同可參。）

〔校記〕

〔一〕黃公薨，《藝文類聚》作「公卒」。

〔二〕「往會」前，《藝文類聚》有「孺子」二字。其，《藝文類聚》無。

〔三〕此句，《藝文類聚》作「無資身以致」，《太平御覽》作「家貧無以自致」。

〔四〕以，《藝文類聚》作「齎」，《太平御覽》作「賫」，二字通。磨，《藝文類聚》作「摩」。

〔五〕此句，《藝文類聚》脫「至」字，《太平御覽》無。

〔六〕磨，《藝文類聚》作「摩」，字下又有「鏡」字。

〔七〕能達，《藝文類聚》、《太平御覽》作「得前」。又此句下，《藝文類聚》有「既至，祭畢而退」六字，《太平御覽》有「既至，祭而退」五字。

《陳留耆舊傳》 魏蘇林撰

《陳留耆舊傳》，著此書者有三人，一為後漢袁湯，《後漢紀·孝桓皇帝紀》：「太尉袁湯致仕。湯字仲河，初為陳留太守，褒善敘舊，以勸風俗。嘗曰：『不值仲尼，夷齊，西山餓夫；柳下，東國默臣，致聲名不泯者，篇籍浸然也。』乃使戶曹吏追錄舊聞以為《耆舊傳》，數年薨。」一為圈稱，《隋書·經籍志》：「《陳留耆舊傳》二卷，漢議郎圈稱撰。」圈稱事跡未聞，姚振宗以為圈稱即袁湯所遣著《耆舊傳》之戶曹吏，見《隋書經籍志考證》卷二十。上《後漢紀》云袁湯為陳留太守時遣人撰《耆舊傳》，袁氏世為大族，其族人入仕甚早，此云「初」，則其時袁湯年必不甚長，即以年三十計之，其時在永元九年（97 年），今諸書所錄人物，吳祐、范丹、仇香、茅容四人生活年代與袁湯相近，高慎、高幹則與袁紹同時，必非袁湯戶曹所能錄之也。一為蘇林，《隋書·經籍志》：「《陳留耆舊傳》一卷，魏散騎侍

郎蘇林撰。」蘇林，字孝友，建安中，爲五官將文學，黃初中，遷博士、給事中，封安成亭侯，官至散騎常侍，以老規第。卒年約在漢末魏初。

　　圈稱《陳留耆舊傳》，《新唐書·藝文志》作《陳留風俗傳》，《玉海·地理志》、《藝文志》亦作《陳留風俗傳》，而以蘇林所撰爲《陳留廣舊傳》。今明稱蘇林所撰者，僅《太平御覽》卷二百六十九引蘇林《廣舊傳》一條，《北堂書鈔》卷六十七設官部十九、二十兩引《廣奮傳》，當並即《廣舊傳》之誤也。餘則不能辨之，今總匯爲一輯。

　　後世輯此書者，首見陶宗儀《說郛》，輯六人八事，未云出處，題蘇林《陳留耆舊傳》。王謨亦嘗輯是書，題蘇林《陳留耆舊傳》，見《漢唐地理書鈔總目》，惜未見刊刻。次則黃奭《漢學堂叢書》輯本，該書所輯亦六人八事，審其文，與《說郛》小異，《說郛》第七條爲董宣爲洛陽令事，《漢學堂叢書》第七條與第一條重複，當是所取書不同，黃氏未審而並錄之也。第八條董宣死之事，陶氏有所增益，而黃氏仍襲原文也。故非有所襲也。今人輯本，有劉緯毅《漢唐方志輯佚》，是書分兩部，一題蘇林《陳留耆舊傳》，一題佚名《陳留耆舊傳》。蘇林《陳留耆舊傳》有兩條，一條即《御覽》引仇香事，一條爲《太平廣記》卷二三四引茅容事，然《廣記》實未云出蘇林《陳留耆舊傳》也。佚名《陳留耆舊傳》凡輯二十三條，末總附淺校，爲目前最完備之輯本。

恆牧

　　小黃恆牧爲都尉功曹〔一〕，與郎君共歸鄉里〔二〕，爲赤眉所得，欲殺啖之〔三〕。牧求先死〔四〕，賊義釋之〔五〕，送營豆一斛〔六〕。（《太平御覽》卷八百四十一。又見《太平御覽》卷九百九十八。按：此文下原有「又曰：八月雨豆花雨」八字，不似此中文，今不錄。）

〔校記〕
〔一〕此句，《太平御覽》卷九百九十八作「梁垣牧爲郡功曹」。
〔二〕「郎」、「共」、「里」三字，《太平御覽》卷九百九十八無。
〔三〕欲殺，《太平御覽》卷九百九十八作「賊將」。
〔四〕死，《太平御覽》卷九百九十八無。
〔五〕此句，《太平御覽》卷九百九十八作「賊長義而釋牧」。
〔六〕營豆，《太平御覽》卷九百九十八作「繁露實」。

董宣

董宣爲北海太守，大姓公孫舟造起大宅〔一〕。卜工占之云：「宅成當出一喪。」舟使其子取行人，殺之以塞咎。宣收舟，考殺之。(《太平御覽》卷一百八十。事又見《後漢書・酷吏列傳・董宣傳》。)

〔校記〕

〔一〕舟，《後漢書》作「丹」，當據正。下同。

洛陽令董宣死〔一〕，詔使視之，有簡輿一乘〔二〕，白馬一匹〔三〕。帝曰：「董宣之清〔四〕，死乃知之。」(《北堂書鈔》一百四十。又見《太平御覽》卷四百二十六、卷七百七十四。事又見《東觀漢記》卷十六《董宣傳》、《後漢書・酷吏列傳・董宣傳》。)

〔校記〕

〔一〕「死」下，《太平御覽》卷七百七十四有「後」字。

〔二〕有，《太平御覽》卷七百七十四無。簡，《太平御覽》卷四百二十六作「蘭」，卷七百七十四作「蘭」。作「簡」、作「蘭」俱通，作「蘭」者，「蘭」之誤。《後漢書・董宣傳》作「敝」，以此審之，或當作「蘭」，「蘭」通「爛」，「爛」、「敝」義近。輿，《太平御覽》卷四百二十六作「轝」，二字古多通用。

〔三〕匹，《太平御覽》卷四百二十六、卷七百七十四作「疋」，「疋」爲「匹」之異體字。

〔四〕董，《太平御覽》卷七百七十四無。

劉昆

劉昆爲江陵令，民有火災，昆向火叩頭〔一〕，即霑然下雨〔二〕。詔問：「反風滅火，虎北渡河，何以致此？」〔三〕昆曰：「偶然〔四〕。」帝曰：「此長者之言也。」(《藝文類聚》卷八十。又見《北堂書鈔》卷三十五、《太平御覽》卷八百六十、《事類賦》卷八。事又見《後漢書・儒林列傳・劉昆傳》、《藝文類聚》卷五十引司馬彪《續漢書》。)

〔校記〕

〔一〕此句，《北堂書鈔》作「向天叩地」。按：《後漢書》、《續漢書》並作「向火叩頭」，疑《書鈔》「火」字形訛作「天」，後人又改「頭」爲「地」也。

〔二〕即，《北堂書鈔》無。下，《事類賦》作「而」。又《北堂書鈔》、《事類賦》引至此止。

〔三〕《後漢書・劉昆傳》詔辭爲：「前在江陵，反風滅火；後守弘農，虎北度河。行何德政而致是事？」今以此審之，《陳留耆舊傳》當有劉昆爲弘農太守，虎北渡河之事；若無此事，則「虎北渡河」一事無所承也。

〔四〕「然」下，《太平御覽》有「耳」字。

虞延

虞延除淄陽令〔一〕，每至歲時伏臘〔二〕，輒休〔三〕，遣囚各歸家〔四〕。囚並感其恩〔五〕，應期而還。(《初學記》卷二十。又見《北堂書鈔》卷三十五、《太平御覽》卷六百四十二。事又見《後漢書·虞延傳》、《北堂書鈔》卷七十八引謝承《後漢書》。)

〔校記〕

〔一〕延，《北堂書鈔》誤作「先」。除，《北堂書鈔》作「爲」。淄，《北堂書鈔》作「緇」，《太平御覽》作「細」。據《後漢書》、謝承《後漢書》，作「細」字是。

〔二〕「至歲時」三字，《北堂書鈔》無。

〔三〕休，《北堂書鈔》無。

〔四〕囚，《北堂書鈔》作「徒」。各，《北堂書鈔》無。

〔五〕此句，《北堂書鈔》無。

虞延爲外后家洛陽令，陰后有客馬成。(《北堂書鈔》卷三十七。按：此文有脫誤，《後漢書·虞延傳》載：「明年，遷洛陽令。是時，陰氏有客馬成者，常爲姦盜，延收考之。陰氏屢請，獲一書輒加箠二百。信陽侯陰就乃訴帝，譖延多所冤枉。帝乃臨御道之館，親錄囚徒。延陳其獄狀可論者在東，無理者居西。成乃回欲趨東，延前執之，謂曰：『爾人之巨蠹，久依城社，不畏熏燒。今考實未竟，宜當盡法！』成大呼稱枉，陛戟郎以戟刺延，叱使置之。帝知延不私，謂成曰：『汝犯王法，身自取之！』呵使速去。後數日伏誅，於是外戚斂手，莫敢干法。」即論此事。)

王邯

王邯剛猛〔一〕，能解槃牙〔二〕，破節目。考驗楚王瑛謀反〔三〕，連及千餘人。事竟，引入詰問，無謬。一見賜御筆墨，再見賜佩帶，三見除司徒西曹屬。(《文房四譜》卷五。又見《事類賦》卷十五。)

〔校記〕

〔一〕邯，《事類賦》作「郎」，其人未聞，未詳孰是。

〔二〕槃，《事類賦》作「盤」，盤牙謂糾繚之獄，「槃」、「盤」通。

〔三〕驗，《事類賦》作「駼」，「駼」爲「驗」之異體字。

陳弇

蕭令陳弇，字叔明，躬自握犂，種五種穀，有黃雀隨犁翔上。(《太平御覽》卷八百二十三。事又見《後漢書·歐陽歙傳》注引《續漢書》、《藝文類聚》卷九十二引袁山松《後漢書》。)

王業

王業，字子春〔一〕，爲荊州刺史，有德政，卒於支江〔二〕。有三白虎低頭曳尾〔三〕，宿衛其側〔四〕。及喪去，踰州境，忽然不見。〔五〕民共立碑文〔六〕，號曰「支江白虎」〔七〕。（《太平御覽》卷八百九十二。又見《北堂書鈔》卷一百〇二、《事類賦》卷二十一。事又見《搜神記》卷十一、《水經注・江水注》。）

〔校記〕

〔一〕春，《北堂書鈔》、《事類賦》作「香」，作「香」是，《搜神記》、《水經注》並作「香」。
〔二〕支，《北堂書鈔》作「枝」。下「支」字亦作「枝」，與《水經注》同，《搜神記》誤作「湘」。
〔三〕三，《北堂書鈔》作「二」，與《搜神記》同。低頭曳尾，《北堂書鈔》無。
〔四〕宿，《北堂書鈔》作「共」。
〔五〕以上三句，《北堂書鈔》無。
〔六〕民，《事類賦》無。文，《北堂書鈔》無。
〔七〕「虎」下，《北堂書鈔》有「墓」字，《事類賦》有「也」字。

李充

李充在鄧將軍坐，舉止有不合，將軍設炙肉，充挾箸以噉。（《北堂書鈔》一百四十五。事又見《後漢書・獨行列傳・李充傳》。）

李充提炙以噉，炙吟復溫之，及溫而食。（《北堂書鈔》一百四十五。按：參其文義，此條本當與上條相連。）

魏尚

圉人魏尚，高帝時爲太史，〔一〕有罪，繫詔獄〔二〕。有萬頭雀集獄棘樹上〔三〕，拊翼而鳴〔四〕，尚占曰〔五〕：「雀者〔六〕，爵命之祥，其鳴即復也〔七〕，我其復官也〔八〕。」有頃，詔還故官。〔九〕（《藝文類聚》卷九十二。又見《太平御覽》卷九百二十二、《事文類聚》後集卷四十五、《事類備要》別集卷七十四、《韻府群玉》卷十九。）

〔校記〕

〔一〕以上兩句，《韻府群玉》節作「魏尚爲太史」。
〔二〕詔，《太平御覽》作「治」，《事文類聚》、《事類備要》、《韻府群玉》無。此作「詔」爲上，下條所引爲一事，亦作「詔」字。詔獄者，九卿、郡守等高官有罪，皇帝親下詔書以命治之。
〔三〕有，《韻府群玉》無。頭，《事文類聚》、《事類備要》、《韻府群玉》無。
〔四〕拊，《太平御覽》作「拆」，當爲「拊」之訛。「拊翼而」三字，《事文類聚》、《事類備要》、《韻府群玉》無。

〔五〕尚，《事文類聚》無。占，《事文類聚》、《事類備要》、《韻府群玉》無。

〔六〕者，諸書無。

〔七〕「即」下，《太平御覽》復有一「即」字，或爲衍文，或爲「叫」字之誤也。此句，《事
　　　文類聚》、《事類備要》、《韻府群玉》無。

〔八〕「復」下，諸書並有「故」字。

〔九〕以上兩句，《韻府群玉》作「果然」。

　　魏尚被繫詔獄，有雀集獄棘上，〔一〕尚占曰〔二〕：「夫棘樹者〔三〕，中心
赤，外有刺〔四〕，象我言有刺而赤心之至誠〔五〕。」（《太平御覽》卷九百五十九。
又見《藝文類聚》卷八十九。按：審其文，此條魏尚之言當在上「雀者」一段之上，
言己言雖刺，忠心不變，上終察之，必將復官也。）

〔校記〕

〔一〕以上兩句，《藝文類聚》作「魏尚詔獄，棘樹上」，有脫誤。

〔二〕尚，《藝文類聚》無。

〔三〕樹者，《藝文類聚》無。

〔四〕刺，《藝文類聚》作「棘」，作「刺」是。

〔五〕蒙，《藝文類聚》誤作「象」，形訛也。「誠」下，《藝文類聚》有「也」字。

吳祐

　　太守冷宏召補文學，宏見異之，擢舉孝廉。（《後漢書·吳祐傳》注。此言冷
宏拔擢吳祐事，因置此。）

　　吳祐爲膠東相，安丘男子母丘長共母到市，遇醉客罵母，長怒殺之，爲
吏所得，繫獄。祐問，知無子，令妻入，遂有身。臨刑，嚙指斷，吞之，謂
妻曰：「若生男，名曰吳生。云我臨死吞指爲誓，屬子報吳君。」（《太平御覽》
卷三百七十。事又見《後漢書·吳祐傳》、《北堂書鈔》卷七十五引謝承《後漢書》。）

　　吳祐爲膠東相，嗇夫孫性盜富民錢五百〔一〕，爲父市單衣。父恐，便以單
衣詣門自謝，祐以單衣遺其父。（《太平御覽》卷六百九十一。事又見《後漢書·
吳祐傳》。）

〔校記〕

〔一〕此句，《後漢書》作「私賦民錢」，注引《續漢書》作「賦錢五百」，諸書載此事，無
　　　云盜富民錢者。疑「富」即「賦」之音訛，既訛作「富」，後人以其文不通，乃增「盜」
　　　字。

　　吳祐爲恒農令，勸善懲姦，貪濁出境，甘露降，年穀豐。童謠曰：「君不
我憂，人何以休？不行界署〔一〕，焉知人處。」（《太平御覽》卷四百六十五。）

〔校記〕

〔一〕「界署」未聞，疑當作「廨署」，即官署也。言州里安寧，官不擾民，不入官署，民不知有官長存也。

祐處同僚無私書之問，上司無賤檄之敬。在膠東，書不入京師也。（《後漢書・吳祐傳》注。）

吳鳳、吳馮

鳳，字君雅。馮，字子高。（《後漢書・吳祐傳》注。按：吳鳳乃「長子鳳。鳳子馮。皆有名於世」句李賢注引）

范丹

范丹學通三經，常自賃灌園〔一〕。（《初學記》卷二十四、《太平御覽》卷一百八十九、《類林雜說》卷十五。）

〔校記〕

〔一〕賃，《太平御覽》作「任」，《類林雜說》無，此作「任」字爲上。

仇香

仇香，考城人，年四十爲蒲亭長。陳元母詣香，告元不孝，香遣之歸家。王渙曰：「聞陳元之過，不罪而化之，得無少鷹鸇之志邪！」（《北堂書鈔》卷七十三。事又見《後漢書・仇覽傳》。《後漢書・仇覽傳》：「仇覽，字季智，一名香。」）

仇香，字季和〔一〕，爲書生，性謙恭勤，恪威矜莊；兒不爲晝夜易容，言不爲喜怒變聲；雖同儕群居，必正色後言，終身無泄狎之交，以是見憚。〔二〕學通三經，然無知名之援〔三〕，鄉里之舉〔四〕。年四十〔五〕，召爲縣主簿。（《太平御覽》卷二百六十九。原云出蘇林《廣舊傳》。《職官分紀》卷四十二、《事類備要》後集卷十八、《翰苑新書》前集卷五十九引此，並云出蘇林《廣舊傳》。《事文類聚》外集卷十五引此條未注出處，下條引顏眞卿事而注云出蘇林《廣舊傳》，當是誤移下，今並以之參校。《玉海》卷十五《地理志》引《唐志》云：「圈稱《陳留風俗傳》三卷，魏散騎郎蘇林《陳留廣舊傳》一卷。」卷五十八《藝文志》云：「漢議郎圈稱《陳留耆舊傳》二卷，魏蘇林《廣舊傳》一卷。」今《隋書・經籍志》、兩《唐志》並只有蘇林《陳留耆舊傳》，則所謂蘇林《廣舊傳》者，亦即蘇林《陳留廣舊傳》；蘇林《陳留廣舊傳》，亦即蘇林《陳留耆舊傳》也。又《北堂書鈔》卷六十七設官部十九、二十兩引《廣奮傳》，當並即《廣舊傳》之誤也。今此三書所引，並置於此。）

〔校記〕

〔一〕和，《職官分紀》誤作「智」，蓋「和」誤作「知」，又誤作「智」耳。

〔二〕自「爲書生」以下至此，《職官分紀》、《事文類聚》、《事類備要》、《翰苑新書》無。

〔三〕援，《事文類聚》誤作「授」。

〔四〕之舉，《職官分紀》誤乙作「舉之」。此句，《事文類聚》、《事類備要》、《翰苑新書》無。

〔五〕年，《職官分紀》脫。

仇香在太學，符融與郭泰齎刺就房，與談日暮，二人因宿。至旦，泰乃歡曰：「君非敦泰友耶？」下牀爲拜。（《北堂書鈔》卷六十七。原云出《廣奮傳》。事又見《後漢書·仇覽傳》。）

仇香在太學，符融與香比宇，有高名，賓客如雲，香終年不與賓客言。融奇之，乃要與之語。香高揖正色曰：「天子設太學，豈但使人游談。」（《北堂書鈔》卷六十七。原云出《廣奮傳》。事又見《後漢書·仇覽傳》。）

茅容

後漢茅容，字季偉，郭林宗曾寓宿焉。及明旦，容殺雞爲饌，林宗初以爲己設。既而容獨以供母，自以草蔬與客同飯。林宗因起拜之曰：「卿賢乎哉！」勸之就學，竟以成德。（《太平廣記》卷二百三十四。事又見《後漢紀·孝靈皇帝紀》、《後漢書·郭太傳》、《初學記》卷十七引謝承《後漢書》、《藝文類聚》卷二十引《郭林宗別傳》。）

高慎

靖高祖父固，不仕，王莽世爲淮陽太守所害，以烈節垂名。固子慎，字孝甫，敦厚少華，有沈深之量，撫育孤兄子五人，恩義甚篤。琅邪相何英嘉其行履，以女妻焉。英即車騎將軍熙之父也。慎歷二縣令、東萊太守，老病歸家，草屋蓬戶，甕缶無儲。其妻謂之曰：「君累經宰守，積有年歲，何能不少爲儲畜，以遺子孫乎？」慎曰：「我以勤身清名爲之基，以二千石遺之，不亦可乎！」子式，至孝，常盡力供養，永初中，螟蝗爲害，獨不食式麥。圉令周彊以表州郡，太守楊舜舉式孝子，讓不行，後以孝廉爲郎。次子昌，昌弟賜，並爲刺史、郡守。式子弘，孝廉。弘生靖。（《三國志·魏書·高柔傳》注。高慎事雜見諸書，然諸書所引，皆節引，爲便於出校，今析分之。）

高睿〔一〕，字孝甫，敦厚少文華〔二〕，有沉深之量，撫育孤兄子五人，恩義甚篤。琅邪相何英嘉其履行，以女妻焉。（《太平御覽》卷五百一十二。）

〔校記〕

〔一〕「睿」爲「愼」之異體字。

〔二〕《三國志》注、《藝文類聚》卷一百、《太平御覽》卷二百六十五引《陳留耆舊傳》皆無「文」字，當衍。

高愼〔一〕，字孝甫，敦質少華〔二〕，口不能劇談〔三〕，嘿而好沉深之謀〔四〕。爲州從事〔五〕，號曰臥虎〔六〕，故人謂之〔七〕：「嶷然不語〔八〕，名高孝甫〔九〕。」（《太平御覽》卷二百六十五。又見《北堂書鈔》卷七十三、《職官分紀》卷四十、《錦繡萬花谷》卷二十三。）

〔校記〕

〔一〕愼，《錦繡萬花谷》誤作「謹」。

〔二〕質，《錦繡萬花谷》作「實」。此句，《北堂書鈔》無。

〔三〕談，《職官分紀》、《錦繡萬花谷》作「語」。此句，《北堂書鈔》無。

〔四〕嘿，《職官分紀》作「默」，《錦繡萬花谷》無，「嘿」、「默」通。沉深，《錦繡萬花谷》作「深沉」，蓋習聞而倒。此句，《北堂書鈔》無。

〔五〕此句，《職官分紀》、《錦繡萬花谷》無。

〔六〕「號」上，《職官分紀》、《錦繡萬花谷》有「其徒」二字。《北堂書鈔》引至此止。

〔七〕「之」下，《職官分紀》有「曰」字。此句，《錦繡萬花谷》作「又曰」。

〔八〕嶷，《職官分紀》、《錦繡萬花谷》作「癡」。然，《職官分紀》、《錦繡萬花谷》無。

〔九〕名，《職官分紀》、《錦繡萬花谷》無。

高順爲東萊太守〔一〕，其妻謂之曰：「君累爲宰守，積有歲年〔二〕，何能不少儲蓄〔三〕，以遺子孫？」順曰：「我之勤身〔四〕，以清名爲基，以二千石遺之〔五〕，不亦可乎〔六〕？」（《北堂書鈔》卷三十八。又見《北堂書鈔》卷七十五。）

〔校記〕

〔一〕順，《北堂書鈔》卷七十五作「愼」，是也，當據正，古「愼」、「順」形近，多互訛。下「順」字同。爲，《北堂書鈔》卷七十五作「歷」。

〔二〕年，《北堂書鈔》卷七十五作「時」。

〔三〕少，《北堂書鈔》卷七十五作「爲」。據《三國志》注，此句當爲「何能不少爲儲蓄」。

〔四〕身，《北堂書鈔》卷七十五作「苦」，《三國志》注引作「身」。又「之」字，《三國志》裴注作「以」，義爲上，「以」或書作「㠯」，因誤作「之」也。

〔五〕「之」下，《北堂書鈔》卷七十五有「也」字。

〔六〕此句，《北堂書鈔》卷七十五無。

高順歷二縣令、東萊太守，老病歸家，草屋蓬戶，甕瓴無儲。（《北堂書鈔》卷三十八。）

高慎〔一〕，敦厚少華。子式，至孝，常盡力供養。永初中，〔二〕蝝蝗爲災，獨不食式麥〔三〕，圍令周強以表州郡〔四〕。（《藝文類聚》卷一百。又見《太平御覽》卷八百三十八。）

〔校記〕

〔一〕此二字下，《太平御覽》有「字孝父」三字，「甫」、「父」通。

〔二〕以上兩句，《太平御覽》無。

〔三〕獨，《太平御覽》無。

〔四〕此句，《太平御覽》無。

高幹

幹，柔從父。（《三國志・魏書・高柔傳》注。原注曰：「《陳留耆舊傳》及謝承書，幹應爲柔從父，非從兄也。未知何者爲誤。」今此原文已不存，姑概爲此。）

褚禧

褚禧兼部督郵書吏，與太守以下俱稱史也。（《北堂書鈔》卷七十七。）

戴斌

戴斌爲郡主簿，送故將喪歸鄉里，蠡吾里人距之〔一〕。孝子臣吏脫絰叩頭求哀，終不見聽。斌乃投絰放繳，操手劍，瞋目厲聲，距踊而前曰：「哭不哀者，郎君也；喪車不前者，戴斌也。」里人服其義，乃內之。（《太平御覽》卷二百四六十五。又見《北堂書鈔》卷七十三。）

〔校記〕

〔一〕距，《北堂書鈔》作「拒」。《北堂書鈔》引至此止。

爰珎

爰珎除六令，吏人訟息，教誨其子弟，歌之曰：「我有田疇，爰父殖置。我有子弟，爰父教誨。」（《太平御覽》卷四百六十五。）

爰彌

爰彌，字伯仁，年十歲，叔父蘭部濟陰從事，與御卒俱獵縣，送酒肉，彌不肯嘗，問其故。答曰：「聞之於諸侯，夫臨其事不食其食。」蘭然其言。還而不受，貞潔之質，由是以彰也。（《太平御覽》卷五百一十二。按：此爰彌當

即上爰珎，「彌」或作「弥」，因與「珎」相訛，然是人不彰，難明孰是也。今仍析爲兩人。）

王孫滑

王孫滑，治三《禮》，爲博士。（《通志·氏族略》。原云：「《陳留耆舊傳》有王孫滑，治三禮，爲博士。」《元和姓纂》卷五亦有此，無「傳」字，「滑」作「骨」。）

存疑

楊仁

楊仁，字文義。明帝引見，問當代政治之事，仁對，上大奇之，拜侍御史。明帝崩，是時諸馬貴賤，各爭入宮。仁被甲持戟，遮勅宮門，不得令入。章帝既立，諸馬貴，更讚仁刻峻，於是上善之。（《太平御覽》卷二百二十七。按：《初學記》卷十二引此，云出陳壽《耆舊傳》。楊仁爲閬中人，不屬陳留，《陳留耆舊傳》當作《益部耆舊傳》。此條有訛衍，「貴賤」當作「貴盛」，「諸馬貴」之「貴」字不當有，「讚」當作「譖」，詳見《益部耆舊傳》「楊仁」條。）

李充

李充喪父〔一〕，父冢側有夜盜斫栢樹者〔二〕，充手刃之。（《太平御覽》卷九百五十四。又見《藝文類聚》八十八、《事類賦》卷二十五。事又見《晉書·李充傳》。按：此李充乃晉江夏人，非陳留人，蓋因漢李充而誤。）

〔校記〕

〔一〕李，《藝文類聚》誤作「季」。

〔二〕此句，《藝文類聚》作「塚側有盜夜斫充柏樹者」，「塚」爲「冢」之異體字；《事類賦》作「有盜夜斫冢側柏樹者」。

圈公

圈公爲秦博士，避地南山，惠太子以爲司徒，至稱十一世。（《隸釋》卷十六。此云出《陳留耆舊傳》自序。《匡謬正俗》卷八、《東觀餘論·跋四皓碑後》、《金石錄》十九《四皓神位刻石》並云出《陳留風俗傳》自序，此云「圈公」，則當屬《陳留風俗傳》也。）

羅威

羅威性至孝，夏月必撤帳而臥，曰：「吾供蚊蚋，恐去嚙老母也。」(《淵鑑類函》卷四百四十七。按：羅威爲廣東番禺人，非陳留人。又羅威事見《搜神記》、袁山松《後漢書》、《廣東先賢傳》等，然無嚙蚊之事。此事見於明黃佐《廣州人物志》，未知何以致誤。)

八月雨

八月雨，豆花雨。(《太平御覽》卷八百四十一。此文之上條爲小黃恆牧之事，以「又曰」起之，然不似此中文。《荊楚歲時記》曰：「八月雨謂之苣花雨。」後世引此事者，若《歲時廣記》卷三、《海錄碎事》卷一、《錦繡萬花谷》卷一、《事類備要》前集卷二等，並云出《荊楚歲時記》，無云出《陳留耆舊傳》者。疑此處前脫書名，後人以「又曰」綴之也。今置於此。)

《先賢傳》　　魏曹叡撰

《先賢傳》，魏明帝曹叡撰。曹叡，字元仲，沛國譙縣人。文帝曹丕之子，黃初七年即位爲帝，景初三年卒，年三十六。事詳《三國志·魏書·明帝紀》。諸家書目皆未著錄，惟《太平御覽》引盧植事一條。《新唐書·藝文志》有《海內先賢傳》四卷，魏明帝撰，然《隋書·經籍志》云：「《海內先賢傳》四卷，魏明帝時撰。」《新唐志》或脫「時」字，未必即是書。章宗源謂《御覽》所引「省『海內』二字」(姚振宗《隋書經籍志考證》卷二十引)，乃以此書名爲《海內先賢傳》。然《御覽》但言魏明帝《先賢傳》，故存其舊。魏明帝又有《甄表狀》，亦錄漢末賢達，二書內容或相近。

盧植

盧植字子幹，拜侍中，逆臣董卓議欲廢帝，群僚之士唯卓是順，獨植正色。卓遂大怒，欲害植。議郎彭伯群與卓親，入爲卓議曰：「夫善人者，天下之紀。盧侍中海內大儒，天下之望，今先害之，則天下怖。」卓遂止。(《太平御覽》卷二百一十九。按：原云出魏明帝《先賢傳》。彭伯群，《後漢書·盧植傳》、《後漢紀·孝靈皇帝紀》俱作「彭伯」。)

《甄表狀》　魏曹叡撰

　　《甄表狀》，魏明帝曹叡撰。曹叡事跡見上《先賢傳》。《聖賢群輔錄》下云：「魏文帝初爲丞相、魏王所旌表二十四賢，後明帝乃述撰其狀。」則《甄表狀》乃據二十四賢而成。據《聖賢群輔錄》所引，尚有陳寔父子三人、公沙穆五子，不在二十四賢之內。則《甄表狀》於二十四賢之外，又有所增飾矣。是書唐宋諸書皆未見徵引，或唐時已佚。惟《海錄碎事》卷九下引公沙穆五子號五龍事，與《群輔錄》自敘之語不差隻字，觀《群輔錄》引《甄表狀》二十三事，總論其人，不詳其事；語以四字句爲主，沉淵雅懿，與《海錄碎事》語不類，則《海錄碎事》或乃轉引，非宋時此書仍存也。

三君

　　太丘長潁川陳寔字仲弓，寔子大鴻臚紀字元方，紀弟司空掾諶字季方。（《聖賢群輔錄》上。按：《群輔錄》原注云：「右並以高名，號曰三君，見《甄表狀》及邯鄲淳《紀碑》。」《甄表狀》原文未必如此，今照錄其文，以便省覽。）

二十四賢

　　太尉河南杜喬字叔榮，《狀》：喬治《易》、《尚書》、《禮記》、《春秋》，晚好《考子》〔一〕，隱居不仕，年四十，爲郡功曹，立朝正色，有孔父之風。太常燉煌張奐字然明，《狀》：奐廉方亮直，學該羣籍，前後七徵十要，三爲邊將，財貨珍寶，一無所取，矯王孫裸形，宋司馬爲石椁，幅巾時服，無棺而葬焉。侍中河內向詡字甫興，《狀》：詡博覽羣籍，兼好黃考云玄，泊然肆志，〔二〕不慕時倫，積三十年。太傅汝南陳蕃字仲舉，《狀》：蕃瓌偉秀出，雅亮絕倫〔三〕，學該墳典，忠壯謇諤〔四〕。又曰：明允貞亮，與大將軍竇武志匡社稷，機事不密，爲羣邪所害。太尉沛國施延字君子，《狀》：延清公絜白〔五〕，進士許國，臨難不顧，名著漢朝。少府潁川李膺字元禮，《狀》：膺承三公之後，生高潔之門，少履清節，非法不言，英聲宣於華夏，高名冠於搢紳〔六〕。司隸沛國朱寓字季陵，一名詡。右一人，訪其中正，無識知行狀者。告本郡，訪問耆考，識寓云：「桓帝時遭難，無後。」太僕潁川杜密字周甫，《狀》：密清高雅達，名播四海，歷統五郡，恩惠化民。大鴻臚潁川韓融字元長，《狀》：融聰識知機，發於岐嶷，時人名之曰「窮神知化」。兄弟同居至於沒齒，處卿佐之位且二十年〔七〕，奉身守約，不隕厥問。司空潁川荀爽字慈明，《狀》：爽年十二，隨父

在公府，羣公卿校咸丈人也，或遣進奏，或親候從，儒林歸服，究極篇籍。司空清河房植字伯武，《狀》：植少履清苦，孝友忠正，歷位州郡，政成化行。既登三事，靖恭袞服，雖季文相魯、晏嬰在齊，清風高節，不是過也。聘士彭城姜肱字伯淮，《狀》：肱稟履玄知〔八〕，立性純固，事親至孝。五十而慕，學綜六藝，窮通究微，行隆華夏，名播四海。太尉下邳陳球字伯眞，《狀》：球清高忠直，孝靈中年，欲誅黃門常侍，以此遇害。司空山陽王暢字叔茂，《狀》：暢雅性貞實，以禮文身，居家在朝，節行異倫。徵士陳留申屠蟠字子龍，《狀》：蟠年九歲，喪父號泣，過於成人，未嘗見齒。每至父母亡日，三日不食，在塚側，致甘露、白雉，以孝稱。州郡表其門閭，徵聘不就〔九〕。年七十二，終於家。衛尉山陽張儉字元節，《狀》：儉體性忠直，閭門考友〔一○〕，臨官賞罰，清亮絕俗。大司農北海鄭玄字康成，《狀》：玄含海岱之純靈，體大雅之洪則，學無常師，講求道奧，敷宣聖□〔一一〕，錯綜其數，作五經注義，窮理盡性也。徵士樂安冉璆字孟玉，《狀》：璆體清純之性，蹈高絜之行，前後十五辟，皆不就。除高唐令，色斯而舉，時陳仲舉、李元禮、仲弓皆難其高風。太尉漢中李固字子堅，《狀》：固當順、桓之際，號稱名臣，大將軍梁冀惡直醜正，害其道。桓帝即位，遂死於讒。有道太原郭泰字林宗，《狀》：泰器量弘深〔一二〕，孝友貞固，名布華夏，學冠羣儒。州郡禮命，曾不旋軌。辟司徒，徵有道，並不屈。益州刺史南陽朱穆字公叔，《狀》：穆中正嚴恪，有才數明見〔一三〕，初補豐令，政平民和〕，有虙子賤之風〔一四〕，上畫陳損益，辭切情至。尙書會稽魏朗字少英，《狀》：朗資純美之高亮，幹輔國朝，忠塞正直之風，播於京師。聘士豫章徐稚字孺子〔一五〕，《狀》：稚妙德高偉，清英超世，前後三徵，未嘗降志。抗名山棲，養志浩然，有夷齊之高、蘧伯玉卷舒之術。度遼將軍安定皇甫規字威明，《狀》：規少有岐嶷正直之節，對策指刺，黃門梁冀不能用，退隱山谷，敦樂詩書。(《聖賢羣輔錄》下。又見《說郛》卷五十七上。按：《羣輔錄》云：「右魏文帝初爲丞相魏王所旌表二十四賢，後明帝乃述撰其狀，見文帝令及《甄表狀》。」以上二十四人，惟朱寓條未引《甄表狀》。因《羣輔錄》本置一處，今姑存其舊，以便省覽。)

〔校記〕

〔一〕考，並下向詡條「黃考」、朱寓條「耆考」，《說郛》並作「老」，下不俱校，三處皆作「老」是。又其下鄭玄條「考」字，《說郛》作「孝」，似或刻版者因「老」、「考」、「孝」形近而誤。

〔二〕「兼好」二句，《說郛》作「間好黃老玄虛，泊然肆志」。按：上句古多云「好黃老」、「好黃老言」，未見有作「黃老云玄」、「黃老玄虛」者，合兩書觀之，或是「好黃老，云玄虛」之誤歟？今姑如此句。

〔三〕絕，《說郛》作「無」。

〔四〕謇，《說郛》作「蹇」，二字通。下魏朗條「謇」，《說郛》亦作「蹇」，不俱出校。

〔五〕絜，《說郛》作「潔」，二字通。下出「絜」字亦並作「潔」，不俱校。

〔六〕摺，《說郛》作「縉」，二字通。

〔七〕佐，《說郛》「相」。

〔八〕稟，《說郛》作「稟」，二字古今字。知，《說郛》作「和」，義上。

〔九〕徵，《說郛》誤作「微」。

〔一〇〕閨，《說郛》缺字。考，《說郛》作「孝」，是。

〔一一〕□，《說郛》作「範」，似當據補。

〔一二〕弘，《說郛》本作「宏」，此四庫本，避諱而改也。

〔一三〕數，《說郛》作「略」。

〔一四〕慮，《說郛》作「宓」，是。

〔一五〕稚，《說郛》作「穉」，二字通。下「稚」字同，不俱校。

公沙五龍

公沙紹，字子起，紹弟孚字允慈，《北海耆舊傳》稱孚與荀爽共約，出不得事貴勢，而爽當董卓時，脫巾未百日，位至司空，後相見以爽違約，割席而坐。孚弟恪字允讓，恪弟逵字義則，逵弟樊字義起。（《聖賢群輔錄》下。按：《群輔錄》云：「右北海公沙穆之五子，並有令名，京師號曰公沙五龍，天下無雙，穆亦名士也。見魏明帝《甄表狀》及《後漢書》。」《甄表狀》原文未必如此，今照錄其文，以便省覽。又按《海錄碎事》卷九下引《甄表狀》「公沙穆之五子，並有令名，號公沙五龍」，與《群輔錄》自敘之語全同。《甄表狀》未知何事亡佚，然觀唐宋諸書，皆無徵引者，頗疑葉廷珪亦但從《群輔錄》錄出。然自《群輔錄》，亦但知載此事，未必原文即如此也。）

《海內先賢傳》

《海內先賢傳》，《隋書·經籍志》云魏明帝時撰，不題撰人。《新唐書·藝文志》作「魏明帝撰」，《太平御覽》卷二百一十九引有魏明帝《先賢傳》，書首《經史圖書綱目》兩書均錄，則固非一書，《新唐書·藝文志》蓋脫「時」字。今仍別為兩書，一名《海內先賢傳》，一名魏明帝《先賢傳》。《唐書藝文志注》即分為兩部，並書《海內先賢傳》，五卷本云魏明帝時撰，四卷本作魏明帝撰。是書，《隋書·經籍志》著錄四卷，《新唐書·藝文志》

載五卷，姚振宗云：「《新唐志》多出一卷，疑即後《海內名士傳》一卷合爲一書。」（《隋書經籍志考證》卷二十）又云：「《史通・正史》篇：『會董卓作亂，大駕西遷，史臣廢棄，舊文散佚，及在許都，楊彪頗存注記。至於名賢君子，自永初已下闕續。魏黃初中，唯著《先賢表》，故漢記殘闕，至晉無成。』按：此表作於黃初時，其後明帝時有《海內先賢傳》四卷，似即因此表而爲傳。」彼云「表」，則以記人名爲主；此言「狀」，則兼錄事跡。觀是書佚文，皆錄漢末人物，與《史通》所言《先賢表》錄永初已下人物相類，則二書或果有淵源。姚說可備。魏明帝又有《甄表狀》，其引申屠蟠事與此書相類，則魏明帝《甄表狀》、《先賢傳》並此書或有淵源。

　　是書《宋史・藝文志》不著錄，則元時已亡，或亡於宋元戰火也。後世輯佚者，今僅見王仁俊一家，見《玉函山房輯佚書補編》。有三條，皆自《世說新語》注輯出。

　　是書乃人物合傳，云「海內」，則所錄不主一地；云「先賢傳」，則所錄皆當時賢達，申屠蟠、姜肱以孝聞，鍾皓、許劭以識人章，公沙穆愛民罪己，程堅清廉樂貧，皆有一節之可譽者。足以觀漢末境況，識人物中懷。其史學價值，侯康云：「其中記申屠蟠事、許劭事，足補史傳之闕；記王允死難事，與史不同；記李膺宗陳釋叔、荀淑、鍾皓三君，嘗言『荀君清識難尙，陳鍾至德可師』，比史傳多釋叔一人，皆足以備參考者也。」（姚振宗《隋書經籍志考證》卷二十引。）

申屠蟠

　　蟠在塚側，致甘露、白雉，以孝稱。（《後漢書・周黃徐姜申屠列傳》注。又見《北堂書鈔》卷九十四。按：《後漢書・申屠蟠傳》云：「申屠蟠，字子龍，陳留外黃人也。九歲喪父，哀毀過禮，服除，不進酒肉十餘年。每忌日，輒三日不食。」本文即注此，二事可相參。皇甫謐《高士傳》亦有傳。）

鍾皓

　　潁川鍾皓，字季明〔一〕，爲郡功曹。太丘長陳寔爲西門亭長，皓深獨敬異，歲常禮待，〔二〕與同分義。會辟公府，臨辭，〔三〕太守問：「誰可代君？」曰〔四〕：

「府君欲得其人，西門亭長可用。〔五〕」寔卒爲海内高名之臣，歸以公相之位。
（《太平御覽》卷六百三十二。又見《北堂書鈔》卷三十三、《太平御覽》卷四百九。
《書鈔》乃節引，差異較大，今附於下，僅以《御覽》卷四百九參校。事又見《汝南
先賢傳》。）

〔校記〕

〔一〕明，原作「和」，《太平御覽》卷四百九作「明」，是，今徑改。

〔二〕「太丘」以下三句，《太平御覽》卷四百九作「時陳寔爲西門亭長，皓深禮之」。

〔三〕「會辟」以下二句，《太平御覽》卷四百九作「皓辭公府」。按：《後漢書·鍾皓傳》、
《三國志·魏書·鍾繇傳》引《先賢行狀》並以鍾皓徵辟爲公府，非辭公府也，當
以卷六三二爲準。

〔四〕曰，《太平御覽》卷四百九作「皓曰」。

〔五〕「府君」以下二句，《太平御覽》卷四百九作「明府必得其人，西門亭長可也」。又《太
平御覽》卷四百九引至此止，無「寔卒」以下二句。

　　附：《北堂書鈔》卷三十三：孫皓，字季明，爲郡功曹。太丘陳寔爲西門
亭長，度寔爲海内高名，在位之臣，歸以公相之位。（四庫本《書鈔》僅存「陳
寔爲海内高名，在位之臣，歸以公相位」十六字。）

陳紀

　　陳寔子〔一〕，故大鴻臚紀，字元方。有至德絕俗〔二〕，才達過人，烝烝色
養，不離左右。豫州刺史嘉其至行，表上尚書，畫像百城，以厲風俗焉。（《初
學記》卷十七。又見《太平御覽》四百一十四。）

〔校記〕

〔一〕「子」上，《太平御覽》有「之」字。

〔二〕有，《太平御覽》作「紀」。

陳諶

　　陳諶字季方，寔少子也。才識博達，司空掾公車徵，不就。（《世說新語·
德行》注。）

鍾繇

　　繇字元常，郡主簿迪之子也。（《後漢書·荀韓鍾陳列傳》注。）

韓融

　　韓融字元長，穎川人。（《後漢書·袁紹列傳上》注。）

陳蕃

蕃爲尙書，以忠正忤貴戚，不得在臺，遷豫章太守。(《世說新語·德行》注。)

李膺

潁川先輩，爲海內所師者：定陵陳稚叔、潁陰荀淑、長社鍾皓。少府李膺宗此三君，常言：「荀君清識難尙，陳、鍾至德可師。」(《世說新語·德行》注。按：《後漢書·鍾皓傳》、《後漢紀·孝桓皇帝紀》、《世說新語》注末句並作「鍾君至德可師」，惟《三國志·魏書·鍾繇傳》引《先賢行狀》與此同。)

許劭

許劭字子將，虔弟也。山峙淵停，行應規表。邵陵謝子微高才遠識，見劭十歲時，歎曰：「此乃希世之偉人也。」初，劭拔樊子昭於市肆，出虞承賢於客舍，召李叔才於無聞，擢郭子瑜於小吏。廣陵徐孟本來臨汝南，聞劭高名，召功曹。時袁紹以公族爲濮陽長，棄官還副車從騎將入郡界，乃歎曰：「許子將秉持清格，豈可以吾輿服見之邪？」遂單馬而歸。辟公府掾，敦辟皆不就。避地江南，卒於豫章也。(《世說新語·賞譽》注。按：《三國志·魏書·和洽傳》引《汝南先賢傳》：「召陵謝子微高才遠識，見劭年十八時，乃歎息曰：『此則希世出眾之偉人也。』劭始發明樊子昭於鬵幘之肆，出虞永賢於牧豎，召李叔才鄉閭之間，擢郭子瑜鞍馬之吏，援楊孝祖，舉和陽士，茲六賢者，皆當世之令懿也。」「十歲」作「十八」，「承賢」作「永賢」。《續談助》卷四《殷芸小說》引《劭別傳》：「汝南中正周斐表稱許劭：高節遺風，與郭林宗、李元禮、盧子幹、陳仲弓齊名，劭特有知人之鑑。自漢中葉以來，其狀人取士，援引扶持，進導招致，則有郭林宗；若其看形色，目童齔，斷冤滯，摘虛名，誠未有如劭之懿也。常以簡別清濁爲務，有一士失其所，便謂投之潢汙，雖負薪抱關之類，吐一善言，未嘗不尋究欣然。兄子政常抵掌擊節，自以爲不及遠矣。劭幼時，謝子微便云：『此賢當持汝南管籥。』樊子昭幘責〔余嘉錫云當作「賈」，近是〕之子，年十五六，爲縣小吏，劭一見便云：『汝南第三士也，此可保之。』後果有令名。」所引事近，云「劭幼時」，與「十歲」相近。)

黃憲

黃憲動則蹈規矩，言則發德音。(《藝文類聚》卷二十一。)

胡安

胡安遭亂，家食不足，天連雪，道路絕，妻子皆臥，令進以乾飯。(《北堂書鈔》卷第一百五十二。)

公沙穆

公沙穆遷弘農令，界有蝗蟲食禾稼〔一〕，百姓惶懼〔二〕。穆設壇謝曰：「百姓有過，咎在典掌〔三〕，罪穆之由，請以身禱。」玄雲四集〔四〕，雨下霑需〔五〕，自日中至晡，不知蝗蟲所在，百姓稱曰「神明」。(《太平御覽》卷二百六十八。又見《北堂書鈔》卷七十八、《職官分紀》卷四十二。《書鈔》乃節引，差異較大，今附於下，僅以《職官分紀》參校。又《書鈔》卷三十五引《先賢傳》：「弘農有蟓蟲，太守請以身禱，同雲四集，雨下云云。」與此事同，當即此書。)

〔校記〕
〔一〕此句，《職官分紀》作「县界有蝗食稼」。
〔二〕此句，《職官分紀》無。
〔三〕咎，《職官分紀》作「必」。
〔四〕「玄雲」上，《職官分紀》有「於是」二字。
〔五〕霑需，《職官分紀》作「滂沛」，通。

附：《北堂書鈔》卷七十八：公沙穆爲宏農令，蝗虫食禾，穆設壇引咎自責，日中至脯，不知蝗虫所在，號曰「神明」。

謝廣、趙建

童子汝南謝廣、河南趙建，年十二通經，詔以爲二童應化，而皆拜郎中。(《太平御覽》卷三百八十五。按：《後漢書‧左雄傳》：「及汝南謝廉、河南趙建，年始十二，各能通經，雄並奏拜童子郎。於是負書來學，雲集京師。」太平御覽卷二百一十五引《東觀漢記》：「陽嘉二年，汝南童子謝廉、河南趙建年十二，各通一經，以太學初繕，應化而至，皆除郎中。」即此事，可相參。謝廣，據《後漢書》、《東觀漢記》，當作「謝廉」。)

仇覽

仇覽字季知。郭太齎刺從之，曰：「暮求留宿。」明旦，太下床朝之曰：「君非太友，乃太師也。」(《太平御覽》卷四百四。)

范丹

范丹，字史雲，清高亮直〔一〕，讓財千萬與三弟。（《太平御覽》卷四百一十六。又見《太平御覽》卷五百一十六。）

〔校記〕

〔一〕此句，《太平御覽》卷五百一十六無。

姜肱

姜肱，字伯淮。嘗與弟季江遇盜，將奪其衣。人問不言。盜聞，扣頭謝罪，還肱衣，肱不受。（《太平御覽》卷四百九十九。按：《後漢紀·孝桓皇帝紀》：「（姜肱）常與小弟季江俱行，爲盜所劫，欲殺其弟。肱曰：『弟年穉弱，父母所矜，又未聘娶，願自殺以濟家。』弟季江復言曰：『兄年德在前，家之英俊，何可害之，不如殺我。我頑闇，生無益於物，沒不損於數，乞自受戮以代兄命。』二人各爭死於路。盜戢刃曰：『二君所謂義士。』棄物而去。肱車中尚有數千錢在席下，盜不見也。使從者追以與之，盜感之，亦復不取。肱以物已歷盜手，因以付亭長，委去。」事又見《後漢書·姜肱傳》引《謝承書》，與此文小異，蓋一事歧傳。）

姜肱字伯淮，事繼母。年少，肱兄弟感《凱風》之孝，同被而寢，不入室，以慰母心也。（《太平御覽》卷七百七。按：《後漢書·姜肱傳》引《謝承書》：「肱性篤孝，事繼母恪勤。母既年少，又嚴厲。肱感凱風之孝，兄弟同被而寢，不入房室，以慰母心也。」則「年少」之主語乃繼母，此文有脱略也。）

程堅

故南郡太守南陽程堅，體履仁孝，秉志清潔。少讓財兄子，仕郡縣。居貧無資，磨鏡自給。（《太平御覽》卷五百一十二。按：《太平御覽》卷四百八十四引《典略》曰：「程堅字謀甫，南陽舞陰人，仁孝清潔，居貧無資，磨鏡自給，不受人施。諸嫗共漂，更相呼食，有或不食者，相謂曰：『非程謀甫，何爲不食人食耶？』」事類，可參。）

王允

王允字子師，誅董卓。卓將郭汜、李傕等聞卓死，引兵還圍長安，燔掠官省，死者萬數，大赦天下。允忠節三朝，更赦書云：「其赦，射帝營宮闕，不從此令。」是日遂及於難。（《太平御覽》卷六百五十二。按：四庫本《御覽》作《汝南先賢傳》，文小異。）

《汝南先賢傳》 魏周斐撰

　　《汝南先賢傳》，魏周斐撰。周斐事跡不詳，《晉書·周浚傳》：「周浚字開林，汝南安成人也。父裴，少府卿。」勞格以爲周裴即周斐也（勞格《讀書雜識》卷五）。該書所引周氏居多，其中周燕、周盤、周舉、周燮並汝南安成人，《後漢書》又有周嘉，亦安成人。周斐或即安成人，亦周燕之後裔也。是書，《隋書·經籍志》、《新唐書·藝文志》並著錄五卷，《舊唐書·經籍志》作三卷。《史通·申左》篇注又稱《汝南先賢行狀》，引書作此者，惟《御覽》引胡定一事。《北堂書鈔》卷七十七引王渙事，《藝文類聚》卷八十引侯瑾事，卷九十六引葛玄、介象事，《初學記》卷十七引陳寔事，《太平御覽》卷四百二十六引胡定事，卷四百五十七引劉巴事，諸人皆非汝南人。頗疑此書唐前已有亡佚，後人有妄補足爲五卷者，故有三卷本、五卷本傳世也。今就所輯觀之，其所載人物，蓋以東漢人物爲主。明湯顯祖《寄奉舉主張公參政河南并序》云：「僕嘗讀《天台賦》令人五蓋蕭颯，至讀《汝南先賢傳》又未嘗不願一遊之弔汝潁之士也。」（《湯海若問棘郵草》卷下）徐乾學《傳是樓書目》亦載四卷本《汝南先賢傳》，似清時尚存。然陶宗儀早於二人，其所錄有非《汝南先賢傳》之文者，若尚有傳本，似不當有次之誤。明人好造僞書，湯、徐所見或即僞造者也。該書《宋史·藝文志》已不著錄，南宋書籍所徵引，已不見新條目之出，則或南宋時即已亡佚。

　　後世輯此書者，首爲元陶宗儀輯，見《說郛》卷五十八上。是書不注出處，共輯十七條，其中有范仲翁事，乃出《三輔決錄》，則實十六條也。陶輯錯誤較多，脫誤嚴重，如「薛苞」誤作「薛直」。又如鄭敬事，「常隨柳之陰」，「柳」前脫「杞」字。又如袁安事，「歲大稔」，「稔」前脫「豐」字。明有《五朝小說》，乃據《說郛》錄入。黃奭《漢學堂叢書》亦據《說郛》錄入，惟條目上有淺校。次曰王謨輯本，見《漢唐地理書鈔》序目，未見刊刻，原題周斐《汝南耆舊傳》。次曰王仁俊輯本，見《玉函山房輯佚書續編》。凡輯兩條，並云出《稽瑞》，首條蔡順不治桔橰事，已著錄。次條應從仲庭生桂樹是，當即《北堂書鈔》卷七十五引應項事。見下應項條。兩處文字差異皆較大。次曰吳曾祺輯本，見《舊小說》。該書僅輯錄五條，不注出處。次曰劉緯毅輯本，見《漢唐方志輯佚》。凡輯三十五人，五十八事，條目有重出者。下有簡校，是書爲目前最完善之版本。

周燕

周燕，字少卿，爲決曹掾。平丘罪不當死，太守劉虔欲殺之。燕犯顏諫，至於九復，虔怒，竟殺之。後死者家人有書稱冤，使覆考。虔見燕曰：「太守相負。」燕一日引私隱陷人之罪，傳詣長安。當下蠶室，未至，燕乃慷慨絕命。於是葬王城之隱，樹碑以旌其葬。（《初學記》卷十四。按：原云出周斐《汝南先賢傳》。事又見《後漢書·獨行列傳》，較此爲詳。文中「燕一日引私隱陷人之罪」似有誤。）

重合令子輿，居宋里。櫟陽令子羽，居東觀里。東海太守子仲，居宜唐里。兗州刺史子明，居西商里。潁陽令子良，居遂興里。右郡決曹掾汝南周燕少卿之五子，號曰五龍，各居一里。子孫並以儒素退讓爲業，天下著姓。（《聖賢群輔錄》上。按：《汝南先賢傳》原文必非如此也，今仍存其舊。又《小學紺珠》卷七：「周燕五子：子輿，子羽，子仲，子明，子良，《汝南先賢傳》號曰五龍。」亦是概述其文也。）

王威

王威爲汝南郡功曹，成帝時尚仁義。（《北堂書鈔》卷第七十七。按：王威事跡無聞，惟《書鈔》本卷引謝承《後漢書》有抱書投火一事。）

戴良

戴良嫁女，以竹方笥爲嚴器〔一〕。（《北堂書鈔》卷第一百三十六。又見《太平御覽》卷七百一十七。按：戴良嫁女事，《書鈔》、《類聚》多引之，而女妝不同，或本爲一事而析分之也。《後漢書·逸民列傳》：「良五女並賢，每有求姻，輒便許嫁，疏裳布被、竹笥木屐以遣之。」事可相參。）

〔校記〕

〔一〕「竹方」二字，《太平御覽》無。

戴良嫁女，布裳木屐之服也〔一〕，以備炊爨。（《北堂書鈔》卷一百三十六。又見《太平御覽》卷六百九十八。）

〔校記〕

〔一〕「之服也」三字，《太平御覽》無。又《太平御覽》引至此止。

戴良嫁五女〔一〕，皆布裙，無緣裙四等。〔二〕（《太平御覽》卷六百九十六。又見《編珠》卷三、《初學記》卷二十六、《太平御覽》卷五百一十九。按：《初學記》云出周斐《汝南先賢傳》。）

〔校記〕

〔一〕此句,《編珠》、《初學記》無「五」字,《太平御覽》卷五百一十九作「戴良字叔鸞,嫁五女」。

〔二〕以上兩句,《編珠》作「綠裙四等」,「綠」乃「緣」之形訛;《初學記》作「緣裙四等」,《太平御覽》卷五百一十九作「皆布裙無緣」。此處言嫁女以樸素,作「綠裙四等」誤也。

鄭敬

鄭敬去吏,隱居於蟻陂之陽,以漁釣自娛,彈琴詠詩,常方坐於陂側,隨杞柳之蔭,鋪茅靡爲席。〔一〕(《太平御覽》卷七十二。又見《北堂書鈔》卷一百三十三、《藝文類聚》卷九、《藝文類聚》卷六十九、卷八十九、《初學記》卷二十五、《白氏六貼》卷四、《太平御覽》卷七百〇七、《錦繡萬花谷》續集卷七、《橘山四六》卷六、《事類備要》外集卷五十一、《九家集注杜詩》卷二、卷二十六。按:《藝文類聚》卷八十九、《白氏六貼》卷四、《事類備要》外集卷五十一、《九家集注杜詩》卷二、卷二十六云出《先賢傳》,《錦繡萬花谷》續集卷七云出周斐《汝南先賢傳》。又諸書引文不同,《藝文類聚》卷九、《太平御覽》卷七十二引文相近,《北堂書鈔》卷一百三十三、《藝文類聚》卷六十九、卷八十九、《初學記》卷二十五、《白氏六貼》卷四、《太平御覽》卷七百〇九、《錦繡萬花谷》續集卷七、《事類備要》外集卷五十一引文相近,《橘山四六》卷六、《九家集注杜詩》卷二、卷二十六引文相近,今析爲三條,以便出校。此條僅以《藝文類聚》卷九校之。又鄭敬事,在《後漢書·郅軍傳》中,事又見《太平御覽》卷第三百九十三引謝承《後漢書》。)

〔校記〕

〔一〕末兩句,《藝文類聚》無。

鄭敬以蒹葭爲席〔一〕,常隨杞柳之陰〔二〕。(《藝文類聚》卷六十九。此條以《北堂書鈔》卷一百三十三、《藝文類聚》卷八十九、《初學記》卷二十五、《白氏六貼》卷四、《太平御覽》卷七百〇九、《錦繡萬花谷》續集卷七、《事類備要》外集卷五十一校之。)

〔校記〕

〔一〕敬,《北堂書鈔》誤作「欽」。蒹,《北堂書鈔》、《初學記》、《白氏六貼》、《錦繡萬花谷》、《事類備要》作「茅」。葭,《事類備要》誤作「葭」。

〔二〕常,《藝文類聚》卷八十九無,《錦繡萬花谷》作「嘗」,「常」、「嘗」通。又此句,《白氏六貼》作「織席自給」,《事類備要》無。

鄭欽吏隱於蟻陂之陽。(《九家集注杜詩》卷二。按：《九家集注杜詩》卷二十六同，《橋山四六》卷六作「郭儀吏隱於蟻陂之陽」，「鄭欽」、「郭儀」皆「鄭敬」之誤，「吏」前皆脫「去」字。)

新蔡鄭敬，字子都〔一〕，爲郡功曹〔二〕，都尉高懿廳事前有槐樹〔三〕，有露類甘露者〔四〕。懿問掾屬〔五〕，皆言是甘露。敬獨曰〔六〕：「明府政未能致甘露〔七〕，但樹汁耳。」懿不悅〔八〕。託疾而去〔九〕。(《太平御覽》卷九百五十四。又見《水經注·汝水注》、《北堂書鈔》卷三十七、《太平御覽》卷十二、卷二百六十四。按：事又見《後漢書·郅軍傳》引《謝沈書》。)

〔校記〕

〔一〕子都，《北堂書鈔》、《太平御覽》卷二百六十四並作「次都」，與《後漢書·郅軍傳》同，《太平御覽》卷第五百二引謝沈《後漢書》又作「次卿」，未詳孰是。又「字子都」三字，《太平御覽》卷十二無。

〔二〕此句，《北堂書鈔》卷三十七脫「功曹」二字，《太平御覽》卷十二無。

〔三〕事，《太平御覽》卷十二無。有，《太平御覽》卷二百四十六無。

〔四〕有露，《水經注》作「白露」，《北堂書鈔》、《太平御覽》卷十二作「有白露」。者，《北堂書鈔》、《太平御覽》卷十二無。

〔五〕懿，《北堂書鈔》誤作「臺」。掾，《太平御覽》卷十二誤作「橡」。

〔六〕獨，《太平御覽》卷十二無。

〔七〕「政」前，《太平御覽》卷十二有「德」字。能，《太平御覽》卷十二無。

〔八〕懿，《北堂書鈔》誤作「臺」。

〔九〕「託」前，《北堂書鈔》有「因」字。託，《太平御覽》卷十二作「稱」。

郭憲

郭憲，字子橫。學貫祕奧，師事東海王仲子。王莽爲大司馬，權貴傾朝。莽召仲子，欲令爲兒講。仲子聞，即褰裳欲往。憲曰：「今君位爲博士，如何輕身賤道！禮有來學，無往教之義，不宜輕道也。」於是仲子晏乃往，莽問：「君來何遲？」仲子具以憲言答之，莽陰奇焉。(《太平御覽》卷四百五十七。按：事又見《後漢書·方術列傳》。)

郭憲字子橫，遷光祿勳，從駕南郊，憲含酒東北三潠，執法奏不敬。詔問何故，憲對曰：「齊國失火，潠酒已厭之。」後齊果失火，燒數千家。(《北堂書鈔》卷第一百四十八。又見《藝文類聚》卷八十、《太平御覽》卷八百六十八、《事類賦》卷八、《事文類聚》續集卷十八、《事類備要》外集卷五十五。按：除《書鈔》

引較詳外，《藝文類聚》、《太平御覽》、《事類賦》、《事文類聚》、《事類備要》皆節引，文相近，今析爲兩條，以便出校。事又見《後漢書・方術列傳》。）

郭憲從南郊〔一〕，含酒東北三噀，云〔二〕：「齊失火以厭之。」後齊果上火事〔三〕。（《太平御覽》卷八，以《藝文類聚》卷八十、《事類賦》卷八、《事文類聚》續集卷十八、《事類備要》外集卷五十五校之。）

〔校記〕
〔一〕憲，《藝文類聚》、《事文類聚》、《事類備要》皆誤作「盧」。
〔二〕云，《事文類聚》作「曰」。
〔三〕事，《事文類聚》作「災」。

郭憲，字子橫。建武中，爲光祿勳，車駕西征隗囂，諫曰：〔一〕「天下初定〔二〕，車駕未可動〔三〕。」憲乃當車拔佩刀〔四〕，以斷車靷〔五〕。帝不從，遂上隴。〔六〕其後潁川兵起〔七〕，乃迴駕而還〔八〕。帝歎曰〔九〕：「恨不用光祿之言也〔一〇〕。」（《太平御覽》卷四百五十七。又見《北堂書鈔》卷五十七、《藝文類聚》卷二十四、《初學記》卷十八、《職官分紀》卷四十八。按：《初學記》云出周斐《汝南先賢傳》。事又見《後漢書・方術列傳》。）

〔校記〕
〔一〕以上六句，《北堂書鈔》作「郭憲，字子橫，上欲到三輔，諫曰」，《藝文類聚》、《初學記》作「建武八年，車駕西征隗囂，郭憲諫曰」，《職官分紀》作「郭憲，字子橫，爲光祿大夫，上欲巡三輔，憲諫曰」。
〔二〕初，《職官分紀》作「未」。
〔三〕此句，《北堂書鈔》作「車未可巡行」，《藝文類聚》、《初學記》作「車駕未可以動」，《職官分紀》作「車駕未可以巡」。
〔四〕乃，《北堂書鈔》、《職官分紀》無。又此句上，《職官分紀》有「上遂行」三字。
〔五〕此句，《北堂書鈔》作「拔刀以斷鞅」。靷，《初學記》、《職官分紀》作「鞅」，《後漢書・方術列傳》亦作「靷」。
〔六〕「帝不從」兩句，《北堂書鈔》、《職官分紀》作「上不止，到弘農」。
〔七〕此句，《北堂書鈔》、《職官分紀》作「兵起潁川」。
〔八〕乃，《初學記》無。此句，《北堂書鈔》、《職官分紀》無。
〔九〕此句，《北堂書鈔》、《職官分紀》作「上曰」。
〔一〇〕此句，《北堂書鈔》作「悔不用大夫言」，《藝文類聚》作「恨不用郭憲之言」，《初學記》作「恨不用光祿之言」，《職官分紀》作「朕悔不從光祿之言」。又此句下，《北堂書鈔》尚有「是乃還也」四字，《職官分紀》有「乃還」二字。

郭憲字子橫，體忠烈之節，遊志太學，貫通祕奧，光武賦之。（《北堂書鈔》卷第六十七。）

時匈奴數犯塞，帝患之，乃召百僚廷議。時郭憲以爲天下疲弊，不宜動衆。諫諍不合，乃伏地眩瞀，不復言。帝令兩郎扶下殿，憲亦不拜。（《太平御覽》卷四百五十七。按：事又見《後漢書·方術列傳》。）

王納

王納者，西平人也，爲門下小吏。更始初，賊大起，破縣城，納於是鳴鼓以討賊。（《北堂書鈔》卷第一百二十一。）

周防

周防，字偉公〔一〕。年十六，任郡小吏。世祖巡狩汝南，召掾史試經〔二〕，防尤能誦讀〔三〕，拜爲守丞〔四〕。防以未冠，請去。師事徐州刺史蓋豫，明經，舉孝廉，拜郎中。（《太平御覽》卷二百五十三。又見《職官分紀》卷四十一。按：事又見《後漢書·儒林列傳》。）

〔校記〕

〔一〕此句，《職官分紀》誤作「事韋公」。

〔二〕經，《職官分紀》脫。

〔三〕尤，《職官分紀》無。

〔四〕此句，《職官分紀》作「拜郡丞」，並引至此止。

應順

應仲華遷河南尹，入拜射聲校尉，鷹揚虎視。復遷大匠，卿除無用，割浮賞，凡所省息七億餘萬。（《職官分紀》卷三十八。按：此分兩事，一爲拜射聲校尉事，又見《北堂書鈔》卷六十一、《職官分紀》卷三十七；一爲爲將作大將事，又見《北堂書鈔》卷三十九、卷五十四、《太平御覽》卷二百三十六、《職官分紀》卷二十二、《事類備要》後集卷三十八，惟此書兩事並載之。今析爲兩條，以便出校。兩事並又見《北堂書鈔》卷五十四引華嶠《後漢書》。）

應仲華爲河南尹〔一〕，拜射聲校尉，鷹揚虎視。（《職官分紀》卷三十七。以《北堂書鈔》卷六十一校之。）

〔校記〕

〔一〕此句，《北堂書鈔》作「應順字仲華」。

應仲華爲將作大匠〔一〕，發擿姦伏〔二〕，除藻飾，割浮費，〔三〕凡所省息七億餘萬〔四〕。（《藝文類聚》卷九十四。以《北堂書鈔》卷三十九、卷五十四、《太平御覽》卷二百三十六、《職官分紀》卷二十二、《事類備要》後集卷三十八校之。）

〔校記〕

〔一〕此句，《北堂書鈔》卷三十九作「應華爲將作大匠」，卷五十四作「應順，字仲華，爲將作大匠」，《太平御覽》作「應仲華遷大匠」，《職官分紀》作「應愼遷大匠」，《事類備要》作「應大匠」。

〔二〕摘，《北堂書鈔》卷三十九、《職官分紀》、《事類備要》作「摘」。又此句，《北堂書鈔》卷五十四、《太平御覽》卷二百三十六無。

〔三〕以上兩句，《太平御覽》、《職官分紀》作「除藻飾之無用，割有損之浮費」，《事類備要》作「除藻飾之無用浮費」。

〔四〕凡，《職官分紀》、《事類備要》無。

應項

　　應項爲東郡太守，惠澤洽著。（《北堂書鈔》卷第七十五。按：應項，陳、俞本《書鈔》作「應頓」，兩漢人物未有「應項」、「應頓」二人。「項」、「頓」或即「順」之形訛，據《後漢書·陳寵傳》，應順曾爲東平相，即此所云東郡太守也。今附在「應順」條下，以便省覽。又王仁俊輯本次條曰：「應從仲爲東平太守，事親篤孝，惠澤洽著。忽有桂於庭，粲然繁茂，百姓瞻仰，歸養者什又三。」云出《稽瑞》，當即此事。）

許愼

　　許愼爲功曹，奉上以篤義，率下以恭寬。（《太平御覽》卷二百六十四。）

周盤

　　周盤，字堅伯，安成人。江夏都尉遺腹子也，居貧約而養母儉薄，誦詩至《汝墳》末章，慨然而歎。（《太平御覽》卷四百一十四。按：周盤，《後漢書》有傳，《後漢書》作「周磐」，云字堅伯。《太平御覽》卷四百引《續漢書》作「伯堅」，卷四百一十四引謝承《後漢書》又作「堅伯」，未詳孰是。事又見《後漢書·周磐傳》。《北堂書鈔》卷七十九引謝承《後漢書》：「周盤傳，汝南人也。居貧，養母儉薄不充。常誦詩至《汝墳》之章，慨然而嘆，乃解帶就孝廉之舉。」）

薛苞

　　薛苞，字孟嘗，西平人。〔一〕好學篤行，喪母，以至孝聞。父娶後妻而憎苞，分之出宅〔二〕。苞日夜泣不能去〔三〕，被毆杖〔四〕，不得已，廬於外〔五〕，旦入灑掃〔六〕。父怒，又逐之。乃廬於里門，晨昏不廢。積歲餘，父母慚而還之。〔七〕後行六年喪，喪過於哀。既而弟子求分異居，苞不能止，乃中分其財。奴婢引其老者，曰：「與我共事久，汝不能使也。」田廬取其荒者，曰：「吾

少時所治，意所戀也。」器物取朽敗者，曰：「我素所服食，身口所安〔八〕。」弟子數破其產，續復賑給。（《太平御覽》卷四百一十四。又見《藝文類聚》卷二十。按：事又見《後漢書‧劉趙淳于江劉周趙列傳》、《東觀漢記》卷二十、《後漢孝‧章皇帝紀上》、《太平御覽》卷第一百八十一引華嶠《後漢書》。薛包，《後漢書》作「薛包」。）

〔校記〕

〔一〕「字孟嘗，西平人」六字，《藝文類聚》無。

〔二〕出宅，《藝文類聚》作「令出」。

〔三〕「泣」上，《藝文類聚》有「號」字。

〔四〕「被」上，《藝文類聚》有「至」字。毆，《藝文類聚》誤作「驅」。

〔五〕「外」上，《藝文類聚》有「舍」字。《後漢書‧劉趙淳于江劉周趙列傳》、《東觀漢記》卷二十並有「舍」字，當據補。

〔六〕灑，《藝文類聚》作「而」。

〔七〕《藝文類聚》引至此止。

〔八〕「安」下疑當有「也」字，「汝不能使也」、「意所戀也」、「身口所安也」三句遞來，文辭方暢。《後漢書‧劉趙淳于江劉周趙列傳》正有「也」字。

　　薛苞歸先人塚側坊中〔一〕，種稻以祭祀〔二〕，芋以充饑。耽詩悅禮〔三〕，玄虛無爲，舉孝廉賢良方正，皆不就。〔四〕（《太平御覽》卷五百二十六。又見《太平御覽》卷九百七十五。）

〔校記〕

〔一〕苞，《太平御覽》卷九百七十五作「包」，與《後漢書》同。塚，《太平御覽》卷九百七十五作「冢」，二字通。坊中，《太平御覽》卷九百七十五無。

〔二〕此句，《太平御覽》卷九百七十五作「種稻芋，稻以祭祠」。

〔三〕詩，《太平御覽》卷九百七十五作「道」。

〔四〕「舉孝廉」以下兩句，《太平御覽》卷九百七十五無。

李宣

　　李宣字公休，爲太尉黃瓊所辟。是時寒暑不和，羌夷數起，瓊見掾屬曰：「是太尉無德，願諸掾有以匡之。」掾東平王象對曰：「昔堯遭洪水之變，湯有六年之旱，自上聖之君，誰能無此，明公日昃恪勤，袞職脩理，小掾等無以加增。」如此至數人，瓊欣笑。次及宣，乃仰曰〔一〕：「明公被日月之衣，居上司之位，輔弼天子，處諫諍之職，未有對楊謇謇之言。其所旌命，不授巖谷之士，小掾私以於邑。小掾聞之，三臺不明，責在三公。願明公深思，消復災異〔二〕，進納忠良。」眾人默然慙愧。（《太平御覽》卷第四百二十八。又見《北堂書鈔》卷六十八、《太平御覽》卷二百〇九、《職官分紀》卷五、《錦繡萬花

谷》別集卷十一、《事類備要》後集卷六十、《翰苑新書》前集卷三十六。按：諸書所引皆節引，不便出校，今附於下。）

〔校記〕

〔一〕仰，疑當作「抑」，形訛也。前諸掾皆襃贊之語，故黃瓊欣欣然有得色，李宣乃貶抑之也。

〔二〕復，疑當作「伏」，音訛也。

附：《北堂書鈔》卷六十八：李宣字公休，爲太尉黃瓊所辟，時寒暑不和。

《太平御覽》卷二百〇九：李宣字公休，爲太尉黃瓊所辟。時寒暑不和，瓊見掾屬曰：「是太尉無德，願諸掾有以匡之。」次及宣，宣曰：「明公被日月之衣，居上司之位，輔弼天子，處諫諍之職，未有對楊謇謇之言。其所旌命，不授嚴谷之士，小掾私所以於邑。」

《職官分紀》卷五：李宣字公休，爲太尉黃瓊所辟，時寒暑不和，瓊見掾屬曰：「是太尉無德，願掾有以匡之。」次及宣，宣曰：「明公被日月之光，居上司之位，輔弼天子，處諫爭之職，未有對揚謇謇之言。其於所命，不援嚴谷之士，小掾何所與於此？」〔按：「其於所命」當作「其所旌命」，「旌」既訛作「於」，因復置前以達義耳。「援」當作「授」，形訛也。〕

《錦繡萬花谷》別集卷十一：李宣字公休，爲太尉黃瓊所辟，宣曰：「明公被日月之衣，居上司之位。」

《事類備要》後集卷六十：李宣爲太尉黃瓊所辟，宣曰：「明日被日月之衣，居上司之位。」〔按：「明日」當作「明公」。〕

《翰苑新書》前集卷三十六：李宣爲太尉黃瓊所辟，宣曰：「明公被日月之衣，居上司之位。」

李宣之子名表。宋公令寇恩召表爲主簿，表不樂爲吏，於寺門中焚燒衣幘。恩怒，收表，欲殺之。陳仲舉聞之，至宋公，欲請表，先過宣，宣問：「何故來？」曰：「欲見寇令，請足下兒。」宣曰：「吾子犯罪，罪當死，如有明君，豈妄殺人！宜從此還。」恩追問仲舉，仲舉具以語之。恩乃歎曰：「李宣，烈士也！」即原之。（《太平御覽》卷二百六十九。）

屈霸

屈霸字子卿，拜尚書郎。當五侯之時，貴戚傾天下，在朝者莫不慎睫承風〔一〕，子卿終不屈撓〔二〕。（《太平御覽》卷二百一十五。《元和姓纂》卷十云：「《汝

南先賢傳》有屈霸。」即此事。又《職官分紀》卷八引此事，其上條引《汝南先賢傳》陳蕃上書事，則此或亦即《汝南先賢傳》之文，因取以校之。）

〔校記〕

〔一〕愼睫，《職官分紀》作「趦捷」，或是。

〔二〕終，《職官分紀》無。

范滂

范滂字孟博，辟公府掾〔一〕，登車攬轡〔二〕，慨然有澄清天下之志。（《北堂書鈔》卷六十八。又見《職官分紀》卷五。按：事又見《後漢書·黨錮列傳》、《後漢紀·孝桓皇帝紀下》、《初學記》卷二十引司馬彪《續漢書》。《世說新語·德行》屬此事於陳蕃。）

〔校記〕

〔一〕公府掾，《職官分紀》作「司徒府」。

〔二〕車，《職官分紀》作「輿」。

范滂字孟博〔一〕，被詰受幾贓賕〔二〕，滂曰：「曾爲北郡督郵〔三〕，汝陽令有記囊，表裏六尺，若以此爲贓，贓直六十耳。」（《北堂書鈔》卷第七十七。又見《太平御覽》卷七百〇四。）

〔校記〕

〔一〕字孟博，《太平御覽》無。

〔二〕受，《太平御覽》作「授」。「幾」下，《太平御覽》有「許」字。

〔三〕郡，《太平御覽》誤作「部」。

范滂被收，曰：「願得一幡一薄，埋於首陽山，上不負皇天，下不愧夷齊。」（《太平御覽》卷七百。按：事又見《後漢書·黨錮列傳》、《後漢紀·孝桓皇帝紀下》、《太平御覽》卷四百二十七引袁山松《後漢書》。）

范滂爲功曹，清濁異流。（《北堂書鈔》卷第七十七。）

黃穆

黃穆，字子敬，安成人也，爲郡主簿。忠上率下，朝廷肅清。太守荊寓舉穆孝廉，乃薦讓殷仲才，寓不聽。遂懷板入見寓，曰：「若仲才者，六選之首也。而穆先之，適足以興謗議。」便投板於內，出則臥病。寓知不可移，遂從之。（《初學記》卷二十。按：原云出周斐《汝南先賢傳》。《後漢書·黨錮列傳·范滂傳》：「同囚鄉人殷陶、黃穆亦免，俱歸，並衛侍於滂。」殷陶即此「殷仲才」，《後漢紀·孝桓皇帝紀下》作「殷仲子」，事不聞，未詳孰是。）

袁閬

袁宏字奉高，慎陽人。友黃叔度於童齒，薦陳仲舉於家巷。辟太尉掾，卒。（《世說新語·德行》注。按：「袁宏」當作「袁閬」，黃憲年四十八卒，《後漢書》別有一袁閬，其生年約與黃憲卒年相近，兩人不得有交集，此以「閬」、「閎」形近而誤。《三國志·魏書·荀彧傳》注引張璠《漢紀》曰：「（荀）淑博學有高行，與李固、李膺同志友善，拔李昭於小吏，友黃叔度於幼童。」與此不同。據《後漢書·黃憲傳》：「黃憲字叔度，汝南慎陽人也。世貧賤，父爲牛醫，潁川荀淑至慎陽，遇憲於逆旅。時年十四，淑竦然異之。揖與語，移日不能去，謂憲曰：『子，吾之師表也。』既而前至袁閬所，未及勞問，逆曰：『子國有顏子，寧識之乎？』閬曰：『見吾叔度邪？』」蓋兩人皆友黃憲也。）

袁閬字奉高，爲功曹，辟太尉掾。太守唐珍曰：「今君當應宰府，宜選功曹以自代。」因薦陳仲舉，珍即請蕃爲功曹。（《太平御覽》卷二百六十四。按：《後漢書·王龔傳》云：「（建元二年，劉龔）遷汝南太守，政崇溫和，好才愛士，引進郡人黃憲、陳蕃等，憲雖不屈，蕃遂就吏。蕃性氣高明，初到，龔不即召見之，乃留記謝病去。龔怒，使除其錄，功曹袁閬請見，言曰：『聞之《傳》曰：人臣不見察於君，不敢立於朝。蕃既以賢見引，不宜退以非禮。』龔改容謝曰：『是吾過也。』乃復厚遇待之。」唐珍事跡，據《後漢書·孝靈帝紀》熹平二年〔174年〕，唐珍爲司空，三年免。袁閬生活於漢安帝、順帝之時，其所舉陳蕃，卒於建寧元年〔168年〕，兩人皆在唐珍之前，此處唐珍當是劉龔之誤。）

薛勤

薛勤，字恭祖〔一〕，仕郡功曹〔二〕。陳仲舉時年十五〔三〕，爲父齎書詣勤〔四〕，勤見而察之〔五〕。明日往造焉〔六〕，仲舉父出見勤〔七〕，勤曰：「足下有不凡子〔八〕，吾來候之，不從卿也。言議盡日〔九〕，乃歎曰：「陳仲舉有命世才，王佐之具。」又見黃叔度於童幼，云當爲內盛德〔一〇〕。其後二賢英名並耀於世。（《太平御覽》卷四百四十四。又見《太平御覽》卷四百一十、《事文類聚》後集卷四、《事類備要》前集卷二十四、《韻府群玉》卷九上。按：《北堂書鈔》卷三十四有「薛勤聰哲，仕郡爲功曹，拔賢舉善」十三字，卷七十七有「薛勤拔賢」四字，皆節引，今僅以《御覽》等書所引出校。）

〔校記〕

〔一〕此句，《事文類聚》、《事類備要》、《韻府群玉》無。

〔二〕此句，《太平御覽》卷四百一十、《事文類聚》、《事類備要》作「仕郡爲功曹」，《韻府群玉》作「爲郡功曹」。

〔三〕時，《事文類聚》、《事類備要》無。年，《韻府群玉》無。

〔四〕齎，《韻府群玉》誤作「賷」。

〔五〕見，《太平御覽》卷四百一十、《事文類聚》、《事類備要》、《韻府群玉》作「顧」。

〔六〕往，《太平御覽》卷四百一十、《事文類聚》、《事類備要》無，《韻府群玉》作「勤」。

〔七〕見，《太平御覽》卷四百一十作「迓」。勤，《韻府群玉》無。

〔八〕不凡子，《韻府群玉》作「史不凡」。

〔九〕議，《太平御覽》卷四百一十作「義」，《韻府群玉》作「論」。盡，《韻府群玉》作「終」。又諸書引至此止。

〔一〇〕此句義難通，「內」上或脫「海」字。

薛勤，字子恭。定遠侯班始尚公主，主遇始傲慢，無婦禮，始殺主。詔書怒，欲滅其家，勤建議抗志不顧，遂奏上施行，其立朝盡忠，類皆如此。（《太平御覽》卷四百五十七。按：此云字子恭，與上字恭祖不同，亦未詳孰是也。薛勤事多不聞，班始殺公主之事，《後漢書·孝順孝沖孝質帝紀》載在永建五年〔130年〕，《後漢紀·孝順皇帝紀》又載永和五年〔140〕喪妻事，上條又云曾見幼年黃憲，黃憲生於永平十八年〔75〕，薛勤必長於黃憲，即以長十歲論，則生年約在永平八年。參稽數事，而薛勤生平略可知也。）

繆肜

繆肜，字豫公，合陽人。兄弟四人，各求分異，至有爭訟之言。肜默閉戶自撻，大自罵曰：「繆肜！汝修身謹行，將齊正風俗，如何近一家之中不能使之和協耶！」鞭兩髀皆瘡。於是諸姊及弟叩頭自責，不復分矣。（《太平御覽》卷四百一十六。按：事又見《後漢書·獨行列傳》。繆肜，《後漢書》作「繆肜」，《藝文類聚》卷五十四引梁簡文帝啓：「繆肜掩扉，曹儀著論，布衣兄弟，且相誡勖。」即述此事，亦作「繆肜」。）

黃憲

黃憲舉孝廉，無就之意，人以其爲高也。（《北堂書鈔》卷七十八。又見《北堂書鈔》卷三十二。按：《北堂書鈔》卷三十二僅引首句，注「乃以疾歸」目，蓋本作「黃憲舉孝廉，乃以疾歸」也。）

黃憲字叔度，世貧賤，父爲牛醫。潁川荀淑嘗至潁陽，遇憲於逆旅，時年十四，淑竦然異之，揖與語，移日不能去。謂曰：「子，吾之師表也。」既

而前至袁閬所，曰：「子國有顏子，寧識之乎？」閬曰：「君見叔度耶？」（《太平御覽》卷三百八十五。按：事又見《後漢書·黃憲傳》、《世說新語·德行》注引《典略》。）

黃憲潔靜通理〔一〕，齊聖廣淵，不矜名以詭時，不抗行以矯俗。〔二〕論者咸曰：「顏子復生乎漢代矣〔三〕！」而其祖族出自孤鄙，父爲牛醫，少無度教，而後能傑然秀出，可謂天授者也。（《初學記》卷十七。又見《太平御覽》卷四百○二、《類要》卷二十六。）

〔校記〕

〔一〕靜，《類要》作「淨」。

〔二〕《類要》引至此止。

〔三〕「代」上，《太平御覽》有「之」字。又《太平御覽》引至此止。

黃憲字叔度。不矜名以詭時，不抗行以矯俗。窺其門者莫敢踐其庭，睹其流者，不能測其深。時人論曰：「顏淵復生乎！」（《太平御覽》卷四百○三。按：以上三條，本當一事，然諸家節引不同，今別爲三條。）

袁安

時大雪積地丈餘，洛陽令身出案行，見人家皆除雪出。有乞食者，至袁安門，無有行路，謂安已死。令人除雪入戶，見安僵臥，問：「何以不出？」安曰：「大雪，人皆餓，不宜干人。」令以爲賢，舉爲孝廉也。（《後漢書·袁張韓周列傳》注。按：事又見《北堂書鈔》卷七十九等引《錄異傳》。）

袁安爲楚相〔一〕，會楚王英事〔二〕，互相牽引〔三〕，拘繫者千餘人，三年而獄不決〔四〕，坐掠幽而死者百餘人。天用炎旱〔五〕，赤地千里，〔六〕安受拜〔七〕，即控轡而行〔八〕，既到〔九〕，決獄事〔一○〕，人人具錄其辭狀〔一一〕，本非首謀，爲王所引，〔一二〕應時理遣，一旬之中，延千人之命，其時甘雨滂霈〔一三〕，歲大豐稔。（《藝文類聚》卷一百。又見《太平御覽》卷三十五、《太平廣記》卷一百七十一、《事文類聚》前集卷五、《事類備要》前集卷二。按：事又見《後漢書·袁安傳》，事略異。）

〔校記〕

〔一〕「袁安」前，《太平廣記》有「漢」字。

〔二〕英，《太平御覽》、《太平廣記》作「坐」。

〔三〕互，《太平廣記》誤作「平」。

〔四〕此句之上，《太平廣記》尚有「毒楚橫暴，囚皆自誣，歷」九字。

〔五〕炎，《事類備要》作「災」。

〔六〕自「三年而獄不決」下四句，《太平御覽》無。

〔七〕受，《太平廣記》作「授」。拜，《太平御覽》作「命」。

〔八〕控，《太平御覽》作「奔」。

〔九〕此二字，《太平廣記》無。

〔一○〕此句，《太平御覽》作「先決獄」。又自「安受拜」以下至此，《事文類聚》、《事類備要》節作「安決獄事」。

〔一一〕其，《太平廣記》無。

〔一二〕以上兩句，《太平御覽》無。

〔一三〕需，《太平御覽》、《事文類聚》、《事類備要》作「沛」，二字通。

　　袁安字召公，除陰平長〔一〕。時年饑荒，民皆菜食，租入不畢，〔二〕安聽使輸芋〔三〕，曰：「百姓饑困，長何得食穀？」先自引芋，吏皆從之。〔四〕（《太平御覽》卷九百七十五。又見《北堂書鈔》卷三十九、卷一百五十六。）

　　〔校記〕

　　〔一〕除，《北堂書鈔》卷三十九作「爲」。平，《北堂書鈔》卷一百五十六形訛作「子」。

　　〔二〕以上三句，《北堂書鈔》卷三十九作「民飢，租後調不入」。

　　〔三〕此句，《北堂書鈔》卷三十九作「聽民輸芋」，卷一百五十六作「使人輸芋」。

　　〔四〕「曰」下至此，《北堂書鈔》卷三十九作「惠澤流著」，卷一百五十六無。

　　袁安爲平陵令，政會並著。（《北堂書鈔》卷第七十八。按：據《後漢書·袁安傳》，袁安除陰平長、任城令，後遷楚郡太守，未嘗任平陵令也。頗疑此即上任陰平長之事，「陰」形訛作「陵」，後人因乙之。「會」即「惠」之音訛，此句即所謂「惠澤流著」。）

周舉

　　周舉爲并州刺史，太原一郡舊俗以介子推焚骨，有龍忌之禁，至其亡月，咸言神靈不樂舉火。由是土人每至多中輒一月寒食，莫敢煙爨，老少不堪，歲多死者。舉既到，乃作吊書，以置子推之廟，言盛多止火，殘損人命，非賢者之意，以宣示愚民，使還溫食。於是眾惑稍解，風俗頗革。（《太平御覽》卷二十六。又見《後漢書·左周黃列傳》注、《北堂書鈔》卷一百四十三、《藝文類聚》卷四、《初學記》卷四、《太平御覽》卷三十、卷八百四十九、《容齋三筆》卷二。按：諸書引文差異較大，今附於下，不出校。事又見《藝文類聚》卷四引陸翽《鄴中記》、卷五十引司馬彪《續漢書》。又《藝文類聚》卷四引魏武帝《明罰令》曰：「聞太原、上黨、西河、雁門，冬至後百五日皆絕火寒食，云爲介子推。且北方沍寒之地，老少

羸弱，將有不堪之患。令到，人不得寒食，若犯者，家長半歲刑，主吏百日刑，令長奪一月俸。」是周舉初禁，雖有績效，然其後風俗依舊也。）

附：《後漢書·左周黃列傳》注：俗傳云子推以此日被焚而禁火。至其亡月，咸言神靈不樂舉火，由是士民每多中輒一月寒食，莫敢煙爨，老小不堪，歲多死者。舉既到州，乃作吊書，以置子推之廟，言盛冬去火，殘損民命，非賢者之意，以宣示愚民，使還溫食。〔按：此原文爲正文，李賢注云：「其事見桓譚《新論》及《汝南先賢傳》。」〕

《北堂書鈔》卷一百四十三：周舉爲并州刺史，太原舊俗以介子推焚骨，冬至其民爲絕食。

《藝文類聚》卷四：太原舊俗云：介子推焚骸，一月寒食，莫敢煙爨。

《初學記》卷四、《太平御覽》卷三十：太原舊俗，以介子推焚骸，一月寒食，莫敢煙爨。〔按：原並云出周斐《汝南先賢傳》。〕

《太平御覽》卷八百四十九：周舉，字宣光，爲並州刺史。太原舊俗，以介子推燒死，至其亡時，民爲絕火食，老少多死。舉作書，置子推廟中。說民不宜寒食，因勒使炊食如故。

《太平御覽》卷三十：太原舊俗，以介子推焚骸，一月寒食，莫敢煙爨。

《容齋三筆》卷二：太原舊俗，以介子推焚骸，一月寒食。

周舉字宣光，姿貌短陋，有晏子之風。（《太平御覽》卷三百七十八。《太平御覽》卷第六百一十五引《東觀漢紀》：「周舉字宣光，姿貌短陋，而博學洽聞，爲儒者所宗，京師語曰『五經縱橫周宣光』也。」可相參。）

周乘

周乘字子居，汝南安城人。天姿聰朗，高崚嶽立，非陳仲舉、黃叔度之儔則不交也。仲舉嘗歎曰：「周子居者，眞治國之器也。」爲太山太守，甚有惠政。（《世說新語·賞譽》注。）

周乘爲交土刺史，上言交州邊城長史喚百姓願爲聖朝掃清一方，太守聞乘之威，即上疾乞骸，屬縣解印四十餘城。（《北堂書鈔》卷第三十六。按：「上言」一句不通蓋有脫誤。元黎崱《安南志略》卷七云：「周乘爲御史，以直忤意，出爲交州刺史。上書云：『交州絕域，習俗貪濁，彊宗聚姦，長史肆虐，侵漁萬民。臣受深恩，職預爪牙，欲爲聖朝掃清一方。』時屬城解綬去者三十餘人。」以此審之，「喚」或「侵」之形訛，而複有脫文也。）

陳蕃

陳蕃字仲舉，汝南平輿人。有室，荒蕪不埽除，曰：「大丈夫當爲國家埽天下。」值漢桓之末，閹豎用事，外戚豪橫。及拜太傅，與大將軍竇武謀誅宦官，反爲所害。（《世説新語・德行》注。按：事又見《後漢書・陳蕃傳》。）

陳蕃讓曰〔一〕：「不愆不忘，率由舊章，臣不如太常胡廣〔二〕；齊七政〔三〕，訓五典〔四〕，臣不如義郎王陽〔五〕；文武兼資，爲國爪牙，折衝萬里〔六〕，臣不如弛刑徒李膺〔七〕。」（《類要》卷十四。又見《初學記》卷十一、《太平御覽》卷二百〇七、《職官分紀》卷二、《事類備要》後集卷六十、《翰苑新書》前集卷三十六。按：《事類備要》、《翰苑新書》引僅稱《先賢傳》。事又見《後漢書・陳蕃傳》。）

〔校記〕

〔一〕「讓」上，《初學記》、《太平御覽》、《職官分紀》、《錦繡萬花谷》、《事類備要》有「拜太尉」三字。讓，《錦繡萬花谷》作「遜」，《事類備要》作「辭」，《翰苑新書》無。

〔二〕太常，《事類備要》、《翰苑新書》無。又以上三句，《初學記》、《太平御覽》、《職官分紀》、《錦繡萬花谷》無。

〔三〕此句，《事類備要》、《翰苑新書》無。

〔四〕典，它書引並作「兵」。

〔五〕義，《初學記》、《太平御覽》、《翰苑新書》作「議」，是也。議郎，《職官分紀》、《錦繡萬花谷》無。陽，它書並作「暢」，是也。又《初學記》、《太平御覽》、《職官分紀》、《錦繡萬花谷》引至此止。

〔六〕此句，《事類備要》、《翰苑新書》無。

〔七〕弛刑徒，《事類備要》、《翰苑新書》無。

陳蕃上書云：「昔明帝時，公主爲子求郎，不許，賜錢千萬。左右問之，帝曰：『郎，天官也，以當敘德〔一〕，何可妄與人耶！』今陛下以郎比一把菜〔二〕，臣以爲反側也。」（《太平御覽》卷二百一十五。又見《職官分紀》卷八。）

〔校記〕

〔一〕德，《職官分紀》音訛作「得」。

〔二〕菜，《職官分紀》形訛作「葉」。

許嘉

許嘉年十三，父給亭治道，坐不竟，當得鞭。嘉叩頭流血，請得免，由是感激讀書。（《太平御覽》卷六百四十九。又見《職官分紀》卷四十二。按：此云嘉父有罪，《職官分紀》云嘉自有罪，嘉生平不可知〔此許嘉爲東漢人，西漢別有一許嘉，非一人〕，未詳孰是。爲便觀覽，今附於下。）

　　附：《職官分紀》卷四十二：許嘉爲吏有過，叩頭流血，請得免，由是感激讀書焉。

　　許嘉字德珍，事郡功曹爲小吏，〔一〕常持劍侍功曹〔二〕，月日朝暮〔三〕，並持炬〔四〕。嘉於是忿然曰〔五〕：「男兒爲吏，不免賤役！」投火於池〔六〕，以劍帶槐樹，趍詣府門〔七〕。主者問其故，對曰：「本去芻牧，來入天朝觀庠序之化，今右手持劍，左手把炬，此等之事，乞得受罰而歸。」（《太平御覽》卷八百七十。又見《北堂書鈔》卷七十七、卷一百二十二、《初學記》卷二十二、《太平御覽》卷三百四十三。按：《北堂書鈔》卷七十七云出《謝先賢傳》，「謝」蓋衍文。《初學記》、《太平御覽》卷三百四十三云出周斐《汝南先賢傳》。）

　　〔校記〕

　　〔一〕以上兩句，《北堂書鈔》卷七十七作「許嘉爲鄉小吏」，《北堂書鈔》卷一百二十二、《初學記》、《太平御覽》卷三百四十三作「許嘉給縣功曹儀小吏」。

　　〔二〕侍功曹，《北堂書鈔》卷七十七無。「侍」下，《太平御覽》卷三百四十三衍「臣」字。

　　〔三〕此句，《北堂書鈔》卷七十七、《初學記》、《太平御覽》卷三百四十三作「月朔晨朝」，《北堂書鈔》卷一百二十二作「月旦晨朝」。

　　〔四〕持，《北堂書鈔》卷七十七作「抱」。「炬」下，《北堂書鈔》卷一百二十二、《初學記》、《太平御覽》卷三百四十三有「火」字。又《北堂書鈔》卷七十七引至此止。

　　〔五〕「然」下，《北堂書鈔》卷一百二十二、《初學記》、《太平御覽》卷三百四十三有「歎」字，或當據補。

　　〔六〕「投」上，《北堂書鈔》卷一百二十二、《初學記》、《太平御覽》卷三百四十三有「即」字。

　　〔七〕趍，《初學記》、《太平御覽》卷三百四十三作「趨」，二字異體字。詣，《初學記》作「出」，《太平御覽》卷三百四十三作「謁」，「詣」、「謁」字並可，「出」或「趨」之音訛。又《北堂書鈔》卷一百二十二、《初學記》、《太平御覽》卷三百四十三並引至此止。

　　許嘉字德珍，辟司徒府，到京師，會黨事，李杜受誅。嘉歎曰：「仲尼遊於趙郊，不入危國，今人眾矣〔一〕，吾其行也〔二〕。」便投劍潛歸〔三〕。（《北堂書鈔》卷第六十八。又見《職官分紀》卷五。）

　　〔校記〕

　　〔一〕此句，《職官分紀》作「賢人喪矣」，義較上。

　　〔二〕也，《職官分紀》作「矣」。

　　〔三〕劍，《職官分紀》作「劾」。

周燮

周燮，字彥祖〔一〕，欽頤折額〔二〕，貌甚醜〔三〕。母欲不舉，其父曰：「吾聞諸聖賢人狀皆有異於人。興我宗者必此兒。」遂舉之〔四〕。(《初學記》卷十九。又見《太平御覽》卷三百八十二、《錦繡萬花谷》續集卷五、《事文類聚》後集卷十八。按：《初學記》、《太平御覽》云出周斐《汝南先賢傳》。又《太平御覽》卷三百六十八僅引「周燮頤頤折頞，其貌甚醜也」十一字，乃節引。事又見《後漢書‧周黃徐姜申屠列傳》。)

〔校記〕

〔一〕此句，《錦繡萬花谷》無。

〔二〕欽，《太平御覽》、《錦繡萬花谷》、《事文類聚》皆作「斂」。《後漢書‧周燮傳》作「欽」，李賢注云：「欽頤，曲頜也。欽音丘凡反。欽或作顩，音同。」「顩」即「斂」也。額，《太平御覽》、《事文類聚》作「頞」，《說文》：「額，顙頟也。」「頞，鼻莖也。」額指額頭，頞指眉之間、鼻之上位置，義有別，當以作「頞」字為上。揚雄《解嘲》云蔡澤「頷頤折頞」，《三國志‧吳書‧諸葛恪傳》引《吳錄》云諸葛恪「鬚眉折頞」，折頞猶鼻梁塌陷也。

〔三〕貌，《太平御覽》作「兒」，二字同。

〔四〕舉，《太平御覽》、《錦繡萬花谷》、《事文類聚》皆作「育」，義皆通。

周燮，字彥祖〔一〕，好潛靜養志，唯典籍是樂〔二〕。有先人草廬，廬於東坑，其下有陵田，〔三〕魚蛤生焉〔四〕。非身所耕漁〔五〕，則不食〔六〕。(《太平御覽》卷四百二十六。又見《藝文類聚》卷九十七、《太平御覽》卷九百四十二。按：事又見《後漢書‧周黃徐姜申屠列傳》、《藝文類聚》卷六十五引華嶠《後漢書》。)

〔校記〕

〔一〕此句，《藝文類聚》無。

〔二〕唯，《太平御覽》卷九百四十二作「惟」，二字通。

〔三〕以上兩句，《藝文類聚》作「其下有陂」，《太平御覽》卷九百四十二作「廬下有陂」。

〔四〕蛤，《藝文類聚》作「蚌」。焉，《太平御覽》卷九百四十二無。

〔五〕漁，《太平御覽》卷九百四十二無。

〔六〕「不食」下，《藝文類聚》、《太平御覽》卷九百四十二有「也」字。

袁閎

袁閎字夏甫，延熹末，黨事將作，閎遂散髮，乃築土室四周於庭，潛身十八年，終於土室之中。臨卒〔一〕，勅其子曰〔二〕：「勿設殯棺、衣衾之備也〔三〕，

但着褌衫踈布〔四〕，單衣幅巾，襯尸於板床之上，五百墼爲藏。」（《太平御覽》卷五百五十六。又見《後漢書·袁閎傳》注。）

〔校記〕

〔一〕《後漢書》注自此引起，作「閎臨卒」。

〔二〕勑，《後漢書》注作「敕」，「勑」爲「敕」異體字。

〔三〕「衣衾之備也」五字，《後漢書》注無。

〔四〕踈，《後漢書》注作「疏」，「踈」爲「疏」異體字。

郭亮

郭亮童幼之年則有尚義之心。年十四始欲出學，聞潁川杜周甫精黌，多長杜，亮造門而師學焉。朝受其業，夕已精講，動聲則宮商清暢，推義則尋理釋結。周甫奇而偉之。（《太平御覽》卷三百八十五。按：此云郭亮年十四，師杜密；《後漢書·李杜列傳》云郭亮爲李固弟子，年十五，李固遭誅，郭亮上書乞收固尸。據此，則《李杜列傳》云「年始成童，遊學洛陽」，郭亮或是慕李固之名，而自名弟子也。）

蔡順

蔡順事母至孝〔一〕，井桔槔朽〔二〕，在母生年上〔三〕，而順憂〔四〕，不敢理之〔五〕。俄而有扶老藤生〔六〕，繞之，遂堅固焉〔七〕。（《後漢書·劉趙淳于江劉周趙列傳》注。又見《太平御覽》卷七百六十五、卷九百九十五、卷九百九十八、《事類賦》卷二十四。按：考《後漢書》注、《太平御覽》卷九百九十八引文類，而《太平御覽》卷九百九十五、《事類賦》引文同，當所據版本之異。）

〔校記〕

〔一〕此句，《太平御覽》卷七百六十五僅有「蔡君仲」三字，《太平御覽》卷九百九十五、《事類賦》作「蔡順字君仲，至孝」。

〔二〕此句，《太平御覽》卷七百六十五作「井桔槔壞」，《太平御覽》卷九百九十五、《事類賦》作「所居井桔槔歲久，欲易之」。

〔三〕此句，《太平御覽》卷七百六十五作「在母沒年命上」，《太平御覽》卷九百九十五、《事類賦》作「爲在母年上」。

〔四〕此句，《太平御覽》卷九百九十五、《事類賦》無。

〔五〕「理之」，《太平御覽》卷九百九十五、《事類賦》無，《太平御覽》卷九百九十八作「治」，蓋本作「治」，避李世民諱而改。「而順憂」以下兩句，《太平御覽》卷七百六十五作「憂不敢治」。

〔六〕此句，《太平御覽》卷七百六十五作「而扶生」，《太平御覽》卷九百九十五、《事類賦》無。又「藤」字，《太平御覽》卷九百九十八無。

〔七〕此句，《太平御覽》卷七百六十五無，《太平御覽》卷九百九十五、《事類賦》作「有鳩巢其上」。又「焉」字，《太平御覽》卷九百九十八無。

蔡順母平生畏雷〔一〕，自亡後每有雷震〔二〕，順輒環塚泣曰〔三〕：「順在此。」（《初學記》卷一。又見《北堂書鈔》卷一百五十二、《藝文類聚》卷三十五、《太平御覽》卷十三、卷四百八十八。按：《太平御覽》卷十三稱引周斐《汝南先賢傳》。又此事《後漢書·蔡順傳》〔附《周磐傳》後〕、《北堂書鈔》卷一百三十九引袁崧《後漢書》、《太平御覽》卷五百五十七引《東觀漢紀》並有之。）

〔校記〕

〔一〕平生，《北堂書鈔》、《藝文類聚》、《太平御覽》卷四百八十八無。

〔二〕此句，《北堂書鈔》作「母亡雷震」，《藝文類聚》作「後母卒每有震」，《太平御覽》卷四百八十八作「後卒每有雷震」。

〔三〕此句，《北堂書鈔》作「輒圓冢謞母曰」，《藝文類聚》作「順輒圓冢泣曰」，《太平御覽》卷十三作「順輒環塚泣曰」，《太平御覽》卷四百八十八作「順輒環塚泣曰」。「圓」、「環」通，「冢」、「塚」通，《書鈔》「謞」字，當是「泣」之訛。

蔡順，字君仲〔一〕，有至孝之心。少喪父，奉養母，甘口之物，不敢先嘗。母至婚家，因飲酒變吐，順恐中毒，乃嘗其吐。母生瘡出膿，以口嗽之。〔二〕（《初學記》卷十七。又見《太平御覽》卷四百一十四、《錦繡萬花谷》後集卷十五、《事類備要》前集卷二十五。按：《太平御覽》云出周斐《汝南先賢傳》，《錦繡萬花谷》、《事類備要》單稱《先賢傳》。）

〔校記〕

〔一〕君，《錦繡萬花谷》、《事類備要》誤作「召」，

〔二〕「母生瘡」兩句，《錦繡萬花谷》、《事類備要》無。

蔡順以至孝稱，順少孤，養母，嘗出求薪，有客卒至，母望順不還，乃嚙其指〔一〕，順即心動〔二〕，棄薪馳歸，問其故。母曰：「有急客來，吾嚙指以悟汝耳〔三〕。」（《藝文類聚》卷八十。又見《白氏六貼》卷五。按：事又見《後漢書·蔡順傳》〔附《周磐傳》後〕。）

〔校記〕

〔一〕此句，《白氏六貼》脫。

〔二〕順，《白氏六貼》脫。

〔三〕耳，《白氏六貼》作「也」。

蔡君仲與人有至孝之心〔一〕，母終，棺在堂，西舍失火，火將至〔二〕，君仲伏屍號哭〔三〕，火越向東家〔四〕。（《藝文類聚》卷八十。又見《太平御覽》卷八

百六十八、《事類賦》卷八。按：乾隆間修《浙江通志》卷一百八十三《孝友》引《海鹽縣圖經》：「顧薇字子芳，事父倫母李，以孝稱。李歿，刻木奉之，日三上食，出入必告。母棺在堂，隣火延燒，將不救。薇伏棺大慟，火忽他越。迨事繼母，盛如其母。初失愛，後亦感動，卒無閒言。」蓋因丁蘭、蔡順事而爲傳也。）

〔校記〕

〔一〕此句，《太平御覽》作「蔡君仲有至孝之行」，《事類賦》但作「蔡君仲」。

〔二〕此句，《事類賦》無。

〔三〕屍，《事類賦》作「棺」。

〔四〕東，《太平御覽》無。

黃浮

黃浮，字隱公，陽安人。年二十，在於民伍，曾爲墟里所差，次當給亭。於是感激學書，慨然長歎曰：「黃浮非鄉里所知。」因隨人到京師求學，歲餘，除昌慮長、濮陽令。同歲子爲都市掾，犯罪當死，一郡盡爲之請。浮曰：「周公誅二弟，石碏討其子，今雖同歲子，浮所不能赦也。」治政清明，號爲神君。（《太平御覽》卷二百六十八。又見《北堂書鈔》卷三十六、卷三十七、卷六十、《職官分紀》卷八、卷四十二。諸書皆節引，不便出校，今附於下。）

附：《北堂書鈔》卷三十六：黃浮爲濮陽令，爲政清明，號爲神君。

《北堂書鈔》卷三十七：黃浮爲濮陽令，同歲子爲掾，犯罪當死，一郡望浮爲主。浮曰：「周公誅二弟，石碏討其子，今雖同歲子，所不能赦。」遂竟治之。

《北堂書鈔》卷六十：黃浮爲墟里所差，次當路亭，於是感激學書，心遂開。乃隨人到京師，入公府，求學歲餘，爲公府令，入補尚書令史，奉公憂職，以功除昌慮長，號爲神君。

《職官分紀》卷八：傅浮，字隱公，入補尚書令史，奉公憂職，以功除昌慮長，名爲神君。〔按：「傅」當作「黃」。〕

《職官分紀》卷四十二：黃浮爲昌盧長、濮令，同歲子爲都掾，犯罪當死，二郡望浮。爲之歌曰：「周公誅二弟，石碏討其子，今雖同歲子，浮所不能赦。」政治清明，號爲神君。〔按：此處引文與以上多有異，如黃浮言，此作「爲之歌曰」，然「子」乃之部，「赦」乃麻部，聲韻不同也。頗疑「之」即「主」之形訛，既訛作「之」，「爲之」乃屬下讀，「爲之浮曰」不通，復改「浮」爲「歌」，改後黃浮言爲四五言句，以暢其文耳。〕

謝甄、許邵

　　召陵謝子微，高才遠識，見劭年十八時，乃歎息曰：「此則希世出眾之偉人也。」劭始發明樊子昭於鬻幘之肆，出虞永賢於牧豎，召李叔才鄉閭之間，擢郭子瑜鞍馬之吏，援楊孝祖，舉和陽士，茲六賢者，皆當世之令懿也。其餘中流之士，或舉之於淹滯，或顯之乎童齒，莫不賴劭顧歎之榮。凡所拔育，顯成令德者，不可殫記。其探摘偽行，抑損虛名，則周之單襄，無以尚也。劭宗人許栩，沉沒榮利，致位司徒。舉宗莫不匍匐栩門，承風而驅，官以賄成，惟劭不過其門。廣陵徐孟本來臨汝南，聞邵高名，請為功曹。饕餮放流，潔士盈朝。袁紹公族好名，為濮陽長，棄官來還，有副車從騎，將入郡界，紹乃歎曰：「吾之輿服，豈可使許子將見之乎？」遂單車而歸。辟公府掾，拜鄢陵令，方正徵，皆不就。避亂江南，所歷之國，必翔而後集。終於豫章，時年四十六。有子曰混，顯名魏世。（《三國志‧魏書‧和洽傳》注。又見《世說新語‧賞譽》注、《文選‧王文憲集序》注、《太平御覽》卷四百四十四、《橘山四六》卷四。按：《世說新語》注、《太平御覽》引以謝甄為主，此以許邵為主，然皆有謝甄論許邵事，或一在謝甄事中，一在許邵事中，今並附在此條，以便省覽。事又見《後漢書‧許邵傳》、《和洽傳》注、《世說新語‧賞譽》篇引《海內先賢傳》、《殷芸小說》引《邵別傳》、《太平御覽》卷四百四十二引謝承《後漢書》、卷六百八十七引《續漢書》。《北堂書鈔》卷七十七引《汝南先賢傳》「許劭進賢才」五字，當是節此文為之。《小學紺珠》卷六有六賢，為樊子昭、虞承賢、李叔才、郭子瑜、楊孝祖、和陽士，云出《汝南先賢傳》，亦為此事。）

　　附：《世說新語‧賞譽》注：謝甄字子微，汝南邵陵人，明識人倫，雖郭林宗不及甄之鑒也。見許子將兄弟弱冠時，則曰：「平輿之淵有二龍。」仕為豫章從事。許虔字子政，平輿人，體尚高潔，雅正寬亮。謝子微見虔兄弟，嘆曰：「若許子政者，幹國之器也。」虔弟劭，聲未發時，時人以謂不如虔，虔恆撫髀稱劭，自以為不及也。釋褐為郡功曹，黜姦廢惡，一郡肅然，年三十五卒。

　　《文選‧王文憲集序》注：謝子微高才遠見，許劭年十八時，乃嘆息曰：「此希世之偉人也。」

　　《太平御覽》卷四百四十四：謝甄稟氣聰爽，明識達理，見許子將兄弟弱冠之歲，曰：「平輿之淵有二龍出焉。」察其盼睞，則賞其心；覿其顧步，則知其道。

《橘山四六》卷四：察其昳睞則賞其心，睹其顏步則知其道。〔按：「顏」當作「顋」。〕

謝眞字子徵〔一〕，與陳邊讓並善談論，俱有名。（《北堂書鈔》卷第九十八。）

〔校記〕

〔一〕「眞」當作「甄」，音訛也；「徵」當作「微」，形訛也。此事本爲注「謝甄邊讓，並善談論」目，則作「眞」者，當後世誤刻。

許子將爲郡功曹，徐盤節進食才。（《北堂書鈔》卷三十六。按：上《三國志·魏書·和洽傳》引《汝南先賢傳》云：「廣陵徐孟本來臨汝南，聞邵高名，請爲功曹。饕餮放流，潔士盈朝。」或即一事，今別爲一條。）

李鴻

李鴻，字太孫，上蔡人。閨門孝友。弟仲爲從父非報讎繫獄，鴻便割發詣縣通記，乞代弟，即自殺，仲得減死。子先亦以孝稱。父喪，嘗於床得父亂髮，投而狂走，號叫踊。先後坐事當刑，詔以鴻、先義孝，一切減死。（《太平御覽》卷四百一十四。）

陳曄

陳曄，邵陵人也。體尚篤烈，學通古今，除巫令。民張遺腹子，年十五，爲父報讎。吏捕得之，曄愍曰：「嗟乎，今殺遺腹之孤，絕人繼嗣，是不仁也。法復讎之子，是不義也。不仁不義，焉可以爲君長哉！」遂解印綬逃亡，遇赦乃出。（《太平御覽》卷二百六十八。）

趙規

陽安令趙規與朗陵太守黃萌爭水，規割指詛曰：「隨血所流入陽安界。」萌忿，殺規。小吏王朔復刺殺萌，朗陵官屬又殺朔。民於京山上爲朔作祠壇，每水旱輒往祈禱。（《太平御覽》卷三百七十五。又見《北堂書鈔》卷七十八。按：《北堂書鈔》乃節引，今附於下。又《古今同姓名錄》卷上「三王朔」條云：「一趙規小吏，與黃萌爭水，殺規，而朔復殺萌。」亦云出《汝南先賢傳》。）

附：《北堂書鈔》卷第七十八：趙規爲陽安令，與朗陵黃萌爭水。規割指以詛，萌忿殺規，吏復刺殺明。

李篤

李篤，字君淵，汝南上蔡人。家貧，夜賃寫書，爲母買肉一斤，梁米一升，妻子茹荣，有室無蕃。（《太平御覽》卷第四百一十四。）

殷燀

殷燀，字子徵，上蔡人。生而有謹願之性，其在繈負，母育之不勞。少歲出，得瓜果可食之物，輒進與其母，未嘗先食。（《太平御覽》卷四百一十四。）

闞敞

闞敞，字子張，平輿人。仕郡，爲五官掾。時太守第五常被徵，臨發倉卒，有俸錢百三十萬留付敞。敞埋着堂上，遂遭世倉卒，道路斷絕。敞年老饑羸，其妻曰：「第五府君所寄錢，可取自給，然後償之。」敞曰：「吾窮老，何明當有用故君之財耶！道通當送，饑寒何損？」常舉門遭疫，妻子皆死。常病臨困，惟有孤孫，年九歲，常謂之曰：「吾寄故五官掾平輿闞敞錢三十萬。」氣遂絕。後孫年長大，步擔至汝南問敞，敞見之悲喜，與共臨發窆，錢乃百三十萬。孤孫曰：「亡祖臨終，言有三十萬耳，今乃百三十萬，不敢當也。」敞曰：「府君病困氣索，言謬誤耳。郎無疑也。」（《太平御覽》卷四百二十一。又見《北堂書鈔》卷七十七、《藝文類聚》卷六十六、《太平御覽》卷八百三十六、《事類賦》卷十、《事文類聚》續集卷二十六、《事類備要》外集卷六十五。按：諸書引文乃節引，不如此之詳，今並附於下。）

附：《北堂書鈔》卷七十七：平輿闞敞爲郡五官掾，太守第五常被徵，以錢百三十萬付寄掾，常後卒亡。其孫長大詣取，敞盡還之，孫云：「祖唯言三十萬，不敢盡受。」敞辭。

《藝文類聚》卷六十六：平輿闞敞，爲郡五官掾，太守弟五常被徵，以奉錢百三十萬寄敞，敞埋置堂上。後常舉家患死，唯有孤孫九歲，臨死語云：「吾有錢三十萬，寄掾闞敞。」孫長大來求敞，敞見之悲喜，取錢盡還之，孫曰：「祖唯言三十萬爾，今乃百三十萬，誠不敢當。」敞曰：「府君疾困，謬言爾，郎君無疑。」

《太平御覽》卷八百三十六：平輿闞敞，字子張，爲郡五官掾。太守第五嘗被徵，以奉錢三十萬寄敞，敞埋置堂上。後嘗舉家病死，惟見孤孫九歲。嘗未死，語云：「吾有錢三十萬，寄掾闞敞。」孫長大來求，敞見之

悲喜，取錢盡還之。孫曰：「祖惟言三十萬，今乃百三十，誠不敢當。」敞曰：「府君固謬言耳，郎君無疑之。」〔按：「閻敞」當作「闞敞」。「第五嘗」當作「第五常」，後「嘗」字並是，「嘗」、「常」古雖通，此不可易。「百三十」下當脱「萬」字。〕

《事類賦》卷十：闞敞字子張，爲郡五官掾。太守第五嘗被徵，以俸錢百三十萬寄敞，敞埋置堂上。後嘗舉家病死，唯孤孫九歲。嘗未死，語孫云：「吾有錢三十萬，寄掾闞敞。」孫長大來求敞，敞見之悲喜，取錢還之。孫曰：「祖唯言三十萬，今乃百三十萬，誠不敢取。」敞曰：「府君病困，謬言耳，郎君無疑。」〔按：「閻敞」當作「闞敞」。「第五嘗」當作「第五常」。〕

《事文類聚》續集卷二十六、《事類備要》外集卷六十五：平輿闞敞爲郡五官掾，太守第五常病，以俸錢百三十萬寄敞，敞埋置堂上。後常舉家患死，唯有孤孫九歲，臨死語云：「吾有錢三十萬寄掾闞敞。」孫長大來求敞，敞見之悲喜，取錢盡還之。孫曰：「祖惟言三十萬爾。今乃百三十萬，誠不敢當。」敞曰：「府君疾困，謬言爾，郎君無疑。」

王恢

王恢，字仲通。太守郭紆同爲主簿。詔書發筋角，紆親里，竟辜較之。恢諫紆曰：「明府爲藩屏大臣，事當從公，聽恣私曲，何以爲治？」紆不從。有告言之者，詔書案問，事當傳考。紆見恢曰：「太守負君，今當何以圖之？」恢曰：「明府不須爲憂。明府年六十，恢年七十，先明府生十有餘年，不於今日效命，將復何有？」遂詣考所，自引受罪，言太守不知之。因鬱氣不食而死，郡以無事。（《太平御覽》卷四百二十一。）

存疑

陳寔

潁川陳寔有子曰元方〔一〕，次曰仲方，並以名德稱。兄弟孝養，闔門雍睦〔二〕。海內慕其風，四府並命，無所屈就。兄弟嘗過同郡荀爽，夜會飲宴，太史奏：「德星聚。」（《初學記》卷十七。又見《太平廣記》卷一百六十一、《橘山四六》卷四。按：事又見《異苑》卷四、《世說新語·德行》注引檀道鸞《續晉陽秋》。）

〔校記〕
〔一〕川，《橘山四六》誤作「州」。
〔二〕睦，《橘山四六》作「穆」，二字通。

胡定

胡定，字元安〔一〕，潁川人也。至行絕人。在喪，雉兔遊其庭，雪覆其室，縣令遣戶曹排雪。問定，定以絕穀，妻子皆臥在床，令遣掾以乾糧就遺之，定乃受半。（《太平御覽》卷四百二十六。按：此事《北堂書鈔》卷一百四十四、《藝文類聚》卷三十五引並云出《先賢行狀》，《太平御覽》卷四百八十五云出《汝南先賢行狀》，文字相近。胡定乃潁川人，上陳寔亦潁川人，皆不屬汝南，潁川、汝南並屬豫州，或是書後人有增補，本非《汝南先賢傳》之舊文也。今兩條並置此。）

〔校記〕

〔一〕此三字原闕，據《藝文類聚》卷三十五引《先賢行狀》、《太平御覽》卷四百八十五引《海內先賢行狀》補。

王渙

渙芝，當職割斷。（《北堂書鈔》卷第七十七。按：《後漢書·循吏列傳》：「王渙，字稚子，廣漢郪人也。父順，安定太守。渙少好俠，尚氣力，數通剽輕少年。晚而改節，敦儒學，習尚書，讀律令，略舉大義，爲太守陳寵功曹，當職割斷，不避豪右。」即此事，「芝」字蓋衍文也。又汝南屬豫州，廣漢爲梁州，王渙非汝南人，或非《汝南先賢傳》之文。）

侯瑾

侯瑾甚孤貧，依宋人居，晝爲人傭賃，暮輒燃柴薪以讀書。（《藝文類聚》卷八十。按：《藝文類聚》上先引《汝南先賢傳》蔡順母噬指事，以「又曰」起之。《後漢書·侯瑾傳》：「侯瑾，字子瑜，敦煌人也。少孤貧，依宗人居，性篤學，恒傭作爲資。暮還，輒燃柴以讀書。」即此事。然侯瑾乃敦煌人，不得在此傳中，則「又曰」前或有脫文也。《北堂書鈔》卷九十七引作《文士傳》、《太平御覽》卷六百一十六引作謝承《後漢書》、卷八百二十九引作《漢皇德頌》，審其文字，與《漢皇德頌》最近，或即出此。今姑置此。又文中「宋人」，當作「宗人」。）

劉巴

劉璋遣法正迎劉備，劉巴諫曰：「不可內也。」既入，巴復諫曰：「若使備討張魯，是放虎於山林也。」璋不聽。巴閉門稱疾。備攻成都，令軍中：「其有害巴者，誅及三族。」及得，甚善。（《太平御覽》卷四百五十七。按：原書在引郭憲拔刀斷艐、諫王仲子兩事後以「又曰」領此事。劉巴乃零陵烝陽人，非汝南人。

《三國志·蜀書·劉巴傳》注、《太平御覽》卷四百六十七引此並云出《零陵先賢傳》。或「零陵先賢傳」五字舊脫,而後人以「又」綴之也。)

楊顒

楊顒字子昭,襄陽人,為蜀丞相主簿。諸葛亮每自校簿書,顒直入諫曰:「為治有體,不可相侵,請為明公作家以喻之。今有人使奴執耕稼,婢典炊爨,雞主司晨,狗主吠盜,牛負重載,馬涉遠路,私業無曠,所求皆足,雍容高拱,飲食而已矣。忽一旦捐棄,欲以身親其役,為此碎務,形疲神困,終無一成。豈智不如奴婢雞犬哉?失家之法耳。是以古人稱『坐而論道謂之三公,作而行之謂之卿大夫。』明公為治,乃躬自校簿,流汗竟日,不亦勞乎!」亮謝之。(《太平御覽》卷四百五十七。按:《太平御覽》引郭憲拔刀斷靷、諫王仲子、劉巴諫劉備、薛勤奏上四事後云「又《楚國先賢傳》曰」云云,以此出自《汝南先賢傳》引《楚國先賢傳》。襄陽屬荊州,此必非《汝南先賢傳》所當引,其前「又」字蓋衍文也。事又見《三國志·蜀書·楊戲傳》注引《襄陽記》。)

葛玄

葛玄見遣大魚者,玄謂暫煩此魚到河伯處,魚主曰:「魚已死。」玄曰:「無苦。」以丹書紙納魚口中,擲水中,有頃,魚還躍上岸,吐墨書,青黑色,如木葉而飛。又玄與吳主坐樓上,見作請雨土人,玄曰:「雨易得耳。」即書符著社中,一時之間,大雨流淹,帝曰:「水中有魚乎?」玄復書符擲中〔一〕,須臾有大魚數百頭,使人治之。(《藝文類聚》卷九十六。按:《初學記》卷二十二、《太平御覽》卷九百三十五、《太平廣記》卷四百六十六、《錦繡萬花谷》後集卷二十九、《事類賦》卷二十九引並云出葛洪《神仙傳》。葛玄乃丹陽郡句容〔今江蘇鎮江〕,非汝南人。今姑置此。)

〔校記〕

〔一〕「中」上,當脫「水」字。

介象

介象與吳王論鯔魚為上,乃於殿庭作坎,汲水滿之,並求釣,象起餌之,須臾得鯔魚。帝驚喜,乃使廚人切之。象又往蜀市薑,有頃而反。(《藝文類聚》卷九十六。按:此條在上「葛玄」條下,以「又曰」領之。介象為會稽人,亦非汝南人,此蓋一書而誤兩事也。)

葛龔、竇章

矯愼少慕松喬道引之術，隱遯山谷，與馬融、蘇章鄉里並時，然二人自謂遠不及也。龔久病，長水校尉竇章移書勸龔，龔報之。

「過矯仲彥論昇仙之道，從蘇博文談超世之高，適馬季常講墳典之妙，所謂喬松可與馳騖，何細疾之足患耶？」

「見斯眾賢，足以忘疾釋愁。」（《東漢文紀》卷十三。按：此最早見《廣博物志》卷二十，不注出處。梅鼎祚乃析分其文，首段爲敘述之語，次段爲竇章與葛龔書，次段爲葛龔答竇章書。以上矯愼、馬融、蘇章並扶風茂陵人，葛龔乃河南寧陵人，竇章乃扶風平陵人，皆非汝南人。《焦氏類林》卷一引此事，亦不注出處，下條爲陳蕃歎周乘事，云出《汝南先賢傳》。梅鼎祚著《文紀》，或參《類林》，而並以此事屬《汝南先賢傳》也。梅氏書出，清儲大文《存硯樓二集》卷二十二、嚴可均《全上古三代秦漢三國六朝文》卷十六承此之誤，而並云出《汝南先賢傳》也。）

范仲翁

前隊大夫有范仲翁，塩豉蒜果共一箭。（陶宗儀《説郛》卷五十八上輯。按：此乃《三輔決錄》之文。《駢字類編》卷八十一亦誤云出《汝南先賢傳》。）

王坦

王坦，字方山，王業子。（《古今同姓名錄》卷上。按：原文「二王坦」條云：「一字方山，王業子。《汝南先賢傳》。」《北堂書鈔》卷六十六引《武陵先賢傳》云：「王坦，字方山，爲中庶子，時鶯來翔，被令爲賦。」即此王坦，乃武陵人，非汝南也。）

毛玠

玠雅亮公正，在官清恪。（《駢志》卷四。按：原云出《汝南先賢行狀》。毛玠乃陳留人，非汝南人。《三國志・魏書・毛玠傳》注、《職官分紀》卷九引此並云出《先賢行狀》，蓋衍「汝南」二字。）

李充

李充兄弟六人，家貧，易衣而出，併日而食。（《類雋》卷九。按：《初學記》卷十七、《白氏六貼》卷六等並云出杜預《汝南記》。姚振宗以爲《汝南記》當是《女記》之誤〔《隋書經籍志考證》卷二十〕，近是。）

顧少連

顧少連補登封主簿，邑有虎孽，民患之。少連命塞陷穽，移文嶽神，虎不爲害。(《駢志》卷八、《廣博物志》卷四十六。按：顧少連乃唐人，《新唐書》有傳，必非《汝南先賢傳》之文也。審其致誤之由，陳耀文《天中記》卷三十四引此條，未注出處；此條之上爲李宣不衛其子事，注出《汝南先賢傳》。陳禹謨撰《駢志》，董斯張撰《廣博物志》，皆曾參考《天中記》，二人不審，乃並以此條屬《汝南先賢傳》也。)

鄧盛

鄧盛爲太尉，諸曹椽左尙以贓罪拷驗，盛到獄洗沐，尙解械賜席。(《説文解字義證》卷十七。按：鄧盛爲廣州蒼梧人，非汝南人。《太平御覽》卷二百〇九、《職官分紀》卷五引此，並云出《廣州先賢傳》。《太平御覽》引此條之上，即引李宣直言黃瓊事，或桂氏不審，誤連爲一事也。)

陳業

陳業滴血。(《折獄龜鑒補》卷一。按：《初學記》卷十七、《太平御覽》卷四百一十六云出謝承《會稽先賢傳》。)

孫元

覽初到亭，人有孫元者，獨與母居，而母詣覽，告元不孝。覽驚曰：「吾近日過舍，盧落整頓，耕耘以時，此非惡人，當是敎化未及至耳。母守寡養孤，苦身投老，奈何肆忿於一朝，欲致子以不義乎？」母聞感悔，涕泣而去。覽乃親到元家，與其母子飲，因爲陳人倫孝行，譬以禍福之言，元卒成孝子。鄉邑爲之諺曰：「父母何在，在我庭。化我鴟梟，哺所生。」(《後漢書補注》卷十七。按：惠棟原注僅注「陳元」二字，注曰：「《汝南先賢行狀》作『孫元』。」今爲之補足其文。《太平御覽》卷四百〇三引此事，云出《海內先賢行狀》，「汝南」乃「海內」之誤也。)

王渙

時考城令河內王渙，政尙嚴猛，聞覽以德化，人署爲主簿。謂覽曰：「主簿聞陳元之過，不罪而化之，得無少鷹鸇之志邪？」覽曰：「以爲鷹鸇不若鸞鳳。」渙謝遣曰：「枳棘非鸞鳳所棲，百里豈大賢之路。今日太學曳長裾，飛名譽，皆主簿後耳。以一月奉爲資，勉卒景行。」(《後漢書補注》卷十七。按：

惠棟原注僅注「渙謝遣」三字，注曰：「《汝南先賢行狀》『渙聞覽得元不治，心獨望之』云云，渙感賢言，用措刑威也。」今爲之補足其文。《太平御覽》卷四百〇三引此事，云出《海內先賢行狀》，「汝南」乃「海內」之誤也。）

周規

周規，臨湘令。（曾國荃《（光緒）湖南通志》卷一百一十。按：周規乃浙江餘姚人，非汝南人。《北堂書鈔》卷三十七引此云出《會稽典錄》，疑原有書作《會稽先賢傳》者，因又誤作《汝南先賢傳》也。）

郭泰

林宗懷寶，識深甄藻。（《佩文韻府》卷四十九之一。按：郭泰，字林宗，太原人，非汝南人。此事見《後漢書·郭符許列傳》贊語，或涉文中許劭事而誤也。）

《會稽先賢傳》　吳謝承撰

《會稽先賢傳》，吳謝承撰。謝承，字偉平，會稽山陰人。父㷆，漢尚書郎、徐令。承博學洽聞，嘗所知見，終身不忘。孫權時，拜五官郎中，稍遷長沙東部都尉、武陵太守。撰《後漢書》百餘卷。

是書，《隋書·經籍志》作七卷，《舊唐書·經籍志》云五卷，《新唐書·藝文志》復題七卷。此有兩種之可能，一則本有兩本；一則唐時脫兩卷，後復有全本出也。尤袤《遂初堂書目》尙著錄，則南宋時尙存。《宋史·藝文志》已不見著錄，恐亡於宋元之時也。

後世輯此書者，王謨《漢唐地理書鈔》目錄有之，惜未見刊刻。黃奭《漢學堂知足齋叢書》有輯，凡七人七事，未列出處，其中童崑當作董昆。事爲《會稽先賢像贊》之文，魏郎事爲《會稽典略》之文，賀劭、陳修當作隆修。事爲《會稽典錄》之文，實屬《會稽先賢傳》者，僅孔愉、闞澤、陳業三人三事也。近人魯迅輯有《會稽郡故書雜集》，收錄《會稽先賢傳》一卷，輯嚴遵、董昆、沈勳、淳于翼、即淳于長通。茅開、陳業、闞澤、賀氏下鏡湖第二條。八人八條，董昆條亦誤輯。下列出處，文中有校注，部分人物據他書錄其事跡。又有張國淦《永樂大典方志輯本》，據《續會稽志》輯鏡湖一條。

沈勳

沈勳，字子異〔一〕，徵調南宮祭酒〔二〕，拜尚書令，持節臨辟雍，名冠百僚。（《北堂書鈔》卷五十九。又見《太平御覽》卷二百一十、《職官分紀》卷八。）

〔校記〕

〔一〕此句，《太平御覽》、《職官分紀》無。

〔二〕調，《太平御覽》、《職官分紀》作「詣」。

陳業

陳業，字文理。郡守蕭府君卒，業與書佐魯雙率禮送喪。雙道溺於水，業因掘泥揚波，搖出其尸。〔一〕又業兄度海〔二〕，復見傾命〔三〕，時同依止者乃五六人〔四〕，骨肉消爛而不可記別〔五〕。業仰皇天、誓后土曰：「聞親戚者，必有異焉。」因割臂流血，以洒骨上〔六〕，應時得血住〔七〕，餘皆流去。（《太平御覽》卷四百二十一。事又見《初學記》卷十七、《太平御覽》卷四百一十六、《太平廣記》卷一百六十一。）

〔校記〕

〔一〕自「郡守蕭府君卒」至此，《初學記》、《太平御覽》卷四百一十六、《太平廣記》無。

〔二〕又，《初學記》、《太平御覽》卷四百一十六、《太平廣記》無。度，《太平御覽》卷四百一十六、《太平廣記》作「渡」。

〔三〕復見，《初學記》、《太平御覽》卷四百一十六、《太平廣記》無。「復」疑「後」之形訛。

〔四〕時同，《太平御覽》卷四百一十六乙。同，《初學記》無。乃，《初學記》、《太平御覽》卷四百一十六、《太平廣記》無。「六」下，《初學記》、《太平御覽》卷四百一十六、《太平廣記》有「十」字。

〔五〕記，《初學記》、《太平御覽》卷四百一十六、《太平廣記》作「辨」。

〔六〕上，《太平御覽》卷四百一十六無。

〔七〕得，《初學記》、《太平廣記》作「歃」，《太平御覽》卷四百一十六作「飲」。住，《初學記》、《太平御覽》卷四百一十六、《太平廣記》無。按：「得」、「歃」均可通，「飲」則「歃」之形訛。住，疑當作「往」。

闞澤

吳侍中闞澤，字德潤，山陰人也〔一〕。在母胎八月〔二〕，而叱聲震外〔三〕。年十三〔四〕，夜夢名字炳然縣在月〔五〕，後遂昇進也〔六〕。（《太平御覽》卷三百九十八。又見《歲華紀麗》卷三、《太平御覽》卷四、卷三百六十、《事類賦》卷一、《海錄碎事》卷九上、《紺珠集》卷十二引《雜跖集》。）

〔校記〕

〔一〕此句，《太平御覽》卷三百六十無。

〔二〕胎，《太平御覽》卷三百六十作「胞」。

〔三〕而，《太平御覽》卷三百六十無。又《太平御覽》卷三百六十引至此止。

〔四〕《歲華紀麗》、《太平御覽》卷四、《事類賦》、《海錄碎事》、《紺珠集》皆自此句引起，
　　　「年」上有「闞澤」二字。三，《歲華紀麗》誤作「二」。

〔五〕夜，《歲華紀麗》、《太平御覽》卷四、《事類賦》、《海錄碎事》、《紺珠集》無。「夢」
　　　下，《歲華紀麗》、《太平御覽》卷四、《事類賦》、《海錄碎事》有「見」字。名字，《紺
　　　珠集》作「姓名」。炳，《歲華紀麗》作「灼」。縣在月，《歲華紀麗》、《太平御覽》
　　　卷四、《事類賦》、《海錄碎事》、《紺珠集》作「在月中」。又《太平御覽》卷四、《事
　　　類賦》、《海錄碎事》、《紺珠集》引至此止。

〔六〕此句，《歲華紀麗》作「後爲吳侍中」。

嚴遵

　　光武詔嚴遵詣行所〔一〕，遇蜀郡獻橘、栗，上令公卿以下各以手所及取〔二〕，
遵獨不取。〔三〕上曰：「不敢取者誰？」〔四〕尊對曰〔五〕：「君賜臣以禮，臣奉
君以忠〔六〕。今賜無所主，臣是以不取〔七〕。」（《太平御覽》卷九百六十四。又
見《太平御覽》卷九百六十六、《事類賦》卷二十七。）

〔校記〕

〔一〕所，《事類賦》作「在」。此句，《太平御覽》卷九百六十六作「嚴遵從光武」。

〔二〕令，《事類賦》作「賜」。「取」下，《事類賦》有「之」字。此句，《太平御覽》卷九
　　　百六十六作「上持付公卿」。

〔三〕《太平御覽》卷九百六十六引至此止。

〔四〕以上兩句，《事類賦》節作「上問其故」。

〔五〕尊，《事類賦》作「遵」。按：本文上亦作「遵」，當正之。對，《事類賦》無。

〔六〕忠，《事類賦》作「恭」。

〔七〕「取」上，《事類賦》有「敢」字。

茅開

　　茅開，字季闓，餘姚人。〔一〕爲督郵，平決厭眾心，嘗之部，〔二〕歷其家，
不入門，當路向堂朝拜〔三〕。府君益善之〔四〕。（《太平御覽》卷二百五十三。又
見《職官分紀》卷四十一。）

〔校記〕

〔一〕以上兩句，《職官分紀》無。

〔二〕以上兩句，《職官分紀》無。

〔三〕此句，《職官分紀》無。

〔四〕益，《職官分紀》無。

淳於長通

淳于長通，年十七，說宓氏《易經》，貫洞內事萬言，兼《春秋》，鄉黨稱曰聖童。（《太平御覽》卷三百八十五。）

鏡湖

湖本名慶湖。（張淏《（寶慶）會稽續志》卷四。）

賀本慶氏，后稷之裔。太伯始居吳，至王僚遇公子光之禍，王子慶忌挺身奔衛，妻子迸度浙水隱會稽上。越人哀之，予湖澤之田，俾擅其利，表其族曰慶氏，名其田曰慶湖，今爲鏡湖，傳訛也。漢安帝時避帝本生諱改賀氏，水亦號賀家湖。（張淏《（寶慶）會稽續志》卷四。按：原文載：「《慶湖遺老集序》云：『賀本慶氏……。』《家牒》載謝承《會稽先賢傳》敘略如此。」是此或敘傳之文也。）

與月盛衰

蛤蟹珠龜，與月盛衰。（《記纂淵海》卷二十一。按：此文原見《淮南子·地形》。）

存疑

孔愉

愉嘗至吳興餘不亭，見人籠龜於路，愉買而放之，至水反顧視愉。及封此亭侯而鑄印，龜首回屈，三鑄不正，有似昔龜之顧，靈德感應如此。愉悟，乃取而佩焉。（《太平廣記》卷一百一十八。按：事又見《藝文類聚》卷九十六等引《會稽後賢傳》。謝承之卒，孔愉尚未生，不得在此書中也。此固《會稽後賢傳》之誤。）

《吳先賢傳》　吳陸凱撰

《吳先賢傳》，吳陸凱撰。陸凱，字敬鳳，吳郡吳人。黃武初拜建武都尉，赤烏中，除儋耳太守，討硃崖有功，遷建武校尉，歷巴丘都、偏將軍、武昌右都尉、蕩魏、綏遠將軍。孫休即位，拜征北將軍。孫皓立，遷鎮西

大將軍，封嘉興侯。寶鼎元年，遷左丞相。雖統兵衆，手不釋卷。建衡元年卒，年七十二。《三國志・吳書》有傳。是書，《隋書・經籍志》著錄四卷，《舊唐書・經籍志》作《吳國先賢贊》，三卷；《新唐書・藝文志》五卷。南宋書目、《宋史・藝文志》不著錄，或亡於宋前也。今存佚文三條，並見《初學記》，嚴可均《全三國文》有輯。王謨《漢唐地理書鈔》序目亦存，未見刊刻。近人劉緯毅亦有輯，見《漢唐方志輯佚》，未錄史胄事，蓋《初學記》以「又曰」領此條，劉氏疏之也。

戴矯

故揚州別駕從事戴矯贊曰：「猗猗茂才，執節雲停。志勵秋霜，冰潔玉清。」（《初學記》卷十七。）

顧承

奮武將軍顧承贊曰：「於鑠奮武，奕奕全德。在家必聞，鴻飛高陟。」（《初學記》卷十七。）

史胄

上虞令史胄贊曰：「猗猗上虞，金鋆玉貞。鳳立鸞跱，邈矣不傾。」（《初學記》卷十七。）

《廣州先賢傳》　吳陸胤撰

《廣州先賢傳》，吳陸胤撰。陸胤，字敬宗，陸遜族子。始爲御史、尚書選郎，後至都尉。赤烏十一年，交阯、九眞夷賊攻沒城邑，交部搔動，以胤爲交州刺史、安南校尉。胤入南界，諭以恩信，務崇招納，交域清泰，就加安南將軍。永安元年，徵爲西陵督，封都鄉侯、中書丞。事見《三國志・吳書・陸胤傳》。

是書，《隋書・經籍志》不載，《舊唐書・經籍志》著錄七卷，《新唐書・藝文志》同。《新唐志》又有劉芳《廣州先賢傳》七卷。劉芳其人未詳，《魏書》有劉芳，其人常於經學，非史學，且觀其生平，與廣州無涉，疑非一人。考《太平御覽經史圖書綱目》，有《廣州先賢傳》、陸胤《廣州先賢傳》，是兩書並

引之。則《御覽》引言《廣州先賢傳》者，當即劉芳《廣州先賢傳》也。《御覽》引尹牙事，一云出《廣州先賢傳》，一云出陸胤《廣州先賢傳》，其文雖有異，然二書當有所繼。今將凡云《廣州先賢傳》者一併迻錄，出陸胤書者亦文後書之。

是書之作，當在陸胤爲交州刺史、安南校尉之後，西陵督之前，即赤烏十一年至永安元年間也。《職官分紀》卷五引鄧盛事、卷三十六引疏源事不見它書，恐南宋之時尚見存，疑亡於宋元之交也。

養奮

和帝時，策問陰陽不和，或水或旱，方正鬱林布衣養奮（字叔高）對曰：「天有陰陽，陰陽有四時，四時有政令。春夏則予惠，布施寬仁；秋冬則剛猛，盛威行刑。賞罰殺生，各應其時，則陰陽和，四時調，風雨時，五穀升。今則不然，長吏多不奉行時令，爲政舉事干逆天氣，上不卹下，下不忠上，百姓困乏而不卹哀，眾怨鬱積，故陰陽不和，風雨不時，災害緣類。水者陰盛，小人居位，依公營私，讒言誦上。雨漫溢者，五穀有不升，而賦稅不爲減，百姓虛竭，家有愁心也。」（《後漢書·五行志》注。按：據《先賢傳》體例，李賢注乃變引其文也，原文當作「養奮，字叔高，鬱林人也。和帝時爲方正，和帝策問陰陽不和，或水或旱。奮對曰」云云。又此文之外，《五行志》注兩引養奮對策，一曰「當溫而寒，刑罰慘也」，一曰「佞邪以不正食祿饗所致」，疑皆見於《廣州先賢傳》。）

頓琦

頓琦〔一〕，字孝異〔二〕，蒼梧人〔三〕。至孝，母喪，琦獨身立墳〔四〕，歷年乃成〔五〕。居喪踰制，感物通靈〔六〕。白鳩栖息廬側〔七〕，見人輒去〔八〕，見琦而留。（《太平御覽》卷九百二十一。又見《藝文類聚》卷八十八、卷九十一、卷九十二、《太平御覽》卷九百一十九、卷九百五十三。）

〔校記〕
〔一〕頓琦，《藝文類聚》卷八十八作「猗頓」，蓋「琦」、「猗」形近，又習聞猗頓而誤。
〔二〕此句，《藝文類聚》卷八十八、卷九十一、卷九十二、《太平御覽》卷九百一十九、卷九百五十三無。
〔三〕此句，《藝文類聚》卷八十八、卷九十一、《太平御覽》卷九百一十九、卷九百五十三無。
〔四〕身，《藝文類聚》卷八十八、《太平御覽》卷九百五十三無。

〔五〕成，《太平御覽》卷九百五十三作「就」，義並通。

〔六〕此句，《藝文類聚》卷八十八、《太平御覽》卷九百五十三作「種松柏成行」，並引至
　　　此止。又自「琦獨身立墳」至此，《藝文類聚》卷九十一、《太平御覽》卷九百一十
　　　九作「感慕，哀聲不絕」。

〔七〕此句，《藝文類聚》卷九十一作「有飛鳧白鳩棲廬側」，《太平御覽》卷九百一十九作
　　　「致飛鳧白鵝栖廬側」。《御覽》「鵝」當爲「鳩」之形訛。

〔八〕輒，《藝文類聚》卷九十一作「即」。

丁茂

丁茂，字仲慮，交阯人也〔一〕。至孝，母終，負土治冢，列植松柏〔二〕，
白鹿遊乎左右。（《藝文類聚》卷九十五。又見《太平御覽》卷九百〇六。）

〔校記〕

〔一〕也，《太平御覽》無。

〔二〕植，《太平御覽》作「樹」。

黃豪

黃豪拜司隸，表章善惡。（《北堂書鈔》卷三十六。）

黃豪，交阯人〔一〕。除外黃令，豪均己節儉〔二〕，麤衣蔬食〔三〕，所得俸
秩〔四〕，悉賜貧民〔五〕，一縣稱平〔六〕。當時鄰縣蝗蟲爲災〔七〕，而獨外黃無
有〔八〕。歲皆豐熟，〔九〕民先流移者，悉歸附之。（《藝文類聚》卷一百。又見《太
平御覽》卷二百六十八、《職官分紀》卷四十二。）

〔校記〕

〔一〕此句上，《太平御覽》有「字子微」三字，當據補。趾，《太平御覽》作「阯」，二字
　　　通。此句，《職官分紀》無。

〔二〕豪，《職官分紀》無。均，《太平御覽》、《職官分紀》作「約」，是也，當據改。

〔三〕麤，《太平御覽》作「麄」，《職官分紀》作「粗」，「粗」爲俗體字，「麄」爲異體字。

〔四〕秩，《職官分紀》無。

〔五〕民，《太平御覽》誤作「吏」。

〔六〕此句，《職官分紀》在「歲皆豐熟」下。又《太平御覽》引至此止。

〔七〕蟲，《職官分紀》無。

〔八〕有，《職官分紀》作「之」。

〔九〕《職官分紀》引至此止。

羅威

羅威，字德仁。八歲喪父，事母至孝，耕耘爲業，勤身苦體，以奉供養。

令召署門下吏，不就，將母遁避，隱居增城縣界。令還復故居，朝暮供侍，異果珍味，隨時進前也。（《初學記》卷十七。原云出陸徽《廣州先賢傳》，「徽」乃「胤」之形訛。）

羅威，字德仁，南海番禺人也〔一〕。有隣家牛數食其田禾〔二〕，既不可止，遂爲斷芻，〔三〕多著牛家門中，不令人知，數如此〔四〕。牛主驚怪，不知爲誰，陰察求之〔五〕，乃覺是威，〔六〕自後更相約率，收拾牛犢，〔七〕不敢復踐傷於威田〔八〕。（《太平御覽》卷四百〇三。又見《太平御覽》卷九百、《事類賦》卷二十二。）

〔校記〕

〔一〕也，《太平御覽》卷九百無。此句，《事類賦》無。

〔二〕有，《太平御覽》卷九百、《事類賦》無。「數」下，《太平御覽》卷九百有「入」字。田，《太平御覽》卷九百、《事類賦》無。

〔三〕以上兩句，《太平御覽》卷九百作「既不可逐，又爲斷芻」，《事類賦》作「既不可逐，乃爲斷芻」。兩義並通，然據其文義，似非不可逐，而爲雖逐之，鄰家牛復來，故以「不可止」爲上。疑「逐」即「遂」之形訛。

〔四〕「數」上，《太平御覽》卷九百、《事類賦》復有「數」字。

〔五〕此句，《太平御覽》卷九百作「陰廣求」。

〔六〕以上三句，《事類賦》作「後知之」。

〔七〕以上兩句，《太平御覽》卷九百作「自後更相約率檢犢」，《事類賦》作「乃便相約率檢犢」。

〔八〕此句，《太平御覽》卷九百、《事類賦》作「不敢復侵威田」。

董正

董正，字伯和，南海人。少有令姿，貧寒不戚，耽意術籍，志在規俗。年十五，通《毛詩》、三《禮》、《春秋》。（《太平御覽》卷三百八十五。）

董正，字伯和，南海人也。時州治蒼梧郡張使君舉正，三辟不就。後更辟書，正難重違州意，從詣州。使君聞已在遠，命書佐齊別駕從事假正，正愁俯就，復上傳送本郡也。（《北堂書鈔》卷七十三。）

董正，字伯和，番禺人也。隱士南陽車遂，字德陽，聞正令名，不遠萬里，徑來投正。正道同志合，恩如伯仲。數年中，遂得病，正爲傾家救恤，疾篤命絕，停屍於堂。殯歛之禮，如同生身，自送喪於南陽。（《太平御覽》卷四百九。）

鍾翔

　　鍾翔〔一〕，字元遊，蒼梧人也〔二〕。爲九眞都尉、鬱林太守〔三〕，常衣布袴〔四〕，鄉邑歎慕之。(《北堂書鈔》卷一百二十九。又見《太平御覽》卷六百九十五。)

〔校記〕

〔一〕鍾翔，《太平御覽》作「申朔」。兩人皆史籍無考，未詳孰是。

〔二〕也，《太平御覽》無。

〔三〕「鬱林太守」四字，《太平御覽》無。

〔四〕此句，《太平御覽》作「布襦布袴」。

唐頌

　　唐頌，字德雅，番禺人。遭喪，六年廬於墓次，白鹿拾食冢邊。(《太平御覽》卷九百〇六。)

丁密

　　丁密，字靖公〔一〕，蒼梧人〔二〕。少以清介爲節〔三〕，非家織布物不衣〔四〕，非己種耕菜菓不食〔五〕，毫釐之餽不受於人。(《太平御覽》卷四百二十六。又見《藝文類聚》卷八十二、《太平御覽》卷八百二十、卷九百七十六。)

〔校記〕

〔一〕此三字，《藝文類聚》、《太平御覽》卷八百二十、卷九百七十六無。

〔二〕此句，《太平御覽》卷八百二十作「蒼梧廣信人也」。

〔三〕少以，《太平御覽》卷八百二十無。此句，《藝文類聚》、《太平御覽》卷九百七十六無。

〔四〕物，《藝文類聚》、《太平御覽》卷八百二十、卷九百七十六無。又《太平御覽》卷八百二十引至此止。

〔五〕菓，《藝文類聚》作「果」，「菓」爲「果」之異體字。又《藝文類聚》、《太平御覽》卷九百七十六引至此止。

　　丁密遭父艱〔一〕，致飛鳧一雙〔二〕，游廬旁小池〔三〕，見人則馴附，如家所畜。〔四〕後遭母喪，密歸〔五〕，至所居，一宿，故雙復游戲池中〔六〕。(《太平御覽》卷九百一十九。又見《藝文類聚》卷九十一、《太平御覽》卷六十七、卷四百一十一。)

〔校記〕

〔一〕丁，《藝文類聚》作「卞」，形訛也。「遭」上，《太平御覽》卷六十七有「字靖公蒼梧人」六字，卷四百一十一有「字靖公」三字。艱，《太平御覽》卷四百一十一作「憂」。

〔二〕此句上，《太平御覽》卷六十七有「哭泣三年」四字，卷四百一十一有「寢於塚側」四字。致，《藝文類聚》作「有」，《太平御覽》卷六十七無。

〔三〕「盧」上，《藝文類聚》有「密」字。旁，《太平御覽》卷六十七作「傍」，二字通。又《太平御覽》卷六十七引至此止。

〔四〕以上兩句，《太平御覽》卷四百一十一無。

〔五〕歸，《太平御覽》卷四百一十一無。

〔六〕此句，《太平御覽》卷四百一十一作「故時雙鳧復來」。此句下，《太平御覽》卷四百一十一有「時人服其至孝」六字。

丁密不食有目之肉。（《太平御覽》卷八百六十三。按：此事又見《北堂書鈔》卷一百四十五引《南陽先賢傳》，丁密非南陽人，且史無《南陽先賢傳》一書，當即《廣州先賢傳》之誤。）

鄧盛

鄧盛，字伯眞〔一〕，蒼梧人，爲太尉諸曹掾。彭城相左尚以贓罪，三府掾屬栲驗〔二〕，踰科不竟，更選盛覆栲〔三〕。盛到獄，洗沐尚，解械賜席，乃謂尚曰：「君受國重恩，而所坐事理如此，今遇君子，不可以小人道相待。」尚感盛至意，對曰：「今使君相於如此〔四〕，尚獨何心〔五〕，敢不以死相歸乎？」即引筆具對。（《太平御覽》卷二百〇九。又見《職官分紀》卷五。）

〔校記〕
〔一〕眞，《職官分紀》作「宜」。《御覽》同卷引《廣州先賢傳》又作「直」，鄧盛其人未聞，未詳孰是。

〔二〕三，《職官分紀》作「下」，誤。栲，《職官分紀》作「拷」，二字通。驗，《職官分紀》作「騐」，「騐」爲「驗」之異體字。

〔三〕「盛」下，《職官分紀》有「後」字，即「復」字駁文。覆，《職官分紀》作「復」。栲，《職官分紀》作「拷」。

〔四〕「使」上，《職官分紀》有「復」字，疑即「使」字駁文。於，《職官分紀》作「待」，並通。

〔五〕獨，《職官分紀》作「猶」，「獨」字爲上，「猶」蓋「獨」之形訛。

鄧盛，字伯直〔一〕，爲秭歸令。聞母病〔二〕，解印綬決去。太尉馬公嘉其所履〔三〕，服竟辟之〔四〕。初入府，爲主簿。〔五〕（《太平御覽》卷二百〇九。又見《職官分紀》卷五、卷四十九。）

〔校記〕
〔一〕此三字，《職官分紀》卷五無。以上五字，《職官分紀》卷四十九作「鄧伯直」。

〔二〕此句，《職官分紀》卷四十九作「以其母疾」。

〔三〕嘉，《職官分紀》卷五作「喜」。所，《職官分紀》卷四十九作「素」。

〔四〕此句，《職官分紀》卷五作「雅意辟之」，卷四十九作「復薦辟之」。

〔五〕以上兩句，《職官分紀》卷四十九節作「爲府主簿」。

鄧盛，字伯宜，爲太尉主簿。會祠社，倉曹屬讀贊祝文，風滅燭，盛隨冥中代倉曹視。公問代祝者，曰：「此雖小，亦自非好事者莫能識。」（《職官分紀》卷五。）

徐徵

徐徵，字君求，蒼梧荔浦人。少有方直之行、不撓之節，頗覽書傳，尤明律令。延熹五年，徵爲中部督郵，時唐帝恃豪貴，京師號爲唐獨語。遣賓客至蒼梧，頗不拘法度。徵便收客，郡市髡笞，乃白太守。太守大怒，收徵送獄，主簿守閤白：「此人無故賣買，既侵百姓，汙辱婦女，徐徵上念明政，據刑申恥，今便治郡，無復爪牙之吏，後督郵當徒跣行奉諸貴戚賓客耳。」太守答：「知徵爲是，迫不得已。」（《太平御覽》卷二百五十三。）

徐徵，字君外〔一〕，爲人短小果敢。（《太平御覽》卷三百七十八。原云出陸胤《廣州先賢傳》。）

〔校記〕

〔一〕外，上作「求」。按：《史記・貨殖列傳》索隱：「徵言求也。」以人名、字之關係論之，似作「求」爲上。

尹牙

尹牙，字猛德，合浦人〔一〕。太守南陽終寵憂見顏色，常用怪焉。牙造膝〔二〕：「伏見明府四節悲歎，有慘瘁之思者，何也？」寵曰〔三〕：「父爲周張所害〔四〕，重仇未報，是以長愧也〔五〕。」牙乃傭僕自貶，吏役而至於宛陵，與張校園交通，竭節於張，伺其間隙，出入三年。〔六〕乃先醉張左右近侍〔七〕，以夜解縱諸馬，令之亂駭，張果出〔八〕，問其故，牙因手刃張首而還。（《太平御覽》卷四百二十一。又見《太平御覽》卷四百八十二，題陸胤《廣州先賢傳》。事又見《太平御覽》卷二百六十五、三百九十一引黃義仲《交廣二州記》。）

〔校記〕

〔一〕此三字，《太平御覽》卷四百八十二無。

〔二〕以上三句，《太平御覽》卷四百八十二作「太守南陽寵下車，牙以德進，幹任喉舌。寵雖當國厚祿，而懷愧戚，見於顏色，牙常用恈焉。曰」，較此爲詳，此處有脫文，當據正。

〔三〕「寵」下，《太平御覽》卷四百八十二有「謂牙」二字。

〔四〕「周」上，《太平御覽》卷四百八十二有「豪」字。

〔五〕此句上，《太平御覽》卷四百八十二有「並與戴天，非孝子。雖官尊祿重，而塵耻未判」十七字。「愧」下，《太平御覽》卷四百八十二有「而無恥」三字。

〔六〕以上六句，《太平御覽》卷四百八十二作「聞好馬牙與校圉交通，遂充騶馬之職」，文有脫誤。

〔七〕左右，《太平御覽》卷四百八十二無。

〔八〕此句上，《太平御覽》卷四百八十二有「知張必將驚起，伏側階下」十字。

疏源

疏源，字元流，南海人。出給郡役爲戶曹佐。源性廉潔，家貧，餉晏不至。同第人餉先到，呼之共食，源未嘗聽。（《太平御覽》卷四百二十六。）

疏原爲戶曹書佐，性廉靜，詣中部督郵張顧，會客，謝不與相見。原歸家恥之，寂息不食，母問其故，具對狀。母曰：「大器晚成，但當勉之。」原於是晝夜讀書，舉孝廉，拜中郎。（《職官分紀》卷三十六。）

存疑

戴文謀

沛國戴文謀，居陽城山。有神降焉，其妻疑是妖魅。神已知之，便去，作一五色鳥，白鳩數十從，有雲覆之，遂不見。（《太平御覽》卷九百二十一。按：此事在頓琦事下，以「又曰」承之。此當爲《搜神記》之文，見《搜神記》卷四。《廣州先賢傳》錄廣州人物，戴文謀爲沛國人，不屬廣州，此其一證。又觀《先賢傳》遺文，所錄賢達或仁孝、或行端、或簡約、或美政，不涉神怪，此其二證。又《藝文類聚》卷九十二引《廣州先賢傳》頓琦事之下，又引《搜神記》張氏鈞、戴文謀兩事。其引戴文謀事，與此絕類，當本一處，此其三證。蓋《御覽》所引脫《搜神記》，後世因改爲「又曰」。）

《豫章列士傳》 吳徐整撰

《豫章列士傳》，吳徐整撰。徐整，豫章人（今江西南昌），吳太常卿，有《毛詩譜》、《三五曆記》、《五運曆年紀》等。是書，《隋書·經籍志》、《新

唐書・藝文志》並題《豫章烈士傳》，三卷。《宋史・藝文志》未著錄，或亡於宋元時也。

施陽

舒令施陽，字季儒，宜春人也。爲人沉重謚靜，清白絕俗，常以禮讓，先人後己爲行，稱爲賢者。（《初學記》卷十七。按：原云出徐整《豫章列士傳》。）

施陽，字季儒，爲舒令，經江夏，遇賊劫奪陽物。賊去後，車上有五千錢，遣人追與。賊聞知陽，悉還其物，陽以付亭長。（《太平御覽》卷八百三十六。原云出《豫章列士傳》。）

周騰

周騰〔一〕，字叔達〔二〕，爲御史〔三〕。桓帝欲南郊〔四〕，平明出〔五〕，叔達仰首曰〔六〕：「王者象星〔七〕，今宮中宿〔八〕，策馬星不出動〔九〕，帝何出焉〔一〇〕？」四更〔一一〕，皇子卒〔一二〕，遂止〔一三〕。（《太平御覽》卷六。又見《北堂書鈔》卷一百五十、《開元占經》卷六十九、《事類賦》卷二。《事類賦》作《豫章烈士傳》。）

〔校記〕

〔一〕騰，《開元占經》作「勝」，形訛也。下同，不俱校。

〔二〕此句，《北堂書鈔》無。此句下，《開元占經》有「南昌人」三字。《史記・天官書》索隱有此段文字，未云出處，然審其文字，與此極近，似即用《豫章列士傳》之文。其中亦有「南昌人」三字，或當補之。

〔三〕「御」上，《北堂書鈔》、《事類賦》有「侍」字。按：《史記・天官書》索隱亦有「侍」字，周騰爲桓帝時人，史書未載其曾爲御史，則此似脫「侍」字。

〔四〕欲，《北堂書鈔》無，《開元占經》作「當」。

〔五〕「出」上，《北堂書鈔》、《開元占經》有「應」字，《事類賦》有「將」字。《史記・天官書》索隱作「應」，此似脫一字。觀《御覽》文字，與《事類賦》相近，或脫「將」字。

〔六〕此句，《北堂書鈔》、《開元占經》作「騰（勝）仰觀曰」。

〔七〕象，《北堂書鈔》作「角」。按：作「象」爲上，「角」當爲「象」之形訛。此句，《事類賦》無。

〔八〕宿，《事類賦》無。此句，《北堂書鈔》作「然視宮中」。

〔九〕策，《北堂書鈔》作「筴」，「筴」爲「策」之異體字。「不」上，《北堂書鈔》有「悉」字。出，《北堂書鈔》、《事類賦》無。

〔一〇〕此句，《北堂書鈔》無。又自「王者象星」至此，《開元占經》作「主御者策星，今宮車出，必策馬星悉不動，明必不出」，上「必」字疑衍。

〔一一〕「四」上，《開元占經》有「至」字。

〔一二〕「子」上，《事類賦》有「太」字。

〔一三〕「止」下，《開元占經》有「也」字。又自「四更」至此，《北堂書鈔》作「遂止不出，果如言也」。

孔恂

孔恂，字巨卿〔一〕，新淦人〔二〕。爲別駕〔三〕，車前後舊有屏星〔四〕，如刺史車曲翳儀式〔五〕。時刺史行部發失旦，怒命去之。〔六〕恂曰：「明使君發自晏而飲〔七〕，撤去屏星〔八〕，毀國舊儀，此不可行〔九〕，別駕可去，屏星不可省〔一〇〕。」即投傳而去〔一一〕。（《太平御覽》卷二百六十三。又見《北堂書鈔》卷三十二、卷七十三〔兩引〕、《通典》卷三十二、《橘山四六》卷一。《北堂書鈔》卷三十二作「豫章云」，當脫「列士傳」三字；卷七十三次引作《豫章傳》，當脫「列士」二字；《通典》云出《列士傳》，當脫「豫章」二字。事又見《後漢書·輿服志》注引謝承《後漢書》。）

〔校記〕

〔一〕此三字，《北堂書鈔》卷三十二、卷七十三〔兩引〕無。

〔二〕此三字，《北堂書鈔》卷三十二、卷七十三〔兩引〕、《通典》、《橘山四六》無。

〔三〕此句，《北堂書鈔》卷七十三〔兩引〕作「州辟爲別駕從事」。

〔四〕後，《北堂書鈔》卷七十三首引無。按：《後漢書》注引謝承《後漢書》亦無，爲上。此句，《通典》作「車舊有屏星」，《橘山四六》作「別駕車舊有屏星」。

〔五〕此句，《北堂書鈔》卷七十三首引作「如刺史車也」，《通典》作「如刺史車」。又《北堂書鈔》卷七十三首引至此止。

〔六〕以上兩句，《北堂書鈔》卷七十三次引作「刺史發晏欲撤去屏星」，《通典》作「刺史因怒，欲去別駕車屏星」，《橘山四六》作「刺史因怒欲去之」。

〔七〕此句，《北堂書鈔》卷七十三首引、《通典》、《橘山四六》無。

〔八〕撤，《通典》誤作「徹」。此句，《北堂書鈔》卷七十三首引無。

〔九〕此句，《通典》、《橘山四六》無。

〔一〇〕省，《橘山四六》作「去」。以上兩句，《北堂書鈔》卷七十三首引無。自「車前後」以下至此，《北堂書鈔》卷三十二無。

〔一一〕此句，《北堂書鈔》卷三十二作「即投傳去」，卷七十三首引作「刺史慙謝」，《通典》作「乃止」，《橘山四六》作「乃投傳去。刺史追謝之，乃止」。按：《後漢書》注引謝承《後漢書》作「即投傳去。刺史追辭謝請，不肯還，於是遂不去屏星」，諸書蓋取引不同也。

羊茂

羊茂爲功曹〔一〕，病〔二〕，用被不覆軀〔三〕，衣不周身〔四〕，郡將與大被衣袴〔五〕，皆不受也〔六〕。（《北堂書鈔》卷三十八。原云出《豫章彥士傳》，當即《豫章列士傳》也。又見《北堂書鈔》卷一百三十四、《太平御覽》卷二百六十四、《職官分紀》卷四十一。《北堂書鈔》卷七十七：「《傳》云：『華茂爲功曹。』」當亦即《豫章列士傳》。又《職官分紀》引此條下有祖逖、許愼爲功曹事，未注出處，二人皆非豫章人，當別是一書，今不錄。）

〔校記〕

〔一〕羊，《太平御覽》、《職官分紀》作「華」。按：《太平御覽》卷二百六十引《續漢書》、卷四百二十五引謝承《後漢書》：「羊茂，字季寶，豫章人。」（《歲華紀麗》卷二、《太平御覽》卷二十一引謝承《後漢書》作「字季實」。）《白氏六帖》亦作「羊茂」，則似作「羊」字爲上。「爲」下，《北堂書鈔》卷一百三十四有「郡」字。

〔二〕病，《職官分紀》脫。

〔三〕用，《太平御覽》、《職官分紀》無。軀，《北堂書鈔》卷一百三十四作「躬」。

〔四〕「衣」上，《太平御覽》有「布」字。此句，《北堂書鈔》卷一百三十四無。

〔五〕大，《職官分紀》無。「被」上，《太平御覽》、《職官分紀》有「布」字。衣，《太平御覽》無。

〔六〕皆，《職官分紀》無。也，《太平御覽》、《職官分紀》無。

羊茂爲東郡太守，出界買鹽豉。（《太平御覽》卷八百五十五。按：《北堂書鈔》卷三十八引謝承《後漢書·羊茂傳》云：「茂，字季寶，豫章人，爲東郡太守，冬坐白羊皮，夏處丹板榻，常食乾飯，出界買鹽豉。」較此爲詳。）

王者應入

王者應入。（《北堂書鈔》卷十六。按：此僅存四字，其上周騰事，《開元占經》引「桓帝當南郊，平明應出」句，未知即一條否。）

《桂陽先賢畫贊》　　吳 張勝撰

《桂陽先賢畫贊》，吳左中郎張勝撰。張勝事跡不聞。《隋書·經籍志》作《桂陽先賢書贊》，一卷，兩《唐志》並云五卷。姚振宗以爲「至唐而全書復出，故唐、宋人類書亦并引其傳文」，吾亦頗以爲或本一卷，後人復有所增益也。南宋書目未見著錄，《宋史·藝文志》亦無錄，或南宋時即已亡

也。《桂陽先賢畫贊》、《桂陽先賢書贊》之外，又有《桂陽先賢贊》、《桂陽
先賢傳》、《桂陽先賢記》，當即一書也。後世輯是書者，首見王謨輯本，見
《漢唐地理書鈔》序目，題張勝《桂陽先賢傳》，未見刊刻。次曰嚴可均輯
本，見《全上古三代秦漢六朝文》，錄兩事，標注出處。次曰陳運溶輯本，
見《麓山精舍叢書》，錄七人八事，僅缺《輿地紀勝》所引一條，下注出處。
次曰劉緯毅輯本，見《漢唐方志輯佚》，僅錄四人四事。

張憙

臨武張憙字季智，爲平輿令，〔一〕時天大旱，憙躬禱雩，未獲嘉應。乃積
薪自焚，主簿侯崇、小吏張化從憙焚焉。火既燎，天靈感應，〔二〕即澍雨〔三〕。
（《水經注·汝水注》。又見《北堂書鈔》卷三十五、《職官分紀》卷四十二。按：《北
堂書鈔》、《職官分紀》云出《桂陽先賢傳》。）

〔校記〕

〔一〕以上兩句，《北堂書鈔》作「張喜爲平輿令」，《職官分紀》作「張意字季智，爲平陽
令」，「意」、「陽」俱誤。

〔二〕以上六句，《北堂書鈔》作「天旱，積柴自燒」，《職官分紀》作「時大旱，意積薪將
自焚」。

〔三〕此句，《北堂書鈔》作「甘雨即降」，《職官分紀》作「即降甘雨」。

蘇耽

蘇耽嘗除門庭〔一〕，有眾賓來，〔二〕耽告母曰：「人招耽去。已種藥著後
園梅樹下，可治百病〔三〕。一葉愈一人，賣此藥過足供養。」〔四〕便隨賓去，
母走牽之，四體如醉，足不能舉。（《太平御覽》卷九百八十四。又見《藝文類聚》
卷六十五、《太平御覽》卷八百二十四、卷九百七十、《事類賦》卷二十六。按：《藝
文類聚》云出《桂陽先賢記》，《太平御覽》卷八百二十四云出《桂陽先賢贊》，《太平
御覽》卷九百七十、《事類賦》云出《桂陽先賢傳》。又《太平御覽》卷九百七十、《事
類賦》乃節引，今附於下，僅以《藝文類聚》、《太平御覽》卷八百二十四參校。）

〔校記〕

〔一〕耽，《藝文類聚》作「紞」，下同。

〔二〕此上兩句，《太平御覽》卷八百二十四作「蘇紞常聞夜有眾賓來」，下「耽」亦作「紞」。

〔三〕可，《太平御覽》卷八百二十四無。

〔四〕《藝文類聚》、《太平御覽》卷八百二十四引至此止。

附：《太平御覽》卷九百七十：有人謂蘇統：「後園梅樹下種藥，可治百病。」〔按：「統」即「統」之形訛。〕

《事類賦》卷二十六：蘇軌後園梅樹下種藥，可治百病。

成丁

成丁〔一〕，郴人〔二〕，能達鳥鳴〔三〕。爲郡主簿，與眾人俱坐〔四〕，聞雀鳴而笑曰〔五〕：「東市輦粟車覆，雀相呼往食之〔六〕。」眾人遣視，信然。〔七〕（《藝文類聚》卷八十五。又見《北堂書鈔》卷七十三、《太平御覽》卷八百四十。按：原云出《桂陽先賢書贊》，《北堂書鈔》云出《桂陽先賢贊》。）

〔**校記**〕

〔一〕成丁，四庫本《北堂書鈔》作「武丁」，陳、俞本作「成丁」，《太平御覽》作「成子」，下條《御覽》引作「成武丁」。按：《太平廣記》卷十三引《神仙傳》云：「成仙公者諱武丁，桂陽臨武烏里人也。」

〔二〕「郴」下，《太平御覽》有「中」字。此句，《北堂書鈔》無。

〔三〕鳴，《北堂書鈔》作「語」。

〔四〕俱，《北堂書鈔》作「皆」。

〔五〕此句上，《北堂書鈔》有「丁偶」二字。

〔六〕此句，《北堂書鈔》作「相呼與食」。

〔七〕以上兩句，《北堂書鈔》作「遣視果然」。

成武丁以疾而終，殮畢。其友從臨武縣來至郡，道與武丁相逢。友曰：「子欲何之？而不將人。」答曰：「今吾南遊，爲過報小兒，善護大刀。」到其門，見其妻哭泣，問之，答曰：「夫沒。」友大驚，曰：「吾適與相逢。」乃發棺視，了無所見。遂除縗絰，而心喪之。咸以武丁得神仙。（《太平御覽》卷三百四十五。）

後漢仙人成武丁韓，此其友人見仙人乘白騾天。（《輿地紀勝》卷第五十七。按：原云出《桂陽先賢傳》。又此處有訛誤，或其前脫「至」字，原注「武丁崗」三字，「韓」疑當作「諱」，在「武丁」前；「天」字亦不明，未詳何字之誤。審其原文，末句或王象之概述之語。然則《桂陽先賢畫贊》或本有成武丁乘騾事。《太平廣記》卷十三引《神仙傳》，以上三事並載，《桂陽先賢畫贊》文或與之相類，今附於下，以便省覽。）

附：《太平廣記》卷十三引《神仙傳》：成仙公者，諱武丁，桂陽臨武烏里人也。後漢時年十三，身長七尺。爲縣小吏，有異姿，少言大度，不附人，人謂之癡。少有經學，不授於師，但有自然之性。時先被使京還，過長沙郡，

投郵舍不及，遂宿於野樹下，忽聞樹上人語云：「向長沙市藥。」平旦視之，乃二白鶴，仙公異之。遂往市，見二人罩白傘，相從而行。先生遂呼之，設食，食訖便去，曾不顧謝。先生乃隨之，行數里，二人顧見先生語曰：「子有何求而隨不止？」先生曰：「僕少出陋賤，聞君有濟生之術，是以侍從耳。」二人相向而笑，遂出玉函，看素書，果有武丁姓名，於是與藥二丸，令服之。二人語先生曰：「君當得地仙。」遂令還家。明照萬物，獸聲鳥鳴，悉能解之。先生到家後，縣使送餉府君。府君周昕，有知人之鑒，見先生，呼曰：「汝何姓名也？」對曰：「姓成，名武丁，縣司小吏。」府君異之，乃留在左右。久之，署為文學主薄。嘗與眾共坐，聞群雀鳴而笑之，眾問其故，答曰：「市東車翻覆米，群雀相呼往食。」遣視之，信然也。時郡中寮吏豪族，皆怪不應引寒小之人，以亂職位。府君曰：「此非卿輩所知也。」經旬日，乃與先生居閤直，至年初元會之日，三百餘人，令先生行酒，酒巡徧訖，先生忽以盃酒向東南嘆之。眾客愕然怪之，府君曰：「必有所以因。」問其故。先生曰：「臨武縣火，以此救之。」眾客皆笑。明日司儀上事，稱武丁不敬，即遣使往臨武縣驗之。縣人張濟上書稱：「元日慶集飲酒，晡時，火忽延燒廳事，從西北起。時天氣清澄，南風極烈。見陣雲自西北直聳而上，徑止縣，大雨，火即滅，雨中皆有酒氣。」眾疑異之，乃知先生蓋非凡人也。後府君令先生出郡城西，立宅居止，只有母一小弟及兩小兒。比及二年，先生告病，四宿而殞，府君自臨殯之。經兩日，猶未成服，先生友人從臨武來，於武昌岡上，逢先生乘白騾西行，友人問曰：「日將暮，何所之也？」答曰：「暫往迷溪，斯須却返。我去，向來忘大刀在戶側，履在雞棲上，可過語家人收之。」友人至其家，聞哭聲，大驚曰：「吾向來於武昌岡，逢先生共語云：『暫至迷溪，斯須當返，令過語家人，收刀并履。』何得爾乎？」其家人云：「刀履並入棺中，那應在外？」即以此事往啟府君。府君遂令發棺視之，不復見尸，棺中唯一青竹杖，長七尺許，方知先生託形仙去。時人謂先生乘騾於武昌岡，乃改為騾岡，在郡西十里也。

羅陵

朱陽羅陵〔一〕，果而好義。郡汲府君為州章〔二〕。陵被掠拷〔三〕，慘加五毒，援刀截舌〔四〕，以著盤中，獻之廷尉，群公義之〔五〕，事得清理。（《太平御覽》卷四百二十一。又見《太平御覽》卷三百六十七。按：《太平御覽》卷三百六十七云出《桂陽先賢傳》。）

〔校記〕

〔一〕「朱陽」當作「耒陽」。此句，《太平御覽》卷三百六十七作「采陽陵」，「采」亦「耒」之誤，又脫「羅」字。

〔二〕「郡」下，《太平御覽》卷三百六十七有「長」字。所，《太平御覽》卷三百六十七無。

〔三〕拷，《太平御覽》卷三百六十七作「考」。

〔四〕援刀，《太平御覽》卷三百六十七作「陵乃」。

〔五〕義之，《太平御覽》卷三百六十七作「咸共議之」，作「義之」為上。

胡縢

胡縢部南陽從事，遇大駕南巡，求索總猥。縢表曰：「天子無外，乘輿所幸，便為京師。臣請荊州刺史比司隸，臣比都官從事。」帝奇其才，悉許。大將軍西曹掾亡馬，召縢，因作都官鵠頭板召百官，敬服。（《太平御覽》卷六百〇六。）

程曾

程曾，字孝孫〔一〕，七歲亡母，號慕毀悴，鄰人哀憐〔二〕，嚼食哺之，知有肉〔三〕，遂吐不食。（《北堂書鈔》卷一百四十五。又見《太平御覽》卷八百六十三。）

〔校記〕

〔一〕字，《太平御覽》誤作「子」。

〔二〕鄰人，《太平御覽》作「王母」。

〔三〕「肉」下，《太平御覽》有「味」字。

程桓

臨武程桓，少有才藝，為九江主記掾。府君為人所章，桓被徵詣臺，徐郎中委郎詣州，乞就考於格上，拔刀截舌，郡事清理。（《太平御覽》卷三百六十七。按：原云出《桂陽先賢傳》。）

《女記》　晉杜預撰

《女記》，晉杜預撰。杜預，字元凱，京兆杜陵人。魏幽州刺史恕子，甘露中為尚書郎，後為文帝相國府軍事。晉受禪，歷安西軍司、秦州刺史、東羌校尉、輕車將軍、度支尚書，代羊祜為鎮南大將軍，吳平，進爵當陽

縣侯。後徵爲司隸校尉。道卒，追贈征南大將軍，諡曰成。有《春秋左氏經傳集解》三十卷、《春秋釋例》十五卷、集十八卷。事詳《晉書·杜預傳》。《女記》，《晉書·杜預傳》稱《女記讚》，《史通》外篇、《新唐書·藝文志》稱《列女記》，《聖賢群輔錄》又稱《女戒》。《隋書·經籍志》、兩《唐志》並云十卷。《宋史·藝文志》不見著錄，南宋書未見徵引，或南宋時已亡。《後漢書·應奉傳》注引華仲妻事，《初學記》卷十七、《白氏六帖》卷六、《太平御覽》卷四百一十六等引李充事，並云出杜預《汝南記》，他書尚有引《汝南記》者，皆誤引也。如《事類備要》前集卷二十七、《韻府群玉》卷八、《類雋》卷九引陰慶分財事，乃張瑩《漢南記》之誤；《類雋》卷九引許劭、許虔爲二龍事，乃《汝南先賢傳》之誤。王謨《漢唐地理書鈔》序目有杜預《汝南記》，未見刊刻。姚振宗云「似《女記》之誤」。按：姚說近是，茲舉數證以明之。《後漢書》注、《初學記》等引皆女事也，《後漢書》注引專論華仲妻，《初學記》等引雖以李充爲主語，實是論李充遣妻事，此其一證也。華仲妻本是汝南鄧元義前妻，此或與汝南相涉；然李充乃陳留人，若是《汝南記》，不當錄之，此其二證也。杜預爲京兆杜陵人，且一生與汝南無關，似不當著此，此其三證也。《隋書·經籍志》、兩《唐志》等諸家書目皆只著錄杜預《女志》，未有云著《汝南記》者，此其四證也。今將諸書稱引《汝南記》者，皆並入此書，不復單列。

王陵之母

王氏之母者，漢丞相安國侯王陵之母。漢王擊項羽，陵以兵屬漢王，項羽得陵母置軍中，漢使至，則東向坐，陵母欲以招陵。陵母私送使者，爲之泣曰：「爲老妾語陵，善事漢王。漢王，長者也，無以老母故懷二心，言妾已死。」乃伏劍而死，以固勉陵。(《太平御覽》卷四百二十二。按：事又見《史記·陳丞相世家》、《漢書·王陵傳》、《列女傳》卷八。)

二寡婦淑、昺

二寡婦者，淑也，昺也。淑喪夫守寡，兄弟將嫁之，誓而不許，爲書曰：「蓋聞君子導人以德，矯俗以禮，是以烈士有不移之志，貞女無廻二之行。淑雖婦人，竊慕殺身成義，死而後已。凤遘禍罰，喪其所天，男弱未冠，女幼未笄，是以僶俛求生，將欲長育二子，上奉祖宗之嗣，下繼祖禰之禮，然

後觀於黃泉，永無慙色。仁兄德弟，既不能屬高節於弱志，發明德於闇昧，許我他人，逼我於上，乃命官人訟之簡書。夫智者不可惑以事，仁者不可脅以死，晏嬰不以白刃臨頸，改正直之辭；梁寡不以毀形之痛，忘執節之義。高山景行，豈不思齊。計兄弟備託學門，不能匡我以道，博我以文，雖曰既學，吾謂之未也。」（《太平御覽》卷四百四十一。）

大女緱玉

　　大女緱玉者，陳緱氏之女也。夫之從母兄弟殺其父，玉乃爲父報讎，其殺已，至親縛玉付吏獄，竟當行刑。有名士申徒子龍者，緱玉同縣人也，嘉其義勇，奏記於縣曰：「伏聞大女緱玉，爲父報讎，獄已決，不勝感悼之情，敢陳所聞。昔太原周黨，感《春秋》義，辭師復讎，當時論者猶高其節，況玉女弱，耳無所聞，心無所激，內無同生之謀，外無交遊之助，直推父子之情，奮發怒之心，手刃刺讎，僵尸流血。當時聞之，人無勇怯，莫不強膽增氣，輕身殉義，攘袂高談稱羨。今聞玉幽執牢檻，罪名已定，皆心低意沮，悵恨長嘆。蟠雖愚堅，以爲玉之節義，歷代未有，定足以感無恥之孤，激甚辱之子。假玉不值明時，尚望追旌閭墓，顯異後嗣，況事在清聽，不加八議，哀矜之貸，誠爲朝廷痛之。」（《太平御覽》卷四百四十一。）

新野公主

　　新野公主者，光武皇帝姊也。少有節行姿容，嫁爲新野人鄧晨妻，生一男三女。王莽地黃三年，光武起兵攻破棘陽，至小長安，爲莽兵所敗，棄車走。時天大霧，還永室家，道得小妹伯姬，與共騎前行，復見新野公主，命使上馬。主以手麾上，曰：「行矣！文叔努力，早建大功，追兵方至，不能相救，無爲兩沒也。」上駐馬重呼之。主曰：「不馳驅，但志免我，更當三人死也。且急自脫，我身何在。」會追兵至，上遂驅馬而去，主即遇害。（《太平御覽》卷四百四十一。）

李恂妻

　　周子居，黃叔度，艾伯堅，郅伯向，封武興，盛孔叔。右汝南六孝廉。太守李恂選此六人，以應歲舉，受版未行，恂死，子居等遂駐行喪。恂妻於柩側下帷見之，屬以宜行。子居歎曰：「不有行者，莫宣公；不有止者，莫郇居。」於是與伯堅即日辭行，封、黃四人留隨柩車。（《聖賢群輔錄》上。按：此原云出杜元凱《女戒》，諸書未言杜預撰《女戒》者，《女戒》蓋即《女記》，今姑置此。）

華仲妻

華仲妻本是汝南鄧元義前妻也。元義父伯考爲尚書僕射，元義還鄉里，妻留事姑甚謹，姑憎之，幽閉空室，節其食飲，羸露日困，妻終無怨言。後伯考怪而問之，時義子朗年數歲，言母不病，但苦飢耳。伯考流涕曰：「何意親姑反爲此禍！」因遣歸家。更嫁爲華仲妻，仲爲將作大匠，妻乘朝車出，元義於路傍觀之，謂人曰：「此我故婦，非有它過，家夫人遇之實酷，本自相貴。」其子朗時爲郎，母與書皆不答，與衣裳輒燒之。母不以介意，意欲見之，乃至親家李氏堂上，令人以它詞請朗。朗至，見母再拜，涕泣因起出。母追謂之曰：「我幾死，自爲汝家所棄，我何罪過，乃如此邪？」因此遂絕也。
（《後漢書·楊李翟應霍爰徐列傳》注。按：原云出《汝南記》。）

李充妻

李充兄弟六人，貧無擔石之儲〔一〕，易衣而出，并日而食。〔二〕其妻竊謂充曰〔三〕：「今貧如是〔四〕，我有私財，可分異獨居〔五〕，人多費極，無爲空自窮也〔六〕。」充請呼諸隣里室家，相對前跪，舉觴告其母〔七〕，便顧其妻，叱而遣之，婦行泣出門去。〔八〕（《初學記》卷十七。又見《白氏六帖》卷十九「易衣」條、「去婦」條、《太平御覽》卷四百一十六、《事類備要》前集卷二十七、《類林雜說》卷一。按：《初學記》、《太平御覽》云出杜預《汝南記》，其他諸書稱引《汝南記》。事又見《漢書·李充傳》。）

〔校記〕

〔一〕此句，《白氏六帖》卷十九「易衣」條、《事類備要》作「家貧」。

〔二〕以上兩句，《白氏六帖》卷十九「去婦」條無。又《白氏六帖》卷十九「易衣」條、《事類備要》引至此止。并，《類林雜說》作「竟」。

〔三〕其，《太平御覽》作「而」。竊，《白氏六帖》卷十九「去婦」條無。

〔四〕此句，《白氏六帖》卷十九「去婦」條無。

〔五〕此句，《白氏六帖》卷十九「去婦」條無作「可異居」。

〔六〕窮，《類林雜說》作「苦」。又「人多」以下兩句，《白氏六帖》卷十九「去婦」條無。

〔七〕舉，《太平御覽》無。

〔八〕自「充請乎」以下至此，《白氏六帖》卷十九「去婦」條作「充乃集宗族，而超白母曰：『此婦令充異居。』叱之出門」，《類林雜說》作「充請呼鄰里室家相對共訣。妻信之，悉召鄉里親戚。充乃前跪，以妻言白母，出其妻，妻泣而出門去」。

《益部耆舊雜記》

　　《益部耆舊雜記》，始見錄於《新唐書·藝文志》，作《益州耆舊雜傳記》，云二卷，題陳壽撰。《華陽國志》、《晉書》單云陳壽著《益部耆舊傳》，未云著《雜記》。《隋書·經籍志》陳壽《益部耆舊傳》外，又有《續益部耆舊傳》二卷，不題撰者，《舊唐書·經籍志》未著錄。今所存條目，見於《三國志》注及《初學記》、《錦繡萬花谷》。《三國志·蜀書·楊洪傳》所引「何祗」條，云出《益州耆舊傳雜記》；《初學記》、《錦繡萬花谷》所引「張肅、張松」條，云出《益部雜記》，文與《三國志·蜀書·先主傳》注所引全同，則《益部雜記》即《益部耆舊雜記》之省稱也。《三國志·蜀書·贊》：「《益部耆舊雜記》載王嗣、常播、衛繼三人，皆劉氏王蜀時人，故錄於篇。」則是書成書，當在陳壽之前。

　　此書早佚，宋人徵引此書者，僅見《錦繡萬花谷》，然是書所引條目，內容與《初學記》所引全同，且並云出《益部雜記》，則或是轉引自《初學記》也。是書僅見《新唐書·藝文志》，餘書不見著錄，則恐亡於唐五代之間也。

　　後世輯是書者，僅存古書局輯錄一卷，與《益部耆舊傳》合刊，凡八人九事，亦今之僅存者。

李權

　　李權，字伯豫，爲臨邛長，子福。見犍爲楊戲《輔臣贊》。（《三國志·蜀書·劉焉傳》注。按：末八字似爲裴注。）

張肅、張松

　　張肅有威儀，容貌甚偉；松爲人短小，放蕩不治節操，然識達精果，有才幹。劉璋遣詣曹公，曹公不甚禮公。主簿楊脩深器之，白公辟松，公不納。脩以公所撰兵書示松，松宴飲之間，一看便闇誦，脩以此益異之。（《三國志·蜀書·先主傳》注。《初學記》卷十九、《錦繡萬花谷》續集卷五引《益部雜記》：「張松爲人短小，而放蕩不理節操。」即此文之節引，《益部雜記》乃省稱也。事又見《後漢書·劉焉傳》注引《益郡耆舊傳》，「郡」乃「部」之訛也。詳見《益部耆舊傳》「張肅、張松」條。）

張任

張任，蜀郡人，家世寒門，少有膽勇，有志節，仕州爲從事。（《三國志‧蜀書‧先主傳》注。）

劉璋遣張任、劉璝率精兵拒捍先主於涪，爲先主所破，退與璋子循守雒城。任勒兵出於雁橋，戰復敗，禽任。先主聞任之忠勇，令軍降之。任厲聲曰：「老臣終不復事二主矣。」乃殺之。先主歎惜焉。（《三國志‧蜀書‧先主傳》注。）

何祗

每朝會，祗次洪坐，嘲祗曰：「君馬何駛？」祗曰：「故吏馬不敢駛，但明府未著鞭耳。」眾傳之以爲笑。祗字君肅，少寒貧，爲人寬厚通濟，體甚壯大，又能飲食，好聲色，不持節儉，故時人少貴之者。嘗夢井中生桑，以問占夢趙直。直曰：「桑非井中之物，會當移植。然『桑』字四十下八，君壽恐不過此。」祗笑言：「得此足矣。」初仕郡，後爲督軍從事。時諸葛亮用法峻密，陰聞祗游戲放縱，不勤所職，嘗奄往錄獄，眾人咸爲祗懼。祗密聞之，夜張燈火見囚，讀諸解狀。諸葛晨往，祗悉已闇誦，答對解釋，無所凝滯，亮甚異之。出補成都令，時郫縣令缺，以祗兼二縣。二縣戶口猥多，切近都治，饒諸奸穢，每比人，常眠睡，值其覺寤，輒得奸詐。眾咸畏祗之發摘，或以爲有術，無敢欺者。使人投算，祗聽其讀而心計之，不差升合，其精如此。汶山夷不安，以祗爲汶山太守，民夷服信。遷廣漢，後夷反叛，辭曰：「令得前何府君，乃能安我耳。」時難復屈祗，拔祗族人爲之，汶山復得安。轉祗爲犍爲，年四十八卒，如直所言。後有廣漢王離，字伯元，亦以才幹顯，爲督軍從事，推法平當，稍遷，代祗爲犍爲太守。治有美績，雖聰明不及祗，而文采過之也。（《三國志‧蜀書‧楊洪傳》注。原云出《益部耆舊傳雜記》。此分諸事，雜見諸書引《益部耆舊傳》，詳見《益部耆舊傳》「何祗」條。）

孫德

諸葛亮於武功病篤，後主遣福省侍，遂因諮以國家大計。福往具宣聖旨，聽亮所言。至別去數日，忽馳思未盡其意，遂卻騎馳還見亮。亮語福曰：「孤知君還意。近日言語，雖彌日有所不盡，更來一決耳。君所問者，公琰其宜也。」福謝：「前實失不諮請公，如公百年後，誰可任大事者？故輒還耳。乞復請，蔣琬之後，誰可任者？」亮曰：「文偉可以繼之。」又復問其次，亮不

答。福還，奉使稱旨。福爲人精識果銳，敏於從政。子驤，字叔龍，亦有名，官至尚書郎、廣漢太守。（《三國志·蜀書·贊》注。孫德，名福。）

偉南

朝又有一弟，早亡，各有才望，時人號之「李氏三龍」。（《三國志·蜀書·贊》注。偉南，名朝。偉南兄永南，其弟名則不聞。）

王嗣

王嗣，字承宗，犍爲資中人也。其先延熙世以功德顯著。舉孝廉，稍遷西安圍督、汶山太守，加安遠將軍。綏集羌胡，咸悉歸服，諸種素桀惡者皆來首降，嗣待以恩信，時北境得以寧靜。大將軍姜維每出北征，羌胡出馬牛羊氈毦及義穀裨軍糧，國賴其資。遷鎮軍，故領郡。後從維北征，爲流矢所傷，數月卒。戎夷會葬，贈送數千人，號呼涕泣。嗣爲人美厚篤至，眾所愛信。嗣子及孫，羌胡見之如骨肉，或結兄弟，恩至於此。（《三國志·蜀書·贊》。陳壽云：「《益部耆舊雜記》載王嗣、常播、衛繼三人，皆劉氏王蜀時人，故錄於篇。」）

常播

常播，字文平，蜀郡江原人也。播仕縣主簿功曹，縣長廣都朱游，建興十五年中被上官誣劾，以逋沒官穀，當論重罪。播詣獄訟爭，身受數千杖，肌膚刻爛，毒痛慘至，更歷三獄，幽閉二年有餘。每將考掠，吏先驗問，播不答，言：「但急行罰，無所多問！」辭終不撓，事遂分明。長免刑戮。時唯主簿楊玩亦證明其事，與播辭同。眾咸嘉播忘身爲君，節義抗烈。舉孝廉，除郪長，年五十餘卒。書於舊德傳，後縣令潁川趙敦圖其像，贊頌之。（《三國志·蜀書·贊》。）

衛繼

衛繼，字子業，漢嘉嚴道人也。兄弟五人。繼父爲縣功曹。繼爲兒時，與兄弟隨父游戲庭寺中，縣長蜀郡成都張君無子，數命功曹呼其子省弄，甚憐愛之。張因言宴之間，語功曹欲乞繼，功曹即許之，遂養爲子。繼敏達夙成，學識通博，進仕州郡，歷職清顯。而其餘兄弟四人，各無堪當世者，父恆言己之將衰，張明府將盛也。時法禁以異姓爲後，故復爲衛氏。屢遷拜奉車都尉、大尚書，忠篤信厚，爲眾所敬。鍾會之亂，遇害成都。（《三國志·蜀書·贊》。）

《益部耆舊傳》　晉陳壽撰

　　《益部耆舊傳》，晉陳壽撰。陳壽，字承祚，巴西郡安漢人。少從譙周治《尚書》、三《傳》，精於史學，聰穎練達，文麗辭艷。仕蜀爲觀閣令史，時黃皓弄權，壽剛直不撓，屢遭貶黜。司空張華憐其才，舉爲孝廉，除佐著作郎，出補平陽令。張華復舉壽爲中書郎，因荀勖之忌，遷爲長廣太守。以母老不就。杜預復薦，授御史治書，復以母憂去職。後數歲，起爲太子中庶子，未拜。元康七年病卒，年六十五。著有《益部耆舊傳》、《蜀相諸葛亮集》、《三國志》、《官司論》、《釋諱廣國論》等。事詳《華陽國志・陳壽傳》、《晉書・陳壽傳》。

　　《華陽國志・陳壽傳》云：「益部自建武後，蜀郡鄭伯邑、大尉趙彥信及漢中陳申伯、祝元靈、廣漢王文表皆以博學洽聞，作《巴蜀耆舊傳》，壽以爲不足經遠，乃并《巴》、《漢》，撰爲《益部耆舊傳》十篇。」又《序志》云：「陳君承祚別爲《耆舊》，始漢及魏，煥乎可觀。」又《三國志・蜀書・李譔傳》曰：「漢中陳術，字申伯，亦博學多聞，著《釋問》七篇、《益部耆舊傳》及《志》。」又見《華陽國志》卷十下。則陳壽撰是書，乃廣參前人所著《巴蜀耆舊傳》、《益部耆舊傳》及史志所載而成，所錄乃自漢及魏人物。今書中哀牢夷、楚襄王二事乃先秦之事，疑在是書序中。

　　是書，《華陽國志・陳壽傳》、《晉書・陳壽傳》並云十篇，《隋書・經籍志》、兩《唐志》並云十四卷，未知乃後人有所析分亦或是後人有所增補也。《太平御覽》尚時見徵引，而《郡齋讀書志》、《直齋書錄解題》、《宋史・藝文志》皆未著錄，或南宋之時已亡也。諸書所引，有作《益部記》、《益州耆舊傳》、《益都耆舊傳》、《耆舊傳》、《耆老傳》者，書名不一。《後漢書・劉焉傳》又有《益郡耆舊傳》，「郡」當爲「部」之訛，非別爲一書，見下「張肅、張松」條。

　　後世輯此書者，陶宗儀《說郛》卷五十八輯錄十六人十六事，作《益都耆舊傳》，與諸書所引文小異；其卷十一引《芥隱筆記》引《益部耆舊傳》涪翁事，卷九十四引《益部傳》楊子拒妻事，卷一百○七《解鳥語經》引《益州耆舊傳》秦仲事，此誤引，詳見下疏。陶氏皆未收錄，則陶氏恐誤以《益部耆舊傳》、《益州耆舊傳》、《益都耆舊傳》、《益部傳》爲四書也。《五朝小說大觀》本，所載與《說郛》同，當互有所本。王謨《漢唐地理書鈔》亦有輯，惜未見刊錄。黃奭《漢學堂叢書》亦有輯，凡十五人十五事，未注出

處。王仁俊《玉函山房輯佚書補編》輯錄三條，作《益都耆舊傳》，首條王忳事，云從杜文瀾《古謠諺》所輯；次兩條爲賈詡、落下閎事，注出處。民國四年，四川成都存古書局刊錄《益部耆舊傳》線裝本，與《艮嶽記》合刻，國家圖書館、吉林大學圖書館、南京大學圖書館、四川大學圖書館皆有收藏。分上下卷，又有《益部耆舊雜記》一卷，凡錄七十一人八十二事，除秦仲、陽翁偉、嚴羽三人未注出處外，餘皆注引自何書。吳曾祺《舊小說》亦有輯，僅有張松、揚子拒妻二事，未注出處。近又有四川大學碩士研究生陳陽著《陳壽〈益部耆舊傳〉輯錄與研究》，在存古書局輯本基礎上，復輯二十三人二十九事，最爲完備。

哀牢夷

哀牢夷者，其先有婦人名沙壹，居於牢山。嘗捕魚於水中，觸沉木，若有感，因懷妊，十月產子，男十人。後沉木化而爲龍，出水。沙壹忽聞龍語曰：「若生我子，今悉何在？」九子見龍驚走，獨小子不能走，背龍而坐，龍就而舐之。其母鳥語，謂背爲九，謂坐爲隆，因名小子曰九隆。及後長大，諸兄共推以爲王。（《太平御覽》卷三百六十一。事又見《後漢書·南蠻西南夷列傳》、《述異記》卷下、《獨異志》卷下。）

楚襄王

昔楚襄王滅巴子〔一〕，封廢子於濮江之南〔二〕，號銅梁侯〔三〕。（《輿地紀勝》卷一百五十九。原云出《元豐九域志》引《益部舊傳》，蓋脱「耆」字。宋黃鶴《補注杜詩·廣州段功曹到得楊五長史譚書功曹卻歸聊寄此詩》注引此文，云出《益州耆舊傳》，即此書，因取以參校。）

〔校記〕
〔一〕昔，《補注杜詩》無。
〔二〕廢，《補注杜詩》作「庶」，作「廢」爲上。
〔三〕號，《補注杜詩》作「曰」。

落（洛）下閎

閎，字長公〔一〕，明曉天文〔二〕，隱於落下〔三〕。武帝徵〔四〕，待詔太史，於地中轉渾天，改顓頊曆，〔五〕作太初曆〔六〕，拜侍中，不受也〔七〕。（《史記·曆書》索隱引姚氏。又見《文選·班固〈公孫弘贊〉》注。按：下兩條所引即分此事爲二事，然文皆差異較大，今析爲三條，分別出校。）

〔校記〕

〔一〕此句下，《文選》注有「巴郡閬中人也」六字。

〔二〕「天文」下，《文選》注有「地理」二字。

〔三〕下，《文選》注作「亭」。

〔四〕此句，《文選》注作「武帝時，友人同縣譙隆薦閬」。

〔五〕「於地」下兩句，《文選》注無。

〔六〕「作」前，《文選》注有「更」字。

〔七〕此句，《文選》注作「辭不受」。

巴郡落下閬〔一〕，漢武帝時〔二〕，改顓頊曆〔三〕，更作太初曆〔四〕，曰〔五〕：「後八百歲，此曆差一日〔六〕，當有聖人定之〔七〕。」（《藝文類聚》卷五。又見《白氏六帖》卷一、《太平御覽》卷十六、《玉海》卷十。《文苑英華》卷五百七十載許敬宗《百官賀朔旦冬至表》〔下簡稱許《表》〕、卷七百七十九載張九齡《開元正曆握乾符頌并序》〔下簡稱張《頌》〕二文亦引之，因並以參校。）

〔校記〕

〔一〕巴郡，許《表》、張《頌》、《玉海》無。落，《白氏六帖》、《太平御覽》、《玉海》、許《表》、張《頌》作「洛」。

〔二〕此四字，許《表》、張《頌》、《玉海》無。帝，《白氏六帖》無。

〔三〕曆，許《表》作「法」，「曆」、「法」義同。頊，《玉海》無。

〔四〕此句，張《頌》作「推校最爲精密」，《玉海》作「推數最爲精密」。更作，《白氏六帖》作「爲」。

〔五〕曰，許《表》作「自云」，《玉海》、張《頌》作「而曰」。

〔六〕此，張《頌》、《玉海》作「其」。

〔七〕當，許《表》無。「定」前，許《表》有「出」字。

漢武帝時〔一〕，洛下閬明曉天文〔二〕，於地中轉渾天，定時節。（《太平御覽》卷二。又見《北堂書鈔》卷一百三十、《廣韻》卷一、《事類賦》卷一。）

〔校記〕

〔一〕此四字，《北堂書鈔》無。帝，《廣韻》無。

〔二〕「閬」前，《北堂書鈔》衍「黃」字。

張騫

騫，漢中成固人也〔一〕。（《漢書·張騫傳》注。又見《史記·大宛列傳》索隱。）

〔校記〕

〔一〕也，《史記》索隱無。

司馬相如宅

宅在少城中笮橋下，有百許步是也。又有琴臺在焉。（《太平寰宇記》卷七十二。按：事又見《初學記》卷二十四引王褒《益州記》。此文末句「又有琴臺在焉」，《益州記》無，或非其中之文。）

張寬

蜀郡張寬〔一〕，字叔文〔二〕，漢武帝時爲待中，〔三〕從祀甘泉〔四〕，至渭橋〔五〕，有女子浴於渭水〔六〕，乳長七尺。上怪其異〔七〕，遣問之〔八〕，女曰〔九〕：「帝後第七車張寬知我所來〔一〇〕。」時寬在後第七車〔一一〕，對曰〔一二〕：「天星主祭祀者〔一三〕，齋戒不嚴〔一四〕，則女子見〔一五〕。」（《北堂書鈔》卷第五十八。又見《北堂書鈔》卷八十九、《藝文類聚》卷四十八、《初學記》卷六、卷十二、《太平御覽》卷六十二、卷二百一十九、卷三百七十一、卷六百一十二、《類要》卷十六、《緯略》卷九、《長安志》卷十六、《事文類聚》前集卷十六、《事類備要》前集卷七。《太平御覽》卷五百二十六、《緯略》卷九引此，云出《益都耆舊傳》，《韻府群玉》卷十引此，云出陳壽《耆舊傳》，皆《益部耆舊傳》也。又《職官分紀》引此文未注出處，其上條爲董扶事，云出《益部耆舊傳》，此條接上條，蓋省略出處也，因並以之參校。事又見《漢武故事》、《華陽國志》卷十上、《搜神記》卷四、《獨異志》卷中。《異苑》載孝女曹娥事，結構與此相類，或即一事之變。）

〔校記〕

〔一〕蜀郡，《類要》、《職官分紀》無。

〔二〕此三字，《北堂書鈔》卷八十九、《藝文類聚》、《初學記》卷六、《太平御覽》卷六百一十二、《類要》、《職官分紀》、《緯略》無。

〔三〕以上三句，《初學記》卷十二、《事文類聚》、《事類備要》作「漢武帝時蜀張寬爲待中」，《太平御覽》卷六十二、《長安志》作「漢武」，《韻府群玉》作「武帝時張寬」。

〔四〕從，《太平御覽》卷六十二、《長安志》無。祀，《類要》無。

〔五〕渭，《太平御覽》卷六十二、《長安志》作「涇」。「渭」下，《職官分紀》有「水」字。按：作「渭」是。

〔六〕子，《太平御覽》卷二百一十九作「人」。浴，《北堂書鈔》卷八十九誤作「宿」。渭，《太平御覽》卷六十二、《長安志》作「涇」，《事文類聚》誤作「清」。水，《北堂書鈔》卷八十九無。

〔七〕此句，《北堂書鈔》卷八十九作「上怪而異之」，《太平御覽》卷六十二作「怪」，《太平御覽》卷三百七十一、《長安志》、《韻府群玉》作「上怪」，《職官分紀》、《事文類聚》作「怪其異」。

〔八〕遺，《太平御覽》卷三百七十一、《韻府群玉》無。之，《北堂書鈔》卷八十九、《韻府群玉》無。

〔九〕女，《類要》無，《職官分紀》作「答」。

〔一〇〕「帝」下，《類要》、《職官分紀》有「之」字。第，《類要》無。「車」下，《初學記》卷十二、《太平御覽》卷二百一十九、卷三百七十一有「者」字。張寬，諸書並無。所來，《北堂書鈔》卷八十九、《太平御覽》卷六十二、《類要》、《長安志》、《韻府群玉》無，《職官分紀》作「所以來」。按：此句「張寬」二字不當有，前女子但言第七車知我，未言第七車中爲誰，故後承以「時寬在第七車」，點明第七車中爲寬也。若此處有「張寬」二字，則下文爲贅辭。《漢武故事》、《華陽國志》、《搜神記》、《獨異志》載此事並無「張寬」，當刪之。

〔一一〕時，《北堂書鈔》卷八十九、《職官分紀》無。「寬」前，《太平御覽》卷六十二、《長安志》有「侍中張」三字。後，諸書並無。此句，《韻府群玉》作「乃寬也」。

〔一二〕對，《類要》無。

〔一三〕祀，《韻府群玉》無。者，《太平御覽》卷六十二、《長安志》無。

〔一四〕星，《太平御覽》卷六百一十二誤作「皇」。嚴，《初學記》卷六、《太平御覽》卷六十二、《長安志》、《事文類聚》、《事類備要》、《韻府群玉》作「潔」。

〔一五〕「則」前，《太平御覽》卷三百七十一有「時」字。女子，《北堂書鈔》卷八十九無，《初學記》卷六、卷十二、《太平御覽》卷六十二、卷二百一十九、卷三百七十一、卷六百一十二、《類要》、《職官分紀》、《事文類聚》作「女人」，《太平御覽》卷五百二十六、《長安志》、《事類備要》、《韻府群玉》作「女人星」，《緯略》作「此女」。見，《職官分紀》作「現」，「見」、「現」通。「見」下，《北堂書鈔》有「其形者也」四字，《職官分紀》有「耳」字。

任文公

巴郡任文公有道術，爲州從事，時越巂欲反，州遣五從事案虛實，止傳舍。食未半，有風發案，文公起曰：「當有逆變。」因促駕去。諸從事未能發，爲郡兵所殺。（《太平御覽》卷二百六十五。事又見《後漢書·方術列傳·任文公傳》。又《北堂書鈔》卷七十三引《益部耆舊傳》曰：「巴郡任文公達道術，爲州從事，人稱之曰：『積行黨黨邢子昂。』顯字子昂。」當即誤合任文公與邢顯事。邢顯事見《三國志·魏書·邢顯傳》。其所引，「積」爲「德」之形訛，「顯」爲「顒」之形訛。）

文公爲治中，時天旱，白刺史云：「五月一日大水至耳。」（《北堂書鈔》卷七十三。事又見《後漢書·方術列傳·任文公傳》。）

任文公知有王莽之變，悉賣奇物，唯存銅甖、蓑笠。（《太平御覽》卷七百五十七。）

公孫述時，蜀武檐山石折〔一〕，任文公曰〔二〕：「西州智士死〔三〕，我將死矣〔四〕。」後三月果卒〔五〕。（《太平御覽》卷五十一。又見《太平寰宇記》卷七十二。事又見《華陽國志》卷三、《後漢書‧方術列傳‧任文公傳》。）

〔校記〕

〔一〕「蜀」、「山」二字，《太平寰宇記》無。

〔二〕「曰」上，《太平寰宇記》有「嘆」字。

〔三〕州，《太平寰宇記》作「方」。按：《後漢書》亦作「州」，當作「州」是。明孫蕡《下瞿塘》詩云「我從前月來西州，錦官城外十日留」，此「西州」蓋成都之別稱也。

〔四〕此句，《太平寰宇記》作「吾當應之」。

〔五〕此句，《太平寰宇記》作「歲中卒」。

楊宣

楊宣為河內太守〔一〕，行縣，有群雀鳴桑樹上。宣謂吏曰：「前有覆車粟〔二〕，此雀相隨欲往食之〔三〕。」行數里〔四〕，果如其言〔五〕。（《藝文類聚》卷九十二。又見《太平御覽》卷九百二十二、《事文類聚》後集卷四十五、《事類備要》別集卷七十四。《太平廣記》卷四百六十二、《事類賦》卷十九引此，云出《益都耆舊傳》，即《益部耆舊傳》也，因取以參校。）

〔校記〕

〔一〕河內，《太平御覽》、《事文類聚》、《事類備要》作「河西」。按：《華陽國志》載楊宣於漢哀帝時拜河內太守，則當作「河內」為上。

〔二〕《太平廣記》引至此句止。

〔三〕之，諸書並無。

〔四〕行，《事類賦》作「至前」。

〔五〕此句，《太平御覽》、《事文類聚》、《事類備要》作「果有覆車粟」，《事類賦》作「果有覆粟」。

姜詩

姜詩母好食生魚，飲江水。詩至誠之感，一朝湧泉在於門側，流引江魚，以給膳羞。（《太平御覽》卷七十。此原云出《益都耆舊傳》，即《益部耆舊傳》也。事又見《東觀漢記》卷十七、《華陽國志》卷十中、《後漢書‧列女傳》。）

任永君、馮信

公孫述僭號，徵犍為任永君，許以大位，永君故託以清盲〔一〕，妻於面前

滔，若不見；子入井，忍情不問。述伏誅，永君澡浴，引鏡照形曰：「世適平，目即清。」妻乃自殺。馮信季成〔二〕，亦不受公孫述聘，託清盲十三年，侍婢於面前滔而不問。述誅，取紙作書，婢因自殺。（《太平御覽》卷七百四十三。）

〔校記〕

〔一〕「清盲」兩出，皆不辭，《華陽國志》卷十中載馮信事云「公孫述時，託目眚盲」，《白氏六帖》卷九云「任永君、馮信並好學，公孫述徵不就，皆託青盲」，「清」、「青」當皆「眚」之形訛。

〔二〕《華陽國志》卷十中「馮信，字季誠」，《太平寰宇記》卷八十二載馮信，亦云字「季誠」，則「成」爲「誠」之誤，《說文》：「信，誠也。」「季」前脫「字」字。

楊仲續

統，字仲通，曾祖父仲續，舉河東方正，拜祁令，甚有德惠，人爲立祠。樂益部風俗，因留家新都，代修儒學，以《夏侯尚書》相傳。（《後漢書·楊厚傳》注。）

郭賀

郭賀拜荊州刺史，明帝巡狩，到南陽特見，嗟嘆，賜以三公之服，黼黻旒冕，勑去幨露冕，使百姓見此衣服，以彰其德。（《太平御覽》卷六百八十六。事又見《東觀漢記》卷十七、《華陽國志》卷十中。）

李弘

李弘，字仲元〔一〕，爲州從事，揚雄稱之曰：「不屈其志，不累其身，不夷不惠，可否之間；見其貌肅如也，觀其行穆如也，聞其言戚如也。」〔二〕（《太平御覽》卷二百六十五。又見《北堂書鈔》卷七十三、《職官分紀》卷四十。事又見《法言·淵騫》、《華陽國志》卷十上、皇甫謐《高士傳》卷下。）

〔校記〕

〔一〕此三字，《北堂書鈔》無。仲，《職官分紀》作「士」。《法言》、《華陽國志》、《高士傳》並作「仲」，作「士」者誤。二字形音俱遠，未審何以致誤。

〔二〕以上揚雄所言，《北堂書鈔》僅有「不屈其身」四字。

任昉

任昉，字文始，遷司隸校尉，閉門自守，不與豪右交通，循法正身，直道而行，由是貴戚斂手。（《北堂書鈔》卷三十七。按：事又見《華陽國志》卷十上、《北堂書鈔》卷六十一引謝承《後漢書》。）

任昉，蜀郡成都人，父修〔一〕，字伯慶，爲固始侯相，天下大蝗，獨不入界。（《藝文類聚》卷一百。）

〔校記〕

〔一〕《華陽國志》卷十上「修」作「循」，二字形近，古多互訛，未詳孰是。

楊仁

楊仁，字文義。明帝引見，問當代政治之事，仁對，上大奇之，拜仁侍御史。明帝崩，是時諸馬貴盛〔一〕，各爭入宮。仁披甲持戟，遮勅宮門〔二〕，不得令入。章帝既立，諸馬更譖仁刻峻〔三〕，於是上善之〔四〕。（《初學記》卷十二。原云出陳壽《耆舊傳》，即《益部耆舊傳》也。《太平御覽》卷二百二十七引《陳留耆舊傳》載此事，當爲《益部耆舊傳》之訛，因取以參校。事又見《後漢書·儒林列傳·楊仁傳》、《北堂書鈔》卷一百二十四、《太平御覽》卷三百五十二引司馬彪《續漢書》。）

〔校記〕

〔一〕盛，《太平御覽》誤作「賤」。

〔二〕勅，《太平御覽》作「勑」，「勑」、「勅」俱爲「敕」之異體字。

〔三〕「馬」下，《太平御覽》有「貴」字，此文義已足，不當復出「貴」字，《後漢書》、《續漢書》並無。譖，《太平御覽》訛作「讚」。

〔四〕此處諸馬所譖與上善之不構成因果關係，當有脫文。《後漢書》作「帝知其忠，愈善之」，《太平御覽》引《續漢書》作「上知其忠，愈善之」，蓋脫章帝知其忠一類語。

楊終

終徙於北地望松縣〔一〕，而母於蜀物故，終自傷被罪充邊，乃作《晨風》之詩，以舒其憤也。（《後漢書·楊終傳》注。又見《樂府詩集》卷六十八。）

〔校記〕

〔一〕「終」前，《樂府詩集》有「後漢楊」三字，當是郭茂倩所補。

楊由

楊由有兵雲圖，時竇憲將兵在外，太守高安遣工從由寫以進憲，由口授以成圖。（《北堂書鈔》卷九十六。按：原云出《益都耆舊傳》。）

楊由爲成都文學掾〔一〕，少治《易》，曉占候〔二〕，忽有風起，太守問由，由曰：「南方有薦木實者〔三〕，色黃赤。」頃之，五官掾獻橘數苞〔四〕。（《藝文類聚》卷八十六。又見《全芳備祖》後集卷三。《事類備要》別集卷四十六引此，云出《益部耆舊傳》，「者」乃「耆」之脫誤。事又見《華陽國志》卷十上、《後漢書·

方術列傳・楊由傳》。又《太平御覽》卷九百六十六引《後漢書》此事後云「《益部耆舊》同」，謂事同，而文未必同也，故不以出校。）

〔校記〕

〔一〕掾，《全芳備祖》誤作「橡」，下「掾」字亦誤，不出校。

〔二〕「占」下，《全芳備祖》衍「風」字，《後漢書》無。

〔三〕薦，《全芳備祖》作「進」，「薦」、「進」義同。

〔四〕獻，《全芳備祖》、《事類備要》作「貢」，「貢」、「獻」義同。苞，《全芳備祖》、《事類備要》作「包」，「苞」、「包」通。

蜀楊由善風雲占侯，文學令豐持雞酒以奉由。時有客不言，客去豐起，欲取雞酒。由止之曰：「向風吹削柿，當有持雞酒來者，度是二人。」豐曰：「實在外，湏客去取耳。」（《太平御覽》卷九。按：《後漢書・楊由傳》云：「有風吹削哺，太守以問由，由對曰：『方當有薦木實者，其色黃赤。』頃之，五官掾獻橘數包。」據此，此條與上條似是一事之分化。）

張霸

張霸，字伯饒，蜀郡城都人也。年數歲，知禮義，鄉人號為張僧子〔一〕。七歲通《春秋》，復欲進餘經。父母曰：「汝小，未能也。」霸曰：「我饒為之。」故字伯饒。（《太平御覽》卷三百八十五。事又見《華陽國志》卷十上、《後漢書・張霸傳》。）

〔校記〕

〔一〕《後漢書・張霸傳》載：「（張霸）數歲而知孝讓，雖出入飲食，自然合禮，鄉人號為張曾子。」言張霸以孝聞，故時人比於曾參，則此處「僧」當作「曾」。

張霸為會稽太守，入海捕賊，遭疾風晦冥，波水涌起，士卒驚，白霸。霸曰：「無得恐，太守奉法追賊，風必不為害。」須臾風靜波止。（《太平御覽》卷七十一。）

張霸，字伯饒〔一〕，為會稽太守，舉賢士〔二〕，勸教講授〔三〕，一郡慕化，但聞誦聲〔四〕。又野無遺寇〔五〕。民語曰：「城上烏鳴哺父母〔六〕，府中諸吏皆孝子〔七〕。」（《太平御覽》卷二百六十二。嘉泰《會稽志》卷十七引此，云出《益都耆舊傳》，即《益部耆舊傳》也，因取以參校。又《北堂書鈔》卷三十五引《益部耆舊傳》曰：「張霸為會稽太守，一郡慕化。」即節此文而成。事又見《華陽國志》卷十上、《後漢書・張霸傳》、《北堂書鈔》卷七十四引謝承《後漢書・張霸傳》。）

〔校記〕
〔一〕此三字，《會稽志》無。
〔二〕士，《會稽志》無。
〔三〕「教」、「授」二字，《會稽志》無。
〔四〕「但」前，《會稽志》有「道路」二字。
〔五〕又，《會稽志》無。按：此有「又」字爲上，「野無遺寇」即下條所載之事，本爲二事，此縮引之，故加「又」字；若無，則前後不應也。
〔六〕嗚，《會稽志》作「鳴」。
〔七〕子，《會稽志》作「友」。按：此作「子」爲上，上文「城上烏」單言「孝」字，不言「友」字。「母」、「子」、「友」上古音皆屬之部，雖皆相韻，然頗疑「母」字中古音既變屬尤部（《唐韻》、《廣韻》並莫厚切），後人乃改之部之「子」爲尤部之「友」以相韻耳。

　　張霸遷會稽太守。是後盜賊衰少，野無遺寇，童謠曰：「棄若戟，棄若矛，〔一〕盜賊盡，吏皆休。」（《太平御覽》卷三百五十二。事又見《後漢書・張霸傳》、《藝文類聚》卷十九引司馬彪《續漢書》。）

　　〔校記〕
　　〔一〕「棄若戟，棄若矛」兩句，《後漢書》、《藝文類聚》引《續漢書》並作「弃我戟，捐我矛」，此言張霸治賊有力，野無遺寇，故民眾捐棄矛戟，無需設備也，故作「我」字爲上。

張浩

　　浩字叔明，治律、《春秋》，游學京師，與廣漢鐔粲、漢中李郃、蜀郡張霸共結爲友善。大將軍鄧騭辟浩，稍遷尙書僕射，出爲彭城相，薦隱士閭丘邈等，徵拜廷尉。延光三年，安帝議廢太子，唯浩與太常桓焉、太僕來歷議以爲不可。順帝初立，拜浩司空，年八十三卒。（《三國志・蜀書・張翼傳》注。）

李尤

　　李尤，字伯仁，爲議郎。安帝寢疾，使尤祠陵廟，肅愼齊潔，辭祝俱美，上疾乃瘳。（《北堂書鈔》卷五十六。按：李尤，《後漢書》有傳。）

翟酺

　　時詔問酺陰陽失序，水旱隔并，其設銷復興濟之本。酺上奏陳圖書之意曰：「漢四百年將有弱主閉門聽難之禍，數在三百年之閒。宜升曆改憲，宜行

先王至德要道，奉率時禁，抑損奢侈，宣明質樸，以延四百年之難。」帝從之。（《後漢書‧翟酺傳》注。事又見《華陽國志》卷十中。）

翟酺上事曰〔一〕：「漢文帝連上書囊以爲帳〔二〕，惡聞紈素之聲也〔三〕。」（《北堂書鈔》卷一百三十二。又見《藝文類聚》卷六十九、《太平御覽》卷六百九十九。按：《潛夫論‧浮侈》篇云：「孝文皇帝躬衣弋綈，足履革舄，以韋帶劍，集上書囊以爲殿帷，盛夏苦暑，欲起一臺，計直百萬，以爲奢費而不作也。」《後漢書‧翟酺傳》載翟酺上書有「文帝愛百金於露臺，飾帷帳於皁囊」句，所宣皆爲文帝儉約之事。此言「惡聞紈素之聲」，亦恐紈素之聲聞，浮侈之心作，所喻同也。）

〔校記〕
〔一〕曰，《藝文類聚》、《太平御覽》作「云」。
〔二〕「上」下，《太平御覽》有「事」字。
〔三〕也，《藝文類聚》、《太平御覽》無。

翟酺善天文，選尚書郎，習天官於永安宮。帝數幸宮，問以得失，賜之璧斂。（《職官分紀》卷八。原云出《益都耆舊傳》，即《益部耆舊傳》也。）

杜真

杜眞，字孟宗，廣漢綿竹人也。少有孝行，習《易》、《春秋》〔一〕，誦百萬言。兄事同郡翟酺，酺後被繫獄，眞上檄章救酺，繫獄，笞六百，竟免酺難，京師莫不壯之。（《後漢書‧翟酺傳》注。又見《太平御覽》卷六百四十九。事又見《華陽國志》卷十中。）

〔校記〕
〔一〕易，《太平御覽》無。

杜眞孟宗，周覽求師，經歷齊魯，資用將乏，磨鏡自給。（《太平御覽》卷七百一十七。按：此文四字爲句，似爲贊語。）

陳禪

陳禪舉善。（《北堂書鈔》卷七十七。按：《後漢書‧陳禪傳》云：「陳禪，字紀山，巴郡安漢人也。仕郡功曹，舉善黜惡，爲邦內所畏。」即其舉善之事。）

叔先雄

孝女叔光雄者〔一〕，犍爲人也〔二〕。父泥和〔三〕，永建初爲縣功曹〔四〕，乘舡墮水物故〔五〕，尸喪不歸。號泣晝夜〔六〕，心不圖存。所生男女二人〔七〕，

並數歲。雄乃各爲囊盛珠〔八〕，環以繫兒〔九〕，數爲訣別之辭〔一○〕。家人每防閑之。後稍懈〔一一〕，因乘小舠於父墮處慟哭〔一二〕，遂自投水死。弟賢，其夕夢雄告之：「却後六日，當共父同出〔一三〕。」至期伺之，果與父相持江上〔一四〕。郡縣表上〔一五〕，爲雄立碑，圖像其形焉。（《太平御覽》卷三百九十六。又見《太平御覽》卷六十九、卷四百一十五。《太平御覽》卷六十九乃節引，差異較大，今附於下。事又見《搜神記》卷十一、《後漢書·列女傳》。）

〔校記〕

〔一〕《太平御覽》卷四百一十五無「叔光」二字。又「叔光」，《搜神記》、《後漢書》並作「叔先」，是也。《古今姓氏書辯證》卷三十五、《姓解》卷三「叔先」條並引此，是「叔先」乃其姓也。作「光」者，形訛也。

〔二〕也，《太平御覽》卷四百一十五無。

〔三〕泥，《太平御覽》卷四百一十五作「江」，下並同，不具校。按：《搜神記》、《後漢書》、《古今姓氏書辯證》卷三十五並作「泥」，《太平御覽》卷六十九引此書亦作「泥」，則作「江」者，誤字也。蓋「泥」字古或作「𡎟」，「尸」缺則與「江」字相似，因而致誤。

〔四〕「永建初」三字，《太平御覽》卷四百一十五無。

〔五〕此句前，《太平御覽》卷四百一十五有「縣長遣江和拜檄謁郡太守」十一字。又「水」前，《太平御覽》卷四百一十五有「湍」字。按：《搜神記》、《後漢書》並有「湍」字，《太平御覽》卷六十九引此書亦有之，此蓋脫之。

〔六〕「號」前，《太平御覽》卷四百一十五有「雄」字。《搜神記》、《後漢書》並有「雄」字，《太平御覽》卷六十九引此書亦有之，此蓋脫之。

〔七〕女，《太平御覽》卷四百一十五無。按：《搜神記》作「雄年二十七，有子男貢年五歲，貫年三歲」，似有二子，與《太平御覽》卷四百一十五同。《後漢書》則云「男女二人」，與此同。

〔八〕雄，《太平御覽》卷四百一十五無。「囊」前，《太平御覽》卷四百一十五無有「作」字。

〔九〕「兒」下，《太平御覽》卷四百一十五有「臂」字。

〔一○〕辭，《太平御覽》卷四百一十五作「辤」。按：「辤」爲「辭」之異體字。

〔一一〕「後」前，《太平御覽》卷四百一十五有「經百許日」四字。按：《後漢書》亦有之，《搜神記》詳記時日，云十月乘船，十二月十五日自投水，亦百許日，則有「經百許日」爲長。

〔一二〕「因」前，《太平御覽》卷四百一十五有「雄」字。

〔一三〕同，《太平御覽》卷四百一十五無。按：《後漢書》有「同」字，《搜神記》作「與父俱出」，則有「同」字是。

〔一四〕「江」前，《太平御覽》卷四百一十五有「浮於」二字。按：《後漢書》亦有之，《搜神記》作「并浮出」，此蓋脫之。

〔一五〕此句，《太平御覽》卷四百一十五作「部縣長表言」。

附:《太平御覽》卷六十九:犍爲符泥和氏女,名光雄。和父乘船,城湍墮水物故,尸喪不得。雄哀慟號咷,乘小船於父沒處,哭數聲,自投水死。後與父相持浮出。〔按:「符」當作「叔」,「叔」或作「𣬅」,與「付」相似,因而致誤。「光」當作「先」。「城」字無義,或乃衍文。〕

楊厚

李固字子堅,諫帝云:〔一〕「臣一日會朝中,見諸侍中皆諸家年少,無一宿儒可顧問者。」乃進楊厚、黃瓊。(《太平御覽》卷二百一十九。又見《北堂書鈔》卷五十八。事又見《後漢書‧李固列傳》。按:李固乃漢中城固人,黃瓊乃江夏安陸人,皆不屬益州。楊厚乃廣漢新都人,此條蓋本引出楊厚事跡者,故以「楊厚」名之。)

〔校記〕

〔一〕以上,《北堂書鈔》節作「李固諫帝曰」。

楊淮

太尉李固薦楊淮〔一〕:「累世服事臺閣〔二〕,既閑練舊典〔三〕,且有幹用〔四〕,宜在機密。」特拜尚書〔五〕。固薨,免官。尚書令陳蕃表行狀,復徵爲尚書。(《太平御覽》卷二百一十二。又見《北堂書鈔》卷六十、《類要》卷十四、《緯略》卷二、《職官分紀》卷九、《事文類聚》新集卷十六、《事類備要》後集卷二十六、《翰苑新書》前集卷十四。按:楊淮事史書無記,《北堂書鈔》卷五十九引謝承《後漢書》:「楊淮,字伯川,拜尚書令。存心正直,選舉高妙,能進善疾惡,不爽毫釐也。」李固以薦賢名,《後漢書‧李固列傳》載其薦樊英、黃瓊、楊厚、賀純、周舉、杜喬、楊倫、王惲、何臨、房植等,獨不載楊淮,可補史闕也。)

〔校記〕

〔一〕太尉,《類要》、《緯略》、《事文類聚》、《事類備要》、《翰苑新書》無。此句下,《北堂書鈔》有「字伯川」三字,當是虞世南所補。

〔二〕此句,《事文類聚》、《事類備要》、《翰苑新書》無。

〔三〕既,《北堂書鈔》、《類要》、《緯略》、《事文類聚》、《事類備要》、《翰苑新書》無。閑練,《緯略》作「練達」。又《緯略》引至此句止。

〔四〕且,《北堂書鈔》作「具」。此表遞進,作「且」爲上;作「具」者,形訛也。此句,《類要》無。

〔五〕《北堂書鈔》、《類要》、《事文類聚》、《事類備要》、《翰苑新書》引至此止。

馮顥

　　廣漢馮顥爲謁者，逐單于至雲中。大將軍梁冀遣人求鷹，止晉陽。舍人不避顥，顥收之，使人擊鷹而亡也〔一〕。顥追捕甚急，冀辭乃止。（《太平御覽》卷九百二十六。又《事類賦》卷十八引此，云出《益都耆舊傳》，即《益部耆舊傳》也，因取以參校。又此文所論，以馮顥爲峻刻者，梁冀爲溫仁者，與《華陽國志》、《後漢書》所載馮顥形象差異頗大。）

　　〔校記〕

　　〔一〕擊，《事類賦》作「挈」，爲上。

趙典

　　趙典，字仲經〔一〕，爲太常，雖身處上卿〔二〕，而布被瓦器〔三〕。（《太平御覽》卷二百二十八。又見《北堂書鈔》卷三十八、卷五十三、《藝文類聚》卷四十九、《職官分紀》卷十八。又《海錄碎事》卷十一上、《錦繡萬花谷》後集卷十一、《事文類聚》新集卷二十六引此，並云出《耆舊傳》，即《益部耆舊傳》之省，因取以參校。事又見《後漢書·趙典傳》注引謝承《後漢書》。）

　　〔校記〕

　　〔一〕此三字，《藝文類聚》、《海錄碎事》、《職官分紀》、《錦繡萬花谷》、《事文類聚》無。經，《北堂書鈔》卷五十三作「任」。按：《後漢書·趙典傳》、《華陽國志》、《聖賢群輔錄》上並云字「仲經」，作「任」者，蓋「經」或俗書作「经」，與「任」形近而訛。

　　〔二〕「雖身處」三字，《北堂書鈔》卷三十八無。身，《職官分紀》、《錦繡萬花谷》、《事文類聚》無。

　　〔三〕「器」下，《海錄碎事》有「也」字。

涪翁

　　廣漢有老翁〔一〕，釣於涪水，自號涪翁。（《初學記》卷二十二。又見《類要》卷二十七、《芥隱筆記》、《苕溪漁隱叢話》後集卷三十一。）

　　〔校記〕

　　〔一〕漢，《芥隱筆記》誤作「陵」。

董扶

　　董扶，字茂安，少從師學，兼通數經，善《歐陽尙書》。又事聘士楊厚，究極圖讖。遂至京師，游覽太學，還家講授，弟子自遠而至。永康元年，日

有蝕之，詔舉賢良方正之士，策問得失。左馮翊趙謙等舉扶，扶以病不詣，遙於長安上封事，遂稱疾篤歸家。前後宰府十辟，公車三徵，再舉賢良方正、博士、有道，皆不就，名稱尤重。大將軍何進表薦扶曰：「資游、夏之德，述孔氏之風，內懷焦、董消復之術。方今並、涼騷擾，西戎蠢叛，宜敕公車特召，待以異禮，諮謀奇策。」於是靈帝徵扶，即拜侍中。在朝稱爲儒宗，甚見器重。求爲蜀郡屬國都尉。扶出一歲而靈帝崩，天下大亂。後去官，年八十二卒於家。始扶發辭抗論，益部少雙，故號曰「至止」，言人莫能當，所至而談止也。後丞相諸葛亮問秦宓以扶所長，宓曰：「董扶褒秋毫之善，貶纖芥之惡。」（《三國志·蜀書·劉焉傳》注。又見《北堂書鈔》卷九十八、《職官分紀》卷六，皆節引，並附於下。事又見《華陽國志》卷十中、《後漢書·董扶傳》。）

附：《北堂書鈔》卷九十八：董扶發辭抗論，益部少雙，號曰「致止」，言人莫能當，所至而談止也。

《職官分紀》卷六：董秩少從師學，大將軍何進表薦：「資游、夏之德，述孔氏之風，宜勅公車，待詔以異禮，諮謀奇防。」靈帝徵拜侍中，在朝稱爲儒宗，甚見器待。〔按：「秩」乃「扶」之形訛。又：不當云「待詔以異禮」，據上，「待詔」當作「特召，待」。〕

任安

安，廣漢人。少事聘士楊厚，究極圖籍，游覽京師，還家講授，與董扶俱以學行齊聲。郡請功曹，州辟治中別駕，終不久居。舉孝廉、茂才，太尉載辟，除博士，公車徵，皆稱疾不就。州牧劉焉表薦安：「味精道度，屬節高邈，揆其器量，國之元寶，宜處弼疑之輔，以消非常之咎。玄纁之禮，所宜招命。」王塗隔塞，遂無聘命。年七十九，建安七年卒，門人慕仰，爲立碑銘。後丞相亮問秦宓以安所長，宓曰：「記人之善，忘人之過。」（《三國志·蜀書·秦宓傳》注。事又見《後漢書·方術列傳》。）

王商

商，字文表，廣漢人，以才學稱，聲問著於州里，劉璋辟爲治中從事。是時王塗隔絕，州之牧伯猶七國之諸侯也，而璋懦弱多疑，不能黨信大臣。商奏記諫璋，璋頗感悟。初，韓遂與馬騰作亂關中，數與璋父爲交通信，至騰子超復與璋相聞，有連蜀之意。商謂璋曰：「超勇而不仁，見得不思義，不可以爲唇齒。老子曰：『國之利器，不可以示人。』今之益部，士美民豐，

寶物所出，斯乃狡夫所欲傾覆，超等所以西望也。若引而近之，則由養虎，將自遺患矣。」璋從其言，乃拒絕之。荊州牧劉表及儒者宋忠咸聞其名，遺書與商，敘致殷勤。許靖號爲臧否，至蜀，見商而稱之曰：「設使商生於華夏，雖王景興無以加也。」璋以商爲蜀郡太守。成都禽堅有至孝之行，商表其墓，追贈孝廉。又與嚴君平、李弘立祠作銘，以旌先賢。脩學廣農，百姓便之。在郡十載，卒於官，許靖代之。（《三國志・蜀書・許靖傳》注。原云出《益州耆舊傳》，當即《益部耆舊傳》，今附於此。事又見《華陽國志》卷十中，較此爲略。）

　　秦宓對王商曰：「昔堯優許由，非不弘也，洗其兩耳。」（《文選・陸機〈演連珠〉》注。按：《三國志・蜀書・秦宓傳》載：「劉璋時，宓同郡王商爲治中從事，與宓書曰：『貧賤困苦，亦何時可以終身？卞和衒玉以耀世，宜一來，與州尊相見。』宓答書曰：『昔堯優許由，非不弘也，洗其兩耳。楚聘莊周，非不廣也，執竿不顧。《易》曰：「確乎其不可拔。」夫何衒之有？且以國君之賢，子爲良輔，不以是時建蕭、張之策，未足爲智也。僕得曝背乎隴畝之中，誦顏氏之簞瓢，詠原憲之蓬戶，時翺翔於林澤，與沮、溺之等儔；聽玄猿之悲吟，察鶴鳴於九皋，安身爲樂，無憂爲福，處空虛之名，居不靈之龜。知我者希，則我貴矣。斯乃僕得志之秋也，何困苦之戚焉！』後商爲嚴君平、李弘立祠，宓與書曰：『疾病伏匿，甫知足下爲嚴、李立祠，可謂厚黨勤類者也。觀嚴文章，冠冒天下，由、夷逸操，山嶽不移。使揚子不歎，固自昭明。如李仲元不遭法言，令名必淪，其無虎豹之文故也。可謂攀龍附鳳矣！如揚子雲潛心著述，有補於世，泥蟠不滓，行參聖師，於今海內，談詠厥辭。邦有斯人，以耀四遠，怪子替茲，不立祠堂。蜀本無學士，文翁遣相如東受七經，還教吏民，於是蜀學比於齊魯。故《地里志》曰：「文翁倡其教，相如爲之師。」漢家得士，盛於其世；仲舒之徒，不達封禪，相如制其禮。夫能制禮造樂，移風易俗，非禮所秩有益於世者乎！雖有王孫之累，猶孔子大齊桓之霸，公羊賢叔術之讓。僕亦善長卿之化，宜立祠堂，速定其銘。』」此文乃節引秦宓語，《益部耆舊傳》似當皆有之，故錄於此，以備省覽。）

景毅

　　景毅爲益州太守〔一〕，威恩洽暢〔二〕，有鳩鳥巢於廳事〔三〕，生卵育焉〔四〕。（《北堂書鈔》卷七十五。又見《太平御覽》卷九百二十一。事又見《華陽國志》卷十下。又《北堂書鈔》卷三十五「鳩巢屋上」條引《益部傳》「景毅爲上令，又爲白水令」，似亦論此事。今錄於此，不別爲一條。）

〔校記〕

〔一〕「景毅」前，《太平御覽》有「廣漢」二字。

〔二〕此句，《太平御覽》無。

〔三〕「有」、「鳥」二字，《太平御覽》無。

〔四〕此句，《太平御覽》作「鸑卵孕育」。

趙珪

趙珪〔一〕，字孫明〔二〕，少好遊俠，行部，帶劍過亭長，〔三〕亭長譙之，乃歎曰〔四〕：「無大志〔五〕，故爲豎吏所輕耳〔六〕。」於是解劍掛壁曰〔七〕：「珪不乘輜車、佩綬〔八〕，不復帶劍。」〔九〕因之京師，詣大學受業，治《春秋》，變行厲操，名德遂稱，除野王令，乃解劍帶之官。〔一〇〕治官清約，以身率下，烟火不舉，常食乾糒。（《太平御覽》卷二百六十八。又見《北堂書鈔》卷一百二十二。《北堂書鈔》卷七十八引《益部耆舊傳》趙瑤事與此同，蓋「瑤」乃「珪」之訛，今取以參校。）

〔校記〕

〔一〕珪，《北堂書鈔》卷七十八誤作「瑤」，下「珪」亦皆誤。

〔二〕此三字，《北堂書鈔》卷七十八無。

〔三〕以上兩句，《北堂書鈔》卷一百二十二無。

〔四〕「乃」前，《北堂書鈔》卷一百二十二有「珪」字。此句，《北堂書鈔》卷七十八無。

〔五〕「無」前，《北堂書鈔》卷一百二十二有「吾」字。此句，《北堂書鈔》卷七十八無。

〔六〕「豎」、「耳」二字，《北堂書鈔》卷一百二十二無。此句，《北堂書鈔》卷七十八無。

〔七〕於是，《北堂書鈔》卷一百二十二作「乃」。

〔八〕此句，《北堂書鈔》卷七十八作「瑤不乘車佩綬」，卷一百二十二作「珪以不乘駟馬車」。

〔九〕《北堂書鈔》卷一百二十二引至此止。

〔一〇〕「因之」以下，《北堂書鈔》卷七十八節作「後除野王令，乃解劍帶之」，並引至此止。

趙瑤

趙瑤，字元珪〔一〕，爲間內令〔二〕，遭旱〔三〕，率掾吏齊戒，請雨靈鴟，〔四〕應時下雨〔五〕，上縣遍熟〔六〕。（《北堂書鈔》卷一百五十六。又見《北堂書鈔》卷七十八、《藝文類聚》卷二、《太平御覽》卷十一、《類要》卷八、《輿地紀勝》卷一百五十五。《太平御覽》卷三十五、《太平寰宇記》卷十七引此，云出《益都耆舊傳》，當即《益部耆舊傳》，因取以參校。）

〔校記〕

〔一〕此三字，它書引並無。

〔二〕間內，《北堂書鈔》卷七十八作「緩氏」，《藝文類聚》、《太平御覽》卷十一、卷三十
　　　五、《太平寰宇記》、《類要》、《輿地紀勝》作「閬中」。按：「間內」當爲「閬中」之
　　　訛，《華陽國志》卷十下載趙瑤爲緩氏令，不載其爲閬中令事，然不可據此以爲誤也。

〔三〕此二字，《北堂書鈔》卷七十八無，《太平御覽》卷三十五作「大旱」，《太平寰宇記》、
　　　《類要》、《輿地紀勝》作「時西州遭旱」。

〔四〕以上二句，《北堂書鈔》卷七十八作「齊戒請雨於靈星，歸咎自責，稽首流血」，《藝
　　　文類聚》、《太平御覽》作「請雨於靈星」，《太平御覽》卷三十五作「瑤請雨於靈星」，
　　　《太平寰宇記》作「瑤卒椽吏齋戒於靈星池，歸咎自責，稽首流血」，《類要》作「瑤
　　　率祿史齋戒於靈星池，歸咎自責，稽首流血」，《輿地紀勝》作「瑤率掾史齋戒於靈
　　　星池，歸咎自責，稽首流血」。按：「齊」、「齋」通；《太平寰宇記》之「卒」爲「率」
　　　之形訛，「椽」爲「掾」之形訛；《類要》之「祿」爲「掾」之形訛。本文「鳴」字
　　　不通，當作「星」。

〔五〕下，《北堂書鈔》卷七十八、《藝文類聚》、《太平御覽》卷十一、《太平寰宇記》、《輿
　　　地紀勝》作「大」，《太平御覽》卷三十五作「降」。

〔六〕此句，《類要》作「即此也」，它書無。

　　趙瑤爲緩氏令，到任，虎負其子出界。(《北堂書鈔》卷第七十八。原云出《益
州耆舊傳》，當即《益部耆舊傳》也，今附於此。事又見《華陽國志》卷十下。)

張則

　　張則弟兄有令名，鄉黨曰「三留」，爲祥符守，民號爲取龍。(《北堂書鈔》
卷三十六。按：據下條並《華陽國志》卷十下，張則曾爲牂牁太守，不聞爲祥符守事。
陳、俞本《北堂書鈔》「祥符守」作「牂牁令」，此或當作「牂牁太守」，與下條一事
之訛。「牂」、「祥」形近，「牁」「符」形亦略近，因而致訛也。)

　　張則爲牂牁太守，吏民爲之歌曰「臥虎」。(《北堂書鈔》卷七十五。事又見
《華陽國志》卷十下。)

王上妻袁福

　　廣漢德陽王上妻者，同縣袁氏女也，名福，年二十適上。舅姑既沒，復
遭上喪，悲傷感切，不妄言笑。有二子，養育遺孤，執心純篤。及叔父愍其
窮困，私以許張奉，掩迫合婚。其旦，計欲殺奉，恐禍及母、叔、孤兒〔一〕。
永棄死，雖必生，忼慨流涕，自殺而死。(《太平御覽》卷四百四十一。事又見
《華陽國志》卷十中。)

〔校記〕

〔一〕此句恐有脫誤，此文「母」、「叔」二字未有承。《華陽國志》作「父母欲改嫁，乃自殺」，上文言「舅姑既沒」，則袁氏父母尚存，「母」或當作「父母」。上文言「叔父愍其窮困」，則此處「叔」疑當作「叔父」。

楊鳳珪妻陳姬

犍爲楊鳳珪妻者，蜀郡臨邛陳氏女也，名姬〔一〕。珪早亡，時姬產子，適生六月，躬喪事，育幼孤。三年喪訖，兄弟宗親哀其子少年壯，謀議更配，以許蜀中豪姓。姬聞，仰天歎息，引刀割咽，幾死。於是九族驚愕，遂敬從其節。（《太平御覽》卷四百四十一。又見《太平御覽》卷三百六十八，文乃節引，差異較大，今附於下。事又見《華陽國志》卷十上。）

〔校記〕

〔一〕姬，《華陽國志》作「助」，《華陽國志》卷十二亦有「犍爲楊鳳珪妻陳助，臨邛人也」文，亦作「助」，未詳孰是。

附：《太平御覽》卷三百六十八：犍爲楊鳳珪者，其妻陳姬。珪早亡，兄弟欲嫁之，姬於是列刀割咽，流血幾死。九族驚異，乃從其節。

周繕紀妻曹禁

犍爲南安周繕紀妻者，同縣曹氏女也，名禁，字敬姬。年十七，適周氏，二年而夫亡隕。時禁懷姙數月，後產子元餘，喪事闋，遂移居，依託父母，欲必守義，育養孤弱。父愍其年少子稚，默以許同縣狐賓，遣車馬衣服來，欲迎禁。父乃告，禁勃然作色，悽愴言曰：「依近父母，本不圖此。」因流涕忼慨，乃自投舍後流水。於是舉家競赴救出，而氣息已絕，積二日一夜，乃復蘇息。二親由是知其至誠，謝賓解婚。禁欷歔長歎，乃更將子還，依夫第居止，潔身執操，非禮不動。（《太平御覽》卷四百四十一。）

巴三貞

巴三貞者，閬中馬眇新妻義，西充國王玄憤妻姬，皆閬中人也；閬中趙蔓君妻華，西充國人也。姬早失夫，介然守操。中平五年，黃巾餘類延益州，賊帥趙蕃據閬中城，構迫衣冠，令人婦女爲質〔一〕，義、姬、華等隨比入城。後賊類爭勢，攻破閬中，時人或死或奔，家室相失，義、姬、華隨類出城走。傳聞後賊或構略婦女，於是三人自度窮迫，恐不免於據逼，乃相與自沈水而

死。鄉黨聞之，莫不感傷，號曰「三貞」。(《太平御覽》卷四百四十一。事又見《華陽國志》卷一，文差異較大。)

〔校記〕

〔一〕人，當爲「入」。

便敬妻王和

廣漢新都便敬妻者，同縣王氏女也，名和。年十七，適敬。敬亡，和肓養遺孤，闔門守節，不隨宗家宴樂嘉會，居理甚修。蜀郡何玉，因媒問和兄著取和，遂相聽許。著深曉其夫死子小，宜有改圖，加貧衰無以自立，何氏公族，必據福祚。和自陳說，斷計決分，守全孤弱。辭言未訖，忼慨涕淚，哀慟左右。然著終受玉幣，因欲迫脅。和乃斷耳示著，以信至見聽，請以死謝。舉宗敬重，哀其大義。(《太平御覽》卷四百四十一。)

乘士會妻

蜀郡廣都公乘士會妻者〔一〕，同縣張氏女也。會早卒，年壯無嗣〔二〕。欲有問者，親戚將以許之。發憤慷慨，斷髮割耳，事姑盡禮，肅恭供養，養族子以承宗廟。〔三〕(《太平御覽》卷四百四十一。又見《太平御覽》卷三百七十三。按：《御覽》卷四百四十一下原注云：「《列女傳》爲熊氏女，斷髮割耳同。」事又見《華陽國志》卷十上。)

〔校記〕

〔一〕此句，《御覽》卷三七三作「蜀郡公乘會妻」。按：公乘乃姓，《華陽國志》作「公乘會妻」，亦無「士」字，未詳孰是。

〔二〕此句，《御覽》卷三七三無。

〔三〕自「欲有問者」以下，《御覽》卷三七三作「後欲問者，女乃斷發割耳，以明不嫁」。

廖伯妻殷紀

廣漢廖伯妻者，同縣殷氏女也，名紀〔一〕。年十六適伯，伯早卒。紀性聰敏，達於《詩》、《書》、《女傳》，進退閑暇。又有美色，見貪〔二〕，割面告誠，以全其節，曰：「求生害仁，仁者不爲。紀生見禮義，豈獨使古人擅名者哉？」〔三〕因作詩三章，以風父母，而舉縣嘉其才麗。媒介滋繁，遂援刀鐕〔四〕，斷指明情。(《太平御覽》卷四百四十一。事又見《華陽國志》卷十中、《藝文類聚》卷十八引《列女傳》。)

〔校記〕

〔一〕紀，《華陽國志》、《類聚》引《列女傳》並作「紀配」，此疑脫「配」字。

〔二〕此文若以「又有美色」屬前，則與上敘材質之美不類。若以屬後，則「見貪」頗不順，或前有脫文，作「恐見貪」、「慮見貪」之類，已不可知。

〔三〕此恐仍有亂文，《華陽國志》作：「已自有美色，慮人求己，作詩三章，自誓心而求者猶眾。」《類聚》引《列女傳》作：「紀配曰：『梁高行割鼻告誠，以全其節。求生害仁，仁者不爲。紀配生見禮義，豈獨使古人擅名哉？』」其作詩，乃明志也；後仍有求者，方復斷指。若紀配已割其面，似不當復斷指。疑當從《類聚》，以「割面告誠，以全其節」爲殷紀配之語也。

〔四〕鑽，字書未見，疑當作「鐕」，形訛也。

楊子拒妻

　　楊子拒妻，劉懿公女也〔一〕，字公璞〔二〕。貞勳達禮〔三〕，有四男二女。拒亡〔四〕，教遵閨門〔五〕，動有法則。長子元琮常出飲酒〔六〕，還舍〔七〕，母不見十日。因諸弟謝過〔八〕，乃數責之曰〔九〕：「夫飲酒有不至湎者〔一〇〕，禮也；汝乃沉荒，慢而無敬〔一一〕，自倡敗首〔一二〕，何以帥先諸弟也〔一三〕？」（《初學記》卷二十六。又見《太平御覽》卷八百四十五、《酒譜》。《初學記》原云出陳壽《益部傳》，即《益部耆舊傳》之省，其文較完備，故以之爲底本。《酒譜》亦云出《益部傳》，乃節引，文字差異較大，今附於下，僅以《太平御覽》參校。事又見《華陽國志》卷十下。）

　　〔校記〕

〔一〕此句，《太平御覽》作「劉臣公之女」。按：《華陽國志》作「劉巨公」，未詳孰是。

〔二〕公璞，《太平御覽》作「奉漢」。按：《華陽國志》作「泰瑛」，《酒譜》作「泰瑛」，《太平御覽》卷四百〇五引《列女傳》作「大英」，「大」即「泰」字，則似作「泰瑛」爲是，「公」乃「大」之訛，「奉」乃「泰」之訛，「漢」、「瑛」則俱「瑛」之訛也。

〔三〕此句，《太平御覽》無。

〔四〕「拒」下，《太平御覽》有「早」字。

〔五〕遵，《太平御覽》作「道」。

〔六〕琮，《太平御覽》作「珎」。按：《華陽國志》作「珍」，《酒譜》作「宗」，「珎」乃「珍」之異體字。《華陽國志》、《太平御覽》卷四百〇五引《列女傳》云其二子名仲珍，似四子俱以「珍」名之。常，《太平御覽》作「嘗」，「常」、「嘗」通。

〔七〕此句，《太平御覽》作「自輿而歸」。

〔八〕因，《太平御覽》無。

〔九〕此句，《太平御覽》作「乃見，數責曰」。

〔一〇〕此句，《太平御覽》作「夫飲酒有節，不至沉湎者」，文較順達，爲上。

〔一一〕敬，《太平御覽》作「禮」。

〔一二〕倡，《太平御覽》作「爲」。

〔一三〕也，《太平御覽》無。

附：《酒譜》：楊子拒妻劉泰瑛，貞懿達禮，子元宗醉歸舍，劉十日不見。諸弟謝過，乃責之曰：「汝沈荒不敬，何以帥先諸弟。」

張真妻黃帛

張真妻〔一〕，黃氏女也〔二〕，名帛。真乘船覆沒〔三〕，求尸不得〔四〕。帛至沒處灘頭仰天而歎〔五〕，遂自沉淵〔六〕，積十四日，帛持真手於灘下出〔七〕。時人爲說曰：「符有先絡棼，道有張帛者也。」〔八〕（《水經注‧江水注》。又見《太平御覽》卷一百六十六、《太平寰宇記》卷七十九、《類要》卷八。事又見《華陽國志》卷十中。）

〔校記〕

〔一〕此句，《太平御覽》、《太平寰宇記》、《類要》作「棼道有張真者」。

〔二〕此句，《太平御覽》、《太平寰宇記》作「娶黃氏女」，《類要》作「娶黃氏文」，「文」乃「女」之形訛。

〔三〕《太平御覽》、《太平寰宇記》、《類要》作「真因乘船過江，船覆沒」。

〔四〕「求」前，《太平御覽》、《太平寰宇記》、《類要》有「帛」字。「求」下，《太平御覽》、《太平寰宇記》、《類要》有「夫」字。尸，《太平寰宇記》作「屍」，「屍」乃「尸」之異體字。

〔五〕此句，《太平御覽》無，《太平寰宇記》作「於溺所仰天長嘆」，《類要》作「於溺所仰天而劝」，「劝」當即「叹（嘆）」之形訛。

〔六〕遂，《太平御覽》無。自，《類要》形訛作「有」。淵，《太平御覽》作「於水」，《太平寰宇記》、《類要》作「焉」。

〔七〕此句，《太平御覽》作「乃抱夫屍出於灘下」，《太平寰宇記》作「帛乃扶夫尸出於灘下」，《類要》作「帛乃夫尸出於灘下」，蓋脫「扶」字。

〔八〕「時人」以下，《太平御覽》作「故名鴛鴦坼」，《太平寰宇記》作「因名鴛鴦岸」，《類要》作「名之因曰鴛鴦坼」。按：《御覽》「坼」、「圻」乃「圻」之訛，「圻」即「岸」之異體。

王棠妻文拯

廣漢王棠妻文拯，其前妻子博學好寫書，拯嘗爲手自作表，常過其意。（《太平御覽》卷六百○六。）

張昭儀

蜀郡史賢妻張昭儀〔一〕，賢既犯罪被誅，儀取刀自割咽喉而死。（《太平御覽》卷三百六十八。）

〔校記〕

〔一〕《華陽國志》卷十二云:「朱叔賢妻張昭儀,繁人也。」「史」、「朱」形近,當有一訛。
　　「叔」則似脫也。

董榮

　　益州刺史董榮圖畫周像於州學〔一〕,命從事李通頌之〔二〕,曰:「抑抑譙
侯,好古述儒。寶道懷眞,鑒世盈虛。雅名美迹,終始是書。我后欽賢,無
言不譽。攀諸前哲,丹青是圖。嗟爾來葉,鑒茲顯模。」(《三國志‧蜀書‧譙
周傳》注。又見《玉海》卷五十七。)

〔校記〕

〔一〕「周」前,《玉海》有「譙」字。

〔二〕《玉海》引至此止。

張表

　　張表,蕭子也。(《三國志‧蜀書‧馬忠傳》注。)

張肅、張松

　　張肅有威儀,容貌甚偉;松爲人短小放蕩〔一〕,不持節操,然識理精果〔二〕,
有才幹〔三〕。劉璋遣詣曹公〔四〕,公不甚禮〔五〕。楊脩深器之〔六〕,白公辟松,
不納。〔七〕脩以公所撰兵書示松〔八〕,飲宴之閒〔九〕,一省即便闇誦,以此異
之〔一〇〕。(《後漢書‧劉焉傳》注。又見《太平御覽》卷三百八十九、卷四百三十二。
《後漢書》注原云出《益郡耆舊傳》,古無是書,「郡」與「部」、「都」皆形近,然《後
漢書》注引是書,皆作《益部耆舊傳》,則「郡」當爲「部」之形訛。此書文最詳備,
因以之爲底本。)

〔校記〕

〔一〕「松」上,《太平御覽》卷三百八十九有「弟」字。

〔二〕理,《太平御覽》卷三百八十九作「達」。又《太平御覽》卷四百三十二未引張肅事,
　　而以「張松識達精異」領起此文。「異」乃「果」之形訛。

〔三〕此三字,《太平御覽》卷四百三十二無。

〔四〕「遣」上,《太平御覽》卷三百八十九有「乃」字。詣,《太平御覽》卷四百三十二無。

〔五〕「公」前,《太平御覽》卷三百八十九有「曹」字。此句,《太平御覽》卷四百三十二
　　無。

〔六〕脩,《太平御覽》卷三百八十九作「修」,「脩」爲「修」之異體字。此句,《太平御
　　覽》卷四百三十二無。

〔七〕以上兩句,《太平御覽》卷三百八十九、卷四百三十二無。

〔八〕「脩」上，《太平御覽》卷四百三十二有「楊」字。

〔九〕宴，《太平御覽》卷三百八十九、卷四百三十二作「讌」，「宴」、「讌」通。

〔一〇〕「以」上，《太平御覽》卷三百八十九有「修」字。此句，《太平御覽》卷四百三十二無。

何祗

何祗，字君肅，爲人寬厚通濟〔一〕，體甚壯大，能食飲〔二〕，好聲色，不治節儉，時人少貴之者。（《太平御覽》卷八百四十九。又見《北堂書鈔》卷一百四十三。事又見《三國志・蜀書・楊洪傳》注引《益部耆舊雜記》。）

〔校記〕

〔一〕「爲」上，《北堂書鈔》有「家貧」二字。

〔二〕食飲，《北堂書鈔》作「飲食」。又《北堂書鈔》引至此止。

何祗夢桑生井之中〔一〕，解桑字四十八〔二〕，君壽恐不可過此〔三〕。祗四十八而卒〔四〕。（《太平御覽》卷九百五十五。又見《藝文類聚》卷八十八、《太平御覽》卷四百。按：《藝文類聚》云出《益州耆舊傳》，《太平御覽》云出《益部耆舊記》，觀其文字，《藝文類聚》所引與此文相近；《太平御覽》卷四百所引與《三國志・蜀書・楊洪傳》注引《益部耆舊雜記》相類，或《御覽》卷四百所云《益部耆舊記》即《益部耆舊雜記》之省也。今仍以兩書參校。）

〔校記〕

〔一〕祗，《太平御覽》卷四百誤作「祛」。「夢」上，《太平御覽》卷四百有「嘗」字。桑生井之中，《藝文類聚》無「之」字，《太平御覽》卷四百作「井中生桑」。

〔二〕此句之上，《藝文類聚》有「趙直占曰：桑非井中之物」十字，《太平御覽》卷四百有「以問占夢趙直。直曰：桑非井中之物」十四字。按：下「君壽」云云，明是他人所解，此文蓋脱趙直占夢一節。此句，解，《藝文類聚》無，《太平御覽》卷四百作「然」。「十」下，《太平御覽》卷四百有「下有」二字。

〔三〕可，《藝文類聚》、《太平御覽》卷四百無。

〔四〕「祗」下，《藝文類聚》有「年」字。此句，《太平御覽》卷四百作「後果如直言」。

何祛爲成都令〔一〕，嘗眠睡，其覺悟便得姦詐〔二〕，咸畏祛之發摘〔三〕，或以爲有術得知之，無敢復欺者。（《太平御覽》卷三百九十三。《事文類聚》後集卷二十一引此，云出《益都耆舊傳》，即《益部耆舊傳》也，因取以參校。事又見《三國志・蜀書・楊洪傳》注引《益部耆舊雜記》。）

〔校記〕

〔一〕祛，乃「祗」之形訛，下「祛」字同。

〔二〕悟，《事文類聚》作「寤」。

〔三〕摘，《事文類聚》作「擿」，「摘」、「擿」通。

何祗補成都令〔一〕，使人投算，祗聽其讀，而心計不差升合，其精如此。（《太平御覽》卷四百三十二。事又見《三國志·蜀書·楊洪傳》注引《益部耆舊雜記》。）

〔校記〕

〔一〕祗，通「祇」。

張嶷

嶷出自孤微，而少有通壯之節。（《三國志·蜀書·張嶷傳》注。）

嶷受兵三百人，隨馬忠討叛羌。嶷別督數營在先，至他里。邑所在高峻，嶷隨山立上四五里。羌於要厄作石門，於門上施床，積石於其上，過者下石槌擊之，無不糜爛。嶷度不可得攻，乃使譯告曉之曰：「汝汶山諸種反叛，傷害良善，天子命將討滅惡類。汝等若稽顙過軍，資給糧費，福祿永隆，其報百倍。若終不從，大兵致誅，雷擊電下，雖追悔之，亦無益也。」者帥得命，即出詣嶷，給糧過軍。軍前討餘種，餘種聞他里已下，悉恐怖失所，或迎軍出降，或奔竄山谷，放兵攻擊，軍以克捷。後南夷劉胄又反，以馬忠為督庲降討胄，嶷復屬焉，戰鬥常冠軍首，遂斬胄。平南事訖，牂柯興古獠種復反，忠令嶷領諸營往討，嶷內招降得二千人，悉傳詣漢中。（《三國志·蜀書·張嶷傳》注。）

時車騎將軍夏侯霸謂嶷曰：「雖與足下疏闊，然託心如舊，宜明此意。」嶷答曰：「僕未知子，子未知我，大道在彼，何云託心乎！願三年之後徐陳斯言。」有識之士以為美談。（《三國志·蜀書·張嶷傳》注。《書敘指南》卷六引《益州耆舊傳》「初識相知，託心如舊」即用此文。）

嶷風溼固疾，至都浸篤，扶杖然後能起。李簡請降，眾議狐疑，而嶷曰必然。姜維之出，時論以嶷初還，股疾不能在行中，由是嶷自乞肆力中原，致身敵庭。臨發，辭後主曰：「臣當值聖明，受恩過量，加以疾病在身，常恐一朝隕沒，辜負榮遇。天下違願，得豫戎事。若涼州克定，臣為藩表守將；若有未捷，殺身以報。」後主慨然為之流涕。（《三國志·蜀書·張嶷傳》注。）

余觀張嶷儀貌辭令，不能駭人，而其策略足以入算，果烈足以立威，為臣有忠誠之節，處類有亮直之風，而動必顧典，後主深崇之。雖古之英士，何以遠逾哉！（《三國志·蜀書·張嶷傳》注。）

常播

常播，字文平，蜀郡江源人〔一〕。仕縣主簿，縣長廣都朱淑以官穀割沒〔二〕，當論重罪。播爭獄訟，身受杖數千，披肌割膚，更歷三獄，幽閑二年〔三〕。每將掠拷，吏先驗問伏不，播答言忽得罰，〔四〕無所多問，辭終不撓，事遂見明也。（《太平御覽》卷六百五十。事又見《三國志·蜀書·贊》注引《益部耆舊雜記》。）

〔校記〕

〔一〕源，當從《益部耆舊雜記》作「原」。

〔二〕淑，《益部耆舊雜記》作「游」，其人不聞，未知孰是。

〔三〕閑，當從《益部耆舊雜記》作「閉」。

〔四〕「吏先」以下兩句，《益部耆舊雜記》作「吏先驗問，播不答，言但急行罰」，義爲上。蓋「不」、「答」誤乙，「急」誤作「忽」，「行」誤作「得」，又有衍脫也。

景鸞

景鸞，字漢伯，少隨師學經〔一〕，涉七州之地〔二〕，能理《齊詩》、《施氏易》〔三〕，兼受《河》、《洛》、圖緯〔四〕。作《易說》及《詩解文句》〔五〕，兼取《河》、《洛》，以類相從，名爲《奧集》。又撰《禮略》〔六〕。（《北堂書鈔》卷九十六。又見《北堂書鈔》卷九十七、卷九十九〔兩引〕。事又見《華陽國志》卷十下、《後漢書·儒林列傳》下。）

〔校記〕

〔一〕隨，《北堂書鈔》卷九十七作「從」。

〔二〕涉，《北堂書鈔》卷九十九首引作「陟」。又此句，《北堂書鈔》卷九十九次引無。

〔三〕能理，《北堂書鈔》卷九十七作「治」。作「理」者，蓋避唐太宗諱而改。又《北堂書鈔》卷九十七引至此句止。又此句，《北堂書鈔》卷九十九兩引皆無。

〔四〕此句，《北堂書鈔》卷九十九兩引皆無。

〔五〕易說，《北堂書鈔》卷九十九首引作「易是說」。按：「是」當衍文，《後漢書·儒林列傳》亦無「是」字。詩，《北堂書鈔》卷九十九兩引並作「時」。按：《後漢書·儒林列傳》作「詩」，當作「詩」爲上。景鸞治《施氏易》，故爲《易說》；治《齊詩》，故爲《詩解文句》，皆相承也。

〔六〕此句，《北堂書鈔》卷九十九次引無。

段翳

段翳，字元章，善天文風角。有一諸生來學，積年，諸生略究要術，辭歸鄉里。翳爲作一脂筒，中盛簡書，曰：「有變，乃發視之。」生至葭萌，與吏爭津，吏橘從人，頭破。開筒得書言：「到葭萌與吏鬪，破頭者以此脂裹之。」

生喟然而歎，乃還，卒其業。(《太平御覽》卷三百六十四。事又見《華陽國志》卷十中、《後漢書·方術列傳上》。)

何汶

何汶〔一〕，字景□〔二〕，爲謁者，持赤幘〔三〕，同僚問之〔四〕。曰：「日當食。」〔五〕至晡，日果食〔六〕。(《北堂書鈔》卷一百二十七。又見《北堂書鈔》卷六十二。事又見《華陽國志》卷十上。按：《後漢書·禮儀志四》注引《決疑要注》：「凡救日食，皆著赤幘，以助陽也。」即論此事。)

〔校記〕

〔一〕汶，《北堂書鈔》卷六十二誤作「汝」。

〔二〕□，《北堂書鈔》卷六十二作「伯」，《華陽國志》作「由」。

〔三〕「持」上，《北堂書鈔》卷六十二有「上直令」三字。

〔四〕此句，《北堂書鈔》卷六十二作「百僚不懈」，「懈」當作「解」。

〔五〕「日」下四字，《北堂書鈔》卷六十二無。

〔六〕「食」下，《北堂書鈔》卷六十二有「也」字。

玄賀

賀，字文和，州辟爲從事，彈邪絕枉，舉摘姦伏，部人無怨。(《北堂書鈔》卷七十三。按：玄賀事又見《東觀漢記》卷十八、《華陽國志》卷十二，《東觀漢記》作「字文弘」。)

李孟元

李孟元修《易》、《論語》〔一〕，大義略舉，質性恭順。〔二〕與叔子就同居，就有痼疾，孟元推所有田園，悉以讓就。夫婦紡績，以自供給〔三〕。(《初學記》卷十七。又見《太平御覽》卷四百一十六。《白氏六帖》卷六引此，云出《益部傳》，即《益部耆舊傳》也，因取以參校。)

〔校記〕

〔一〕元，《太平御覽》作「玄」。作「玄」是，作「元」者，避康熙諱而改。下「元」字同，不出校。

〔二〕以上三句，《白氏六帖》節作「李孟元性恭順」。

〔三〕此句，《白氏六帖》作「日給而已」。

柳琮

柳琮，字伯騫，爲治中，〔一〕與人交結，久而益親，其所拔進，〔二〕皆世

所稱，致位牧守。〔三〕鄉里爲之語曰：「得黃金一笥，不如柳伯騫所識。」（《太平御覽》卷二百六十三。又見《北堂書鈔》卷七十三。《記纂淵海》卷九十一引此，云出《益州者舊傳》，「者」乃「耆」之誤，即《益部耆舊傳》，因取以參校。事又見《華陽國志》卷十上，「柳琮」作「柳宗」，文較此爲詳。）

〔校記〕

〔一〕以上三句，《北堂書鈔》節作「柳琮爲州治中」。

〔二〕以上六句，《記纂淵海》節作「柳琮所拔進」。

〔三〕以上兩句，《北堂書鈔》節作「皆爲牧守」；《記纂淵海》無「致位牧守」一句。又《北堂書鈔》引至此止。

羅衡

羅衡，字仲伯，爲萬年令，誅鋤奸黨，縣界肅然。民夜不閉門，繫牛馬於道旁曰：「以屬羅公。」（《太平御覽》卷二百六十八。又見《北堂書鈔》卷三十六〔兩引〕、卷七十八〔兩引〕。《北堂書鈔》四引皆節引，今總附於下。）

附：《北堂書鈔》卷三十六：羅衡爲萬年令。百寮嚴憚，罔不肅然。

《北堂書鈔》卷三十六：羅衡爲萬年令。誅鋤姦黨，門夜不閉。

《北堂書鈔》卷七十八：羅衡爲萬年令，誅鋤姦惡。

《北堂書鈔》卷七十八：羅衡爲萬年令，縣界肅然，夜不閉門，繫馬於道旁。

王忳

王忳常詣京師〔一〕，於空舍中見一書生疾困〔二〕，愍而視之〔三〕。書生謂忳曰〔四〕：「我當到洛而得病〔五〕，命在須臾〔六〕。腰下有金十斤〔七〕，願以相贈〔八〕，死後乞藏骸骨〔九〕。」未及問姓名而絕〔一〇〕。忳即鬻金一斤，營其殯葬，餘金悉置棺下，人無知者。〔一一〕後歸數年縣署忳大度亭長〔一二〕，初到之日〔一三〕，有馬馳入亭中〔一四〕，其日風〔一五〕，飄一繡被復墮忳前〔一六〕。即言於縣，馬遂奔走，牽忳入他舍。主人見之，喜曰：「今擒盜矣。」問忳得馬，忳說其狀，并繡被。主人悵然良久，乃曰：「被隨飄風，與馬俱亡。卿何陰德，而致此二物？」忳自念有葬書生事，因爲說之，道書生形兒，及埋金之處，主人驚曰：「是我子，姓金名彥，前往京師，不知所在，何意卿乃葬之。大恩久不報，天以此彰卿德耳。」忳悉以被、馬還之。彥父不取，又厚遺忳。忳辭讓而去。時彥父爲州從事，因告新都令，假忳休息，與俱迎彥喪，餘金

且存，由是顯名。〔一七〕（《太平御覽》卷四百○三。又見《北堂書鈔》卷一百三十四、《藝文類聚》卷八十三、《太平御覽》卷四百六十五、卷四百七十九、卷七百○七、卷八百一十一、《事類賦》卷九。按：《太平御覽》卷四百○三云出《益都耆舊傳》，然此文最詳，故以之爲本，以餘書所引參校。事又見《華陽國志》卷十中、《後漢書·獨行列傳·王忳傳》。）

〔校記〕

〔一〕此句，《北堂書鈔》作「王忳，字少林，嘗詣京師」，《藝文類聚》作「王忳詣京」，《太平御覽》卷四百六十五、卷八百一十一、《事類賦》作「王忳，字少林，詣京師」，卷四百七十九作「忳嘗詣京師」，卷七百○七作「王忳，字少林」。

〔二〕此句，《北堂書鈔》作「於客舍中見諸生病甚因」，《藝文類聚》、《太平御覽》卷八百一十一作「於客舍見諸生病甚困」，《太平御覽》卷四百六十五作「於客見諸生病甚困」，卷四百七十九作「於空舍中有一書生病困」，卷七百○七作「於客舍見諸生疾甚困」，《事類賦》作「於客舍見一生病甚因」。按：空舍，《後漢書》同，《華陽國志》作「客舍」。以作「空」義長，若是客舍，必有人存焉，不當獨脫王忳。又諸書作「因」者，皆「困」字之形訛。

〔三〕此句，惟《太平御覽》卷四百七十九有之，餘並無。

〔四〕書生，《北堂書鈔》、《藝文類聚》、《太平御覽》卷七百○七、卷八百一十一、《事類賦》無，《太平御覽》卷四百六十五作「生」。曰，《藝文類聚》作「云」。

〔五〕此句，惟《太平御覽》卷四百七十九有之，餘並無。到，《太平御覽》卷四百七十九作「得」。「洛」下，《太平御覽》卷四百七十九有「陽」字。得，《太平御覽》卷四百七十九無。

〔六〕此句，諸書並無。

〔七〕此句，《北堂書鈔》無。

〔八〕「以相贈」三字，《北堂書鈔》無。贈，《藝文類聚》、《太平御覽》卷四百六十五、卷七百○七、卷八百一十一、《事類賦》作「與」。

〔九〕此句，《北堂書鈔》作「乞藏收尸骸」，《藝文類聚》作「收藏尸骸」，《太平御覽》卷四百六十五、卷七百○七、卷八百一十一、《事類賦》作「乞收藏尸骸」。

〔一○〕此句，《北堂書鈔》無，《藝文類聚》作「未問姓名而絕」，《太平御覽》卷四百六十五作「未問姓名呼吸因絕」，卷七百○七作「未及問其姓名，呼吸困絕」，卷八百一十一、《事類賦》作「未問姓名因絕」。

〔一一〕以上四句，《北堂書鈔》作「忳如其言」，《藝文類聚》作「忳賣金一斤，以給棺殮，九斤置生腰下」，《太平御覽》卷四百六十五作「忳賣金一斤，以給棺絮，九斤置生腰下」，卷四百七十九作「忳即鬻金營葬，餘金悉置棺下」，卷七百○七作「忳賣金一斤，以給棺柩，餘九斤，置生腰下」，卷八百一十一作「忳賣金一斤，以給絮棺，九斤置生腰下」，《事類賦》作「忳賣金一斤，以給棺絮，九斤置生腰」。又，《太平御覽》卷八百一十一、《事類賦》引至此止。

〔一二〕此句，《北堂書鈔》作「後忳遷大度亭長」，《藝文類聚》、《太平御覽》卷四百六十
　　　　五、卷七百〇七作「後署大度亭長」，卷四百七十九作「後數年縣署大度亭長」。

〔一三〕此句，《北堂書鈔》作「到日」，《藝文類聚》、《太平御覽》卷四百六十五作「到亭
　　　　日」，《太平御覽》卷四百七十九作「初到日」，卷七百〇七作「到亭」。

〔一四〕此句，《北堂書鈔》作「有大馬一疋入亭中」，《藝文類聚》作「有白馬一疋入亭中」，
　　　　《太平御覽》卷四百六十五作「有馬一疋到亭中」，卷四百七十九作「有馬馳入
　　　　亭而止」，卷七百〇七作「有白大馬一疋入亭中」。

〔一五〕「風」前，《北堂書鈔》、《藝文類聚》、《太平御覽》卷四百六十五、卷四百七十九、
　　　　卷七百〇七並有「大」字。按：《後漢書》亦有之，此蓋脫之。

〔一六〕此句，《北堂書鈔》、《藝文類聚》作「有一繡被隨風而來」，《太平御覽》卷四百六
　　　　十五作「有一繡被隨風以來」，卷七百〇七作「有一繡被隨風來」。又，《太平御覽》
　　　　卷七百四十九引至此止。又，《北堂書鈔》引至此止，而下有「民謠曰：嘻我少
　　　　林世無偶，飛被走馬與鬼語」一段，《太平御覽》卷四百六十五敘完此事後，亦
　　　　綴有「民謠之曰：信哉少林世爲遇，飛被走馬與鬼語」一段，其所云「與鬼語」，
　　　　即下文王忳爲郿令之事。又，《太平御覽》卷四百六十五「爲遇」二字當作「無
　　　　偶」，形訛也。

〔一七〕自「即言於縣」以下，《後漢書》與之相類，而諸書所引文字差距較大，蓋別爲一
　　　　版本，今總錄之。《藝文類聚》作「後乘馬突入金彥門，彥父見曰：『眞盜矣。』
　　　　忳說狀，又取被示之。悵然曰：『此我子也。』以被、馬歸彥父。彥父不受，遣
　　　　迎彥喪，金具存」，《太平御覽》卷四百六十五作「後忳騎馬突入金彥，父見曰：
　　　　『眞得盜矣。』忳說馬狀，又取被示之。彥父帳然曰：『被馬俱止，卿有何陰德？』
　　　　忳具說葬諸生事。彥父曰：『此吾子也。』遣迎彥喪，金具存」，卷七百〇七作「而
　　　　後忳乘馬，馬突入金彥父家，彥父見曰：『眞得盜矣。』忳說得馬之狀，又取被
　　　　示之。彥父曰：『卿有何陰德？』曰念葬諸生事，且說形狀。彥父曰：『眞我子也。』
　　　　忳即以被、馬歸之，彥父不受，遣迎生喪，金具存焉」。又，《太平御覽》卷四百
　　　　六十五「突入金彥」下當有脫文，卷七百〇七「曰念」之「曰」當作「因」。

　　王純爲郿令〔一〕，厘亭有鬼〔二〕，每殺止客。純直入亭止，宿至夜半，召
問遊徼，具服其罪。（《北堂書鈔》卷七十八。事又見《華陽國志》卷十中、《後漢
書‧獨行列傳‧王忳傳》、《還冤志》，較此爲詳。）

　〔校記〕
　〔一〕純，當作「忳」。《華陽國志》、《後漢書》、《還冤志》並作「忳」。
　〔二〕厘，《華陽國志》作「漦」，《後漢書》作「斄」，《還冤志》作「釐」。

閻憲

　　閻憲，字孟度〔一〕，爲綿竹令，治以禮讓爲首，寬猛相濟。其聽察甚明，
簡選吏職，甚得其人。〔二〕男子杜成〔三〕，夜於路得遺裝一囊〔四〕，開視有

錦二十五疋〔五〕，迄明詣吏〔六〕，曰：「縣有明君〔七〕，不能愍心故也〔八〕。」（《太平御覽》卷二百六十八。又見《藝文類聚》卷五十、《太平御覽》卷七百〇四。《北堂書鈔》卷三十五僅引「遺錦詣吏」四字，下不出校。《白氏六帖》卷二十一引此，云出《益部記》，即《益部耆舊傳》之省，因取以參校。事又見《華陽國志》卷十下。）

〔校記〕

〔一〕「字孟度」三字，《藝文類聚》、《白氏六帖》無。

〔二〕自「治以禮讓爲首」至此，《藝文類聚》、《白氏六帖》、《太平御覽》卷七百〇四無。

〔三〕「男」上，《藝文類聚》有「有」字。

〔四〕此句，《藝文類聚》作「夜行於路得遺裝」，《白氏六帖》作「進得其遺裝」，《太平御覽》卷七百〇四作「行於路得遺裝囊」。

〔五〕開視，《白氏六帖》無。「錦」下，《太平御覽》卷七百〇四有「帛」字。五，《藝文類聚》無。疋，《白氏六帖》作「匹」，「疋」爲「匹」之異體字。

〔六〕此句，《藝文類聚》作「明早送詣吏」，「白氏六帖」作「詣吏」，《太平御覽》卷七百〇四作「明送詣吏」。又，《太平御覽》卷七百〇四引至此止。

〔七〕「明」下，《藝文類聚》、《白氏六帖》並有「府」字。

〔八〕此句，《藝文類聚》作「犯此則慚」，《白氏六帖》作「不能愍心」。

嚴羽

嚴羽，字子翼〔一〕，仕郡功曹，刺史辟爲從事。郡舉孝廉〔二〕，曰：「大士貢名，下士貢身。齎函貢身，非高士也。」辭孝廉，取吏部〔三〕，除無錫長。（《初學記》卷二十。又見《翰苑新書》前集卷六十九。又《錦繡萬花谷》後集卷十八、《事類備要》前集卷四十引此，並云出《耆舊傳》，蓋《益部耆舊傳》之省，因取以參校。）

〔校記〕

〔一〕此三字，《錦繡萬花谷》、《事類備要》無。

〔二〕廉，《事類備要》、《翰苑新書》作「廉」。按：「廉」爲「廉」之異體字。下「廉」字同，不出校。

〔三〕取，《事類備要》誤作「貶」，形訛也。

嚴遵

嚴遵〔一〕，字王思〔二〕，爲楊州刺史。行部，聞路旁女子哭聲不哀〔三〕，問所哭者誰〔四〕，對曰〔五〕：「夫遭燒死〔六〕。」遵勑吏輿尸到〔七〕，與語吏曰〔八〕：「死人自道不燒死〔九〕。」攝女〔一〇〕，令人守尸〔一一〕，曰〔一二〕：「當有物往〔一三〕。」吏曰〔一四〕：「有蠅聚頭所〔一五〕。」遵令披視〔一六〕，得鐵錐

貫頂〔一七〕。栲問〔一八〕，以淫殺夫〔一九〕。（《太平御覽》卷二百五十八。又見《藝文類聚》卷六、卷九十七、《職官分紀》卷四十、《事文類聚》後集卷四十。《太平廣記》卷一百七十一引此，云出《益都耆舊傳》，《事類備要》外集卷二十一引此，云出《耆老傳》，皆此書也，因取以參校。事又見《搜神記》卷十一。）

〔校記〕

〔一〕嚴，《事文類聚》誤作「章」。

〔二〕此三字，諸書並無。

〔三〕路，諸書並作「道」。旁，《藝文類聚》卷六、《太平廣記》、《事類備要》作「傍」。「哭」下，《太平廣記》、《事類備要》並有「而」字。聲，《事類備要》無。不，《事文類聚》誤作「甚」。

〔四〕此句，《藝文類聚》卷九十七、《太平廣記》、《事文類聚》、《事類備要》作「問之」。

〔五〕此二字，《藝文類聚》卷六作「對云」，《藝文類聚》卷九十七、《事文類聚》作「云」。《太平廣記》、《事類備要》無。

〔六〕「夫」前，《太平廣記》有「亡」字，疑乃「云」之形訛。燒，《事文類聚》作「難」。

〔七〕此句，《藝文類聚》卷六作「遵勑吏舁尸到」，卷九十七作「遵勅吏輿屍到」，《太平廣記》、《事文類聚》作「遵敕吏輿屍到」，《職官分紀》作「遵勑吏」，《事類備要》作「勅吏輿尸」。按：「勑」、「勅」皆「敕」之異體字，「舁」、「輿」義同，「屍」為「尸」之異體字。

〔八〕此句，《藝文類聚》卷六作「與語訖，語吏云」，《職官分紀》作「與語，謂吏曰」，餘書並無。按：此處文不通，當有脫文，《搜神記》作「與語訖，語吏云」，與《藝文類聚》卷六引同，則或脫「訖語」二字。

〔九〕道，《職官分紀》誤作「過」。此句，《藝文類聚》卷九十七、《太平廣記》、《事文類聚》、《事類備要》無。

〔一〇〕此二字，《藝文類聚》卷九十七、《太平廣記》、《事文類聚》、《事類備要》無。

〔一一〕尸，《藝文類聚》卷九十七、《職官分紀》、《事文類聚》作「屍」，《太平廣記》作「之」，《事類備要》無。按：「屍」為「尸」之異體字。

〔一二〕曰，《藝文類聚》卷六作「云」。

〔一三〕物，《藝文類聚》卷六脫之。「物」下，《藝文類聚》卷九十七、《事文類聚》有「自」字。往，《藝文類聚》卷六訛作「枉」。

〔一四〕吏曰，《藝文類聚》卷六、卷九十七、《事文類聚》、《事類備要》作「吏白」，《太平廣記》作「更日」。按：「更」乃「吏」之形訛，「日」乃「曰」之訛。

〔一五〕蠅，《職官分紀》誤作「繩」。

〔一六〕令，《職官分紀》、《事類備要》無。披，《職官分紀》作「搜」。

〔一七〕得，《太平廣記》、《職官分紀》、《事類備要》無。鐵，《太平廣記》作「銕」，《職官分紀》作「鉄」，「銕」、「鉄」皆「鐵」之俗體字。錐，《職官分紀》作「釘」。頂，《職官分紀》形訛作「項」，《事文類聚》作「腦」。

〔一八〕栲，《藝文類聚》卷六、卷九十七、《太平廣記》、《事文類聚》、《事類備要》作「考」，
　　　　二字通；《職官分紀》訛作「攜」。
〔一九〕以，《藝文類聚》卷六無，《職官分紀》作「乃以」。淫，《藝文類聚》卷九十七、《太
　　　　平廣記》、《事類備要》作「滛」，「滛」爲「淫」之異體字。

楊球（琳）

　　楊球〔一〕，字仲宣。爲茂陵令，寬和多惠，以至誠接下，爲民所愛。比縣
連歲蝗災，曲折不入茂陵。(《太平御覽》卷二百六十八。又見《藝文類聚》卷一百。
按：《北堂書鈔》卷三十五引《益部傳》「楊球爲茂陵令，蝗不入界」，卷七十八引《益
部耆舊傳》「楊琳爲茂陵令，蝗不入茂陵界」，即節此事。)

　　〔校記〕
　　〔一〕球，《藝文類聚》作「琳」，與上《北堂書鈔》卷七十八同。按：《後漢書》有陽球，
　　　　《後漢紀》作「楊球」，然爲漁陽泉州人（今天津武清），非巴人，故與此楊球非一
　　　　人。楊琳亦未聞。「球」、「琳」形近，必有一誤，未詳孰是也。

張充

　　張彥〔一〕，字伯春〔二〕，爲治中從事，刺史每坐高床〔三〕，治中單席於地
〔四〕。(《太平御覽》卷二百六十三。又見《太平御覽》卷七百〇九。事又見《華陽國
志》卷十上。)

　　　〔校記〕
　　〔一〕彥，《太平御覽》卷七百〇九作「充」，《華陽國志》亦作「充」，當據以正之。
　　〔二〕此三字，《太平御覽》卷七百〇九無。
　　〔三〕「每」下，《太平御覽》卷七百〇九有「自」字。
　　〔四〕此句，《太平御覽》卷七百〇九作「爲從事設單蓆於地」，此蓋脫「爲」字，「蓆」爲
　　　　「席」之異體字。

趙閎

　　趙閎，字溫柔，幼時讀尚書，默識其音句。(《初學記・卷十七》。按：趙閎，
《華陽國志》作「趙宏」。)

趙祈

　　趙祈字百鸞，爲司隸校尉，枹鼓不鳴，民無稱冤。(《北堂書鈔》卷第六十
一。原云出《益都耆舊傳》，當即《益部耆舊傳》，今附於此。)

朱倉

朱倉，字雲卿〔一〕，廣漢人〔二〕。畜錢八百文之蜀〔三〕，從處士張寧受《春秋》。余小豆十斛〔四〕，屑之爲粮〔五〕，閉戶精誦。寧矜之，歛得米二十石〔六〕，倉不受〔七〕。(《太平御覽》卷六百一十一。又見《太平御覽》卷四百二十六、卷八百四十一。《御覽》卷六百一十一原云出《益都耆舊記》，當即《益部耆舊傳》，此文最爲詳細，故以之爲底本。事又見《華陽國志》卷十中。)

〔校記〕

〔一〕雲卿，《太平御覽》卷八百四十一作「卿雲」。按：《華陽國志》曰字雲卿，作「卿雲」者，蓋誤倒。

〔二〕此三字，《太平御覽》卷四百二十六、卷八百四十一無。

〔三〕「畜錢八百文」五字，《太平御覽》卷四百二十六、卷八百四十一無。

〔四〕余，《太平御覽》卷四百二十六、卷八百四十一作「糴」。

〔五〕粮，《太平御覽》卷四百二十六作「糧」，「粮」乃「糧」之俗體字。

〔六〕石，《太平御覽》卷四百二十六作「斛」。

〔七〕「受」下，《太平御覽》卷四百二十六、卷八百四十一有「一粒」二字。

張翕

張翕遷越嶲太守，初乘四馬之官，後馬死，遂步歸京師。(《北堂書鈔》卷七十五。事又見《北堂書鈔》卷三十八引《華陽國志》，今本《華陽國志》不載。)

劉寵

劉寵喪母，時危亂，墳墓發傷，寵乃矯母令：「家貧無財，唯有手上金環，賣造墓供送，免發掘。」(《太平御覽》卷七百一十八。)

霸相

霸相。(《重修廣韻·簡韻》。又見王應麟《姓氏急就篇》卷上。邵思《姓解》卷一、章定《名賢氏族言行類稿》卷四十六、《通志·氏族略》作「霸栩」，其人不聞，未詳孰是。)

斯叟

斯叟。(《史記·司馬相如列傳》索隱。按：索隱注文中「斯榆」二字曰：「鄭氏斯音曳。張揖云：『斯俞，才俞國也。』案：今斯讀如字。《益部耆舊傳》謂之『斯叟』，《華陽國志》云：『卭都縣有四部，斯叟一也。』」是知此書中有「斯叟」二字，然全文不可知也。榆，上古音屬侯部；叟，上古音屬幽部，音相近也。)

存疑

劉向

劉子政鴻儒傳生功，言詣甘如粘蜜，未必能貴也。(《北堂書鈔》卷九十八。按：高士奇《續編珠》卷一引此作「劉子政談論津津，甘如粘蜜」，《淵鑒類函》卷二百○二、卷二百六十六同。又劉向爲楚國彭城人，彭城不屬益州，此當有誤。《論衡·本性》篇曰：「自孟子以下至劉子政，鴻儒博生，聞見多矣，然而論情性，竟無定是，唯世碩儒公孫尼子之徒頗得其正。由此言之，事易知，道難論也。鄭文茂記，繁如榮華；恢諧劇談，甘如飴蜜，未必得實。」與此相類，或即此之誤傳。以《論衡》校之，本文「傳」當作「博」；「功」字無義，當爲衍文；「粘」當作「飴」；「貴」當作「實」。)

何祗

何祗，字君肅，汶山夷不安，以祗爲汶山太守，民夷服信。遷廣陵，後夷反叛，辭曰：「令得前何府君，乃能安我耳。」時難復屈，祗挾族人爲之，汶山復得。(《天中記》卷三十四。按：原云出《益部耆舊》。此即《三國志·蜀書·楊洪傳》注引《益州耆舊傳雜記》。)

每朝會，祗次洪坐，嘲祗曰：「君馬何駛？」祗曰：「故吏馬不敢駛，但明府未著鞭耳。」眾傳之以爲笑。(《樊南文集詳注·爲濮陽公祭太常崔丞文》。又見《佩文韻府》卷三十四之六。按：《駢字類編》卷二百一十六引此，云出《益都耆舊傳》，此見《三國志·蜀書·楊洪傳》注引《益州耆舊傳雜記》，此蓋誤引。)

胡安

胡安，臨邛人，聚徒於白鶴山，司馬相如從之受經。(《蜀中廣記》卷十三引《益都耆舊傳》。按：《方輿勝覽》卷五十六：「常璩曰：臨邛名山曰四明，亦曰群羊，即今白鶴也。漢胡安嘗於山中乘白鶴仙去，弟子即其處爲白鶴臺。」此本文所見最早出處，云「常璩曰」，則或《華陽國志》中文，然今本《華陽國志》無。明時《益部耆舊傳》已佚，曹學佺似不得見之。今姑存疑。)

徐韋

徐韋除梁都長，相地形勢，起田千有餘頃。(《佩文韻府》卷五十二之四。《淵鑒類函》卷一百一十六云出《益部耆舊傳贊》。《北堂書鈔》卷七十八引此，云出《長沙耆舊傳》。)

樊智

漢樊智遷爲蜀郡太守，秩滿，民歌之曰：「樊守來門，夜開持節，去憂惶懼。」（《全蜀藝文志》卷三。《海錄碎事》卷十二引此，云出《蜀郡圖經》。）

王離

廣漢王離，字伯元。（《厄林》卷六。按：《三國志・蜀書・贊》注云出《益部耆舊雜記》。）

秦仲

秦仲知百鳥之音，與之語皆應，聞之者莫辨。（《説郛》卷一百〇七《百鳥語經》。按：《藝文類聚》卷九十、《緯略》卷一引此事云出《史記》，《太平御覽》卷九百一十四云出《鳥史記》。秦仲乃秦人祖先，秦人有鳥崇拜之事，故有此傳説，與益州無關，不當在《益部耆舊傳》中。《緯略》卷一引《益州耆舊傳》楊宣解鳥語事，下條即引此。是書先出原文，後注出處，陶氏當因此而誤也。）

陽翁偉

廣漢陽翁偉，嘗乘蹇馬之野。而田間有眇馬者，相去數里，鳴聲相聞，翁偉謂其御曰：「彼放馬目眇。」其御曰：「何以知之？」曰：「彼田間馬罵此轅中馬曰：『蹇馬！』蹇馬亦罵之曰：『眇馬！』」御者不之信，行至其處，往視，馬目果眇，始信服。（存古書局《益部耆舊傳》輯。此文見《藝文類聚》卷九十三、《緯略》卷一，並云出《論衡》，文小異。《説郛》卷一百〇七《解鳥語經》引《益州耆舊傳》秦仲事，引《史記》管輅事，下即引此文，與此全同，則存古書局本當錄自《説郛》也。《緯略》卷一引《益州耆舊傳》楊宣事，下引《史記》秦仲事，下引《管輅別傳》管輅事，下引《論衡》陽翁偉事，出處注於條目下。《説郛》誤以先注出處，復出原文，故誤屬秦仲事出《益州耆舊傳》，誤屬《管輅》事出《史記》，存古書局輯是書者不知其誤，又見陽翁偉爲廣漢人，因誤以之爲《益部耆舊傳》之文也。）

劉知俊

竹貚者，食竹之鼠也，生於深山溪谷之中，非竹不食，巨如野貍，其肉肥美，土民重之，每發地取之，甚艱。岐梁睚眦之年，秦隴嵩谷間此物爭出，投城隍及所在民家，或穿墉壞城，或自門閫而入，秦民之口腹飫焉。忽有童

謠曰：「貓貓引黑牛，天差不自由。但看戊寅歲，揚骨蜀江頭。」智者不能識之。庚午歲，劉知俊叛梁，入秦，家於天水。自天水流入蜀，居數年間，蜀人又謠曰：「黑牛無繫絆，梭繩一時斷。」僞蜀先主聞之，懼曰：「黑牛者，劉之小字；梭繩者，吾子孫之名也。」蓋王氏子孫以宗承字爲名，於是害劉知俊以厭之。明年，歲在戊寅，先主病，合眼則見知俊在前，蜀人懼之，遂粉劉之骨揚入於蜀江。識者方知貓者，劉也；黑牛，劉之小字；戊寅，揚骨於蜀江之應也。（宋佚名《古今類事》卷十三。此云出《益都耆舊傳》。按：劉知俊乃唐末後梁、後蜀時人，不當在此書中。《太平廣記》卷一百六十四引此，云出《王氏見聞》。）

符昭壽

王均咸平三年害兵馬鈐轄符昭壽，棄其尸於東門外，不見其元。觀者咸云：「此是符太保骨頭。」蓋昭壽好自親庖事，又僻嗜羹，每嫌羹薄，庖者嘗多取羊骨煉之，云：「勿妄觸此，此是符太保骨頭。」至是乃成其讖焉。（《古今類事》卷十四。按：王均、符昭壽皆宋眞宗時人。）

《魯國先賢傳》　　晉白褎撰

《魯國先賢傳》，晉大司農白褎撰。白褎事跡無傳，《晉書·山濤傳》載咸寧初奏黜山濤事，時爲左丞，《劉頌傳》載其咸寧中與劉頌巡撫荊、揚事，時任散騎郎，餘則未見。《漢書·楚元王傳》有白生，爲楚元王博士，服虔云：「白生，魯國奄里人。」白褎或即其後，生於魯國，故爲是書。是書，《隋書·經籍志》云兩卷，《舊唐書·經籍志》、《新唐書·藝文志》爲十四卷，據姚振宗云，《舊唐志》原有《魯國先賢志》兩卷，白雜撰，揚州岑氏刊本削去之，姚氏謂白雜似白褎之誤，近是。《宋史·藝文志》無著錄，且觀其佚文，南宋書已未見徵引，則或亡於兩宋之交也。

後世輯此書者，今見三家。首曰王謨輯本，見《漢唐地理書鈔》序目，未見刊刻。次曰王仁俊輯本，見《玉函山房輯佚書續編》。題《魯國先賢志》，僅據《御覽》輯錄東門奐一條。次曰劉緯毅輯本，見《漢唐方志輯佚》。下注出處，錄九人十事，爲目前所輯最善者。

孔子

孔子妻亓官氏〔一〕。(《廣韻》卷一。又見《通志》卷二十八、《五音集韻》卷四。按：三書並云出《魯先賢傳》，當即此書。)

〔校記〕

〔一〕此句，《通志》作「孔子娶宋之开官氏」，《五音集韻》作「孔子妻开官氏」，「开」、「开」並「亓」之形訛。

氾

魯有恭士者，名曰氾。行年七十，其恭益甚。冬日行陰，夏日行陽，一食之間三起。魯君問曰：「子年甚長矣，何不釋恭？」氾對曰：「君子好恭以成其名，小人學恭以除其刑。譽人者少，惡人者多。行年七十，常恐斧鑕之加於氾者，何釋恭焉？」(《初學記》卷十七。按：事又見《說苑‧敬慎》。氾，《說苑》作「杌氾」，盧文弨曰：「《古今人表》有『仇氾』。」向宗魯云：「杌，疑當作『枛』(古『篙』字)，與『仇』皆從『九』聲。或又疑『杌』、『枛』皆『仇』之誤，孟子母仇氏，說者謂即『𠬶』字隸變，或作『掌』，即魯之黨氏。」)

叔孫通

二世時，山東盜賊起，二世問諸臣曰：「於公何如？」博士諸生三十餘人前曰〔一〕：「人臣無將則反〔二〕，罪至死無赦，願陛下急發兵擊之〔三〕。」二世怒。叔孫通前曰：「諸生言皆非。明主在上，四方輻湊，安有反者？此乃鼠竊狗盜〔四〕，守尉今捕誅之〔五〕，何足可憂〔六〕！」二世喜，〔七〕乃賜通衣帛，拜爲博士。諸生或譏通之諛，通曰：「我幾不免虎口。」乃亡去，之薛。薛已降楚，遂從項梁，梁死從項羽。(《太平御覽》卷二百六十九。又見《職官分紀》卷四十二。按：事又見《史記‧叔孫通列傳》。)

〔校記〕

〔一〕生，《職官分紀》誤作「人」。

〔二〕「將」下，《職官分紀》復有「將」字，與《史記‧叔孫通列傳》同，當據補。又「反」，《職官分紀》誤作「及」，二字形近，古多互訛。

〔三〕兵，《職官分紀》脫。

〔四〕此句，《職官分紀》作「特羣盜鼠竊狗盜」，與《史記》同。

〔五〕此句，《職官分紀》作「守令尉捕誅之」，蓋「今」誤作「令」，又與「尉」誤乙。

〔六〕可，《職官分紀》無。

〔七〕《職官分紀》引至此止。

叔孫通草創朝儀，拜通爲奉常，賜金五百斤，通悉以金賜諸生。諸生乃喜曰：「叔孫生聖人也，知當世務。」（《太平御覽》卷八百一十。按：原引《魯國先賢志》。事又見《史記·叔孫通列傳》。）

申公

漢文帝時，聞申公爲詩最精〔一〕，以爲博士，〔二〕申公爲詩傳〔三〕，號曰魯詩〔四〕。（《藝文類聚》卷四十六。又見《北堂書鈔》卷六十七、《太平御覽》卷二百三十六、《職官分紀》卷二十一、《翰苑新書》前集卷二十五。又《事類備要》後集卷四十三引此條，未標注出處，其下條京氏易事，云出《魯國先賢傳》。京房非魯人，不當有此事，蓋誤標注。）

〔校記〕

〔一〕聞，《職官分紀》、《翰苑新書》無。

〔二〕《北堂書鈔》引至此止。

〔三〕傳，《太平御覽》無。

〔四〕「詩」下，《職官分紀》、《翰苑新書》有「也」字。

孔扶

孔子仲淵爲司空，以地震免之。（《北堂書鈔》卷五十二。按：孔子，陳本、俞本《書鈔》作「孔氏」，南海三十有三萬卷堂影宋本作「孔子」，雖以作「氏」字爲長，然抑或本爲孔子後之類而有脱，後人因辭不類而臆改也。）

黃伯仁

黃伯仁，不知何縣人，安、順之世爲《龍馬頌》，其文甚麗。（《北堂書鈔》卷一百○二。）

黃伯仁《龍馬頌》曰：「楊鸞鑣兮，揮紅沫之幡飄。」（《太平御覽》卷三百五十八。按：原云出《魯國先賢志》。《北堂書鈔》卷一百二十六亦有此，「楊」作「揚」，兩漢「揚」字多書作「楊」。據以上兩條，則《魯國先賢傳》當收錄黃伯仁《龍馬頌》全文，《藝文類聚》卷九十三有《龍馬頌》，文曰：「夫龍馬之所出，丁太蒙之荒域，稟神祇之純化，乃大宛而再育，資玄螭之表像，似靈虬之注則，奪騄駬之體勢，逸飛兔之高蹤，兼驥驟之美質，豈驊騮之足雙。耳如剡筍，目象明星，雙壁似月，蘭筋參情。」無《御覽》中文字，則所錄亦非全文也。）

鮑吉

汶陽鮑氏起於鮑吉，吉字利主，桓帝初爲蠡吾侯，吉爲書師。及桓帝立，歷位至河南尹。詔曰：「吉與朕有龍潛之舊，其封西鄉侯。」宗族以吉勢力至刺史二千石者五。（《太平御覽》卷二百〇一。又《北堂書鈔》卷十九引「有龍潛之舊」五字，卷四十八引《魯國先賢志》「桓帝即位，詔曰：『吉與朕有龍潛之舊，封西鄉侯。』」十八字，皆節引。）

孔翊

孔翊爲洛陽令〔一〕，置器水於前庭〔二〕，得私書〔三〕，皆投其中〔四〕，一無所發〔五〕，彈治貴戚，無所迴避。〔六〕（《藝文類聚》卷五十八。又見《北堂書鈔》卷三十七、卷一百三、《藝文類聚》卷五十、《白氏六貼》卷二十一、《太平御覽》卷二百六十八、卷五百九十六、《職官分紀》卷四十二、《蒙求集注》卷下、《事文類聚》外集卷十四、《事類備要》後集卷七十九、《翰苑新書》前集卷五十八。按：《北堂書鈔》卷一百三、《太平御覽》卷五百九十六並作《魯國先賢志》，《蒙求集注》作《晉先賢傳》，「晉」當是「魯」之訛。）

〔校記〕

〔一〕「孔翊」下，《北堂書鈔》卷三十七有「元恕」二字，《蒙求集注》作「元性」。洛陽，《北堂書鈔》卷一百三作「中牟」。按：《禮器碑》、《史晨碑》並載孔翊字元世，或當據以正之。

〔二〕此句，《藝文類聚》卷五十、《職官分紀》、《事文類聚》、《事類備要》、《翰苑新書》作「置水庭前」，《北堂書鈔》卷三十七、《白氏六貼》作「置水前庭」，《北堂書鈔》卷一百三作「置器水庭前」，《太平御覽》卷二百六十八作「置水於前庭」，《蒙求集注》作「置水於庭」。

〔三〕此句，《北堂書鈔》卷三十七、《藝文類聚》卷五十、《白氏六貼》、《職官分紀》、《事文類聚》、《事類備要》、《翰苑新書》作「得囑託書」，《蒙求集注》作「得求囑書」，《北堂書鈔》卷一百三脫誤嚴重，惟餘「書」字。

〔四〕此句，《北堂書鈔》卷三十七、《藝文類聚》卷五十、《白氏六貼》、《職官分紀》、《蒙求集注》、《事文類聚》、《事類備要》、《翰苑新書》作「皆投水中」，《北堂書鈔》卷一百三「皆」誤作「堂」。

〔五〕此句，《白氏六貼》作「無一所發也」。

〔六〕以上兩句，《北堂書鈔》卷三十七、卷一百三、《藝文類聚》卷五十、《白氏六貼》、《職官分紀》、《蒙求集注》、《事文類聚》、《事類備要》、《翰苑新書》並無。

東門奐

東門奐歷吳郡、濟陰太守，所在貪濁，謠曰：「東門奐，取吳半。吳不足，

濟陰續。」(《太平御覽》卷四百九十二。按：原云出《魯國先賢志》。又此非賢達人物，疑當有闕文。或是東門奐貪泥，乃有賢達奏黜之也。《御覽》但截取其文而已。)

鹽津

漢北海相鹽津，因居之。(《通志》卷二十九。按：《古今姓氏書辯證》卷二十云：「《魯國先賢傳》有鹽津，爲北海相，因居之。」觀其文，則此處當是自敍之語，非原文如此也。《姓解》卷三、《姓氏急就篇》卷上、《廣韻》卷二、《五音集韻》卷六皆只有「北海相鹽津」五字，恐遞相承襲，非據原書錄之也。)

陳逸

靈帝末有汝南陳子游，爲魯相。子游，太尉陳蕃子也，國人諱而改焉。(《史記‧太史公自序》集解。按：原云出白褒《魯記》。又見《春秋左傳‧襄公四年》陸德明《音義》、《漢書‧地理志》注，陸注云出白褒《魯國記》，顏注但曰「白褒云」，文與此小異，今附於下。此注邾國鄹地文，鄹讀作皮，顏師古謂不可信。)

附：《春秋左傳‧襄公四年》陸德明《音義》：陳子游爲魯相，蕃子也，國人爲諱，改曰皮也。

《漢書‧地理志》注：陳蕃之子爲魯相，國人爲諱，改曰皮。

井

鹿門有兩井，稍小於季桓子井，在鹿門西四里，一爲季桓子所穿者。(《太平寰宇記》卷二十一。按：原云出白褒《魯記》。)

存疑

京房

京房受《易》梁人焦延壽，房授東海殷喜、河東姚平、河南弘乘，皆爲郎，由是易有京氏之學。(《事文類聚》新集卷三十一。又見《事類備要》後集卷四十三。「嘉」作「喜」，「乘弘」作「弘乘」。按：京房非魯人，此或即因申公傳詩事誤，《事類備要》後集此條之上即引申公事，而不云出處。)

祭祀

古者先王，日祭月享。時類歲祀，諸侯舍日，卿大夫舍月，庶人舍時。(《初學記》卷十三。按：原云出張方賢《魯國先賢傳》，《藝文類聚》卷三十八引此

云出張方《楚國先賢傳》。張方，《文選・白一詩》注、《初學記》卷十三作張方賢，此蓋本作張方賢《楚國先賢傳》，「楚」誤作「魯」耳。）

孔子講堂

孔子講堂。(《東家雜記》卷下。按：原文曰：「廟東五里曰先聖學堂……《魯記》所載孔子講堂者是也。」《史記・太史公自序》集解、《太平寰宇記》卷二十一引《魯國先賢傳》並作《魯記》，此又記孔子事，或即《魯國先賢傳》之文也。）